安徽省高等学校“十三五”省级规划教材
安徽省一流教材

现代教育技术应用

第3版

主　编／李　颖　董　彦
参编人员／俞　欣　孙宗凌　昂　娟
卢志刚　王雅婷

中国科学技术大学出版社

内 容 简 介

本书根据高等师范院校课程设置和教学实际编写，以《教育部关于大力推进教师教育课程改革的意见》和《教师教育课程标准(试行)》为指导，分为9章。本书主要内容包括：教育技术概论、教学媒体、信息化教学设计、网络教育资源的应用、文本与图形图像资源的获取与处理、音频与视频资源的获取与处理、多媒体教学课件制作基础、PowerPoint 课件制作、微课的设计与开发。本书的编写特别注重信息时代教育技术发展的特点与要求，充分关注教师教育与发展的基本特征，把使学生通晓现代教育技术的基本知识、培养其教育技术应用能力放在突出地位。

本书可作为高等师范院校“现代教育技术”公共课程的配套教材，也可作为各级各类学校教师继续教育课程的配套教材，还可供从事教育技术、信息技术教学与管理的相关人员阅读、参考。

图书在版编目(CIP)数据

现代教育技术应用/李颖，董彦主编. —3版. —合肥：中国科学技术大学出版社，2024.1

安徽省高等学校“十三五”省级规划教材

安徽省一流教材

ISBN 978-7-312-05883-7

Ⅰ. 现…　Ⅱ. ①李… ②董…　Ⅲ. 教育技术学　Ⅳ. G40-057

中国国家版本馆 CIP 数据核字(2024)第 017995 号

现代教育技术应用

XIANDAI JIAOYU JISHU YINGYONG

出版　中国科学技术大学出版社
安徽省合肥市金寨路 96 号，230026
http://press.ustc.edu.cn
https://zgkxjsdxcbs.tmall.com

印刷　安徽省瑞隆印务有限公司

发行　中国科学技术大学出版社

开本　710 mm×1000 mm　1/16

印张　17.25

字数　338 千

版次　2013 年 8 月第 1 版　2024 年 1 月第 3 版

印次　2024 年 1 月第 8 次印刷

定价　39.00 元

前　　言

现代教育技术是教育现代化的重要标志，是实现教育现代化的重要条件。随着信息技术的高速发展和广泛应用，现代教育技术的发展十分迅猛并引起了教育的深刻变革，给教育观念、教学方法和教学组织形式带来了深远的影响。在信息化社会，现代教育技术能力是每一位教师教育专业学生应具备的基本素质，是当代教师必备的能力素养，也是教师从教的基本要求。

为落实教育规划纲要，深化教师教育改革，规范和引导教师教育课程与教学，培养造就高素质专业化教师队伍，2011 年 10 月，教育部正式颁布《教育部关于大力推进教师教育课程改革的意见》(以下简称《意见》)和《教师教育课程标准》(试行)(以下简称《课程标准》)，旨在推进教师教育课程改革，提升职前教师培育质量。《意见》明确提出加强以信息技术为基础的现代教育技术开发和应用，将现代教育技术渗透、运用到教学中。《课程标准》明确指出育人为本、实践取向、终身学习是教师教育课程标准的基本理念，建议开设"现代教育技术应用"课程。现代教育技术应用能力的培养在教师教育中具有重要地位，《意见》《课程标准》对其予以突出强调，并且明显具有开发、应用以及与学科融合的实践取向。

本书根据高等师范院校课程设置和教学实际编写，以《意见》和《课程标准》为指导，强调对学生能力的培养，具有体系结构清晰、理论分析深入浅出、语言简练、图表丰富、实用性和实践性强等特色。

全书分为 9 章。主要内容包括：教育技术概论、教学媒体、信息化教学设计、网络教育资源的应用、文本与图形图像资源的获取与处理、音频与视频资源的获取与处理、多媒体教学课件制作基础、PowerPoint 课件制作、微课的设计与开发。本教材的编写，既考虑到教育技术学的基本特征，内容全面精练、重点突出，特别注意信息时代教育技术发展的特点与要求，及时吸纳现代教育新技术、新手段，同时又充分关注教师教育与发展的基本特征，把通晓现代教育技术的基本知识、培养学生的教育技术应用能力放在突出地位。本书可作为高等师范院校"现代教育技术"公共课教材，也可作为各级各类学校教师继续教育课程的教材，还可供从事教育技术、信息技术教学与管理的相关人员阅读、参考。

本书由李颖、董彦任主编，提出了全书编写的指导思想、总体构思及编写大纲。参与编写的还有俞欣、孙宗凌、昂娟、卢志刚、王雅婷。董彦、李颖负责统稿。

本书编写团队在长期教学实践中积累了大量的教学资源，包括课件、教学视频、作业、相关软件等，现将以上资源一并提供给读者参考，课程网址：https://www.xueyinonline.com/detail/235840038?tonewterm=true，也可扫以下的二维码阅读：

本书在编写过程中还参考了大量的图书和网站，有的出处难以考证，故参考文献可能有疏漏，特向相关作者表示衷心感谢。本书在编写过程中得到了马鞍山师范高等专科学校的大力支持。马鞍山师范高等专科学校“现代教育技术”课程先后获安徽省教育厅教学示范课、安徽省示范金课等项目立项建设，本书也是这些项目的建设成果，并被评为安徽省一流教材。由于作者水平和时间有限，疏漏之处在所难免，敬请广大读者谅解和指正。

编　者

目　　录

第 1 章 教育技术概论

学习目标

通过对本章的学习，学习者将了解现代教育技术的概念与内涵，了解现代教育技术的发展现状，了解中小学教师教育技术能力标准的相关内容。

1.1 现代教育技术基本概念

1.1.1 现代教育技术的概念与内涵

1. 教育技术的概念

什么是“教育技术”？教育技术的定义是随着教育技术的发展而不断丰富和完善的。关于教育技术的确切定义，在各种文献中引用较多的有两种：一种是上海教育出版社 1990 年出版的《教育大辞典》定义教育技术为：“人类在教育活动中所采用的一切技术手段的总和，包括物化形态的技术和智能形态的技术两大类。”另一种是美国教育传播与技术协会（AECT）2005 年发布的教育技术定义：“教育技术是通过创造、使用、管理适当的技术性的过程和资源，以促进学习和改善绩效的研究与符合道德规范的实践。”

美国教育传播与技术协会先后一共制定了 6 个“教育技术”定义：1963 年定义（由美国教育传播与技术协会的前身全美教育协会视听教学部制定）、1970 年定义、1972 年定义、1977 年定义、1994 年定义、2005 年定义。本书只对 1994 年定义和 2005 年定义作介绍。

(1) 教育技术 AECT 1994 年定义

教学技术是关于学习资源和学习过程的设计、开发、利用、管理和评价的理论和实践。英文原文为：Instructional technology is the theory and practice of design, development, utilization, management and evaluation of processes and resources for learning.

该定义将教育技术的研究对象表述为关于“学习过程”与“学习资源”的一系列理论与实践问题，改变了以往“教学过程”的提法，体现了现代教学观念从以“教”为中心转向以“学”为中心、从传授知识转向发展学生学习能力的重大转变。学习过程是学习者通过与信息、环境的相互作用获取知识和技能的认知过程，学习资源是学习过程中所要利用的各种信息和环境条件。新的教学理论要求学生由外部刺激的被动接受者转变为能积极进行信息处理的主动学习者，而教师要提供能帮助和促进学生学习的信息资源和学习环境。从21世纪社会发展和人类发展的需求出发，应建造一个能支持全面学习、自主学习、协作学习、创造学习、终身学习的社会教育大系统。

(2) 教育技术AECT 2005年定义

教育技术是通过创造、使用、管理适当的技术性的过程和资源，以促进学习和改善绩效的研究与符合道德规范的实践。英文原文为：Educational technology is the study and ethical practice of facilitating learning and improving performance by creating, using, and managing appropriate technological processes and resources.（该定义发表在由巴巴拉·西尔斯和丽塔·里奇合著的《教学技术：领域的定义和范畴》一书中，这本书的中文译本已经由中央广播电视大学出版社出版。）

该定义界定的概念名称是“教育技术”(Educational Technology)，而不是“教学技术”(Instructional Technology)。它指出，教育技术有两大领域：“研究”和“符合道德规范的实践”；有双重目的：“促进学习”和“改善绩效”；有三大范畴：“创造”“使用”和“管理”。与AECT 1994年定义比较，相当于将1994年定义中的五大范畴整合为三大范畴，其对应关系是：将1994年定义中的“设计”“开发”两个范畴合为一个范畴“创造”；将1994年定义中的“利用”范畴改成了一个较简单的词“使用”；将1994年定义中的“管理”与“评价”两个范畴化为“管理”一个范畴。

教育技术有两大对象：“过程”和“资源”，与1994年定义中的“学习过程”和“学习资源”有一定区别。2005年定义中的“过程”和“资源”之前有两个限定词——适当的技术性的，教育技术的主要特征在于其技术性。

教育技术AECT 2005年定义的主要贡献在于：将教育技术的研究范围由教学领域扩展到企业绩效领域；首次明确提出教育技术的实践应符合道德规范的要求；首次将“创造”作为教育技术领域的三大范畴之一，强调教育技术创新；从对一般的教学过程和教学资源的研究限定为对“适当的技术性的过程和资源”的研究，突出了专业特色。

2. 现代教育技术与教育技术

现代教育技术与教育技术名称的不同在于现代教育技术加上了“现代”二字，

要弄清它的概念,必须先弄清“现代”的含义。中文关于“现代”的解释是:现在这个时代。英文解释有两种:一是“modern”,译为“近代的,现代的;现代风格的,新式的,现行的,时髦的”。二是“contemporary”,译为“发生,存在;生存或产生于同一时期,同一瞬间发生的;自始至终同时存在的;源出同一时代的;当代的或仿佛当代的,现时的”。

可见,由于对“现代”这个词的理解不同,对现代教育技术的理解也不同,归纳起来主要有两种:一种指现在新出现的教育技术,与之对应的是传统教育技术,这种理解强调对传统的革新;另一种指现在正在使用的教育技术,它包括传统教育技术和新出现的教育技术。由于第二种提法的范围比第一种广泛,本书把第一种称为狭义理解,把第二种称为广义理解。

所谓现代教育技术就是以现代教育思想、理论和方法为基础,以系统论的观点为指导,以现代信息技术为手段的教育技术(现代信息技术,目前主要指计算机技术、数字音像技术、电子通信技术、网络技术、卫星广播技术、远程通信技术、人工智能技术、虚拟现实仿真技术及多媒体技术和信息高速公路技术)。它是现代教学设计、现代教学媒体和现代媒体教学法的综合体现,以实现教学过程、教学资源、教学效果、教学效益最优化为目的。

教育技术涉及范围比较广泛,几乎包括教育系统的所有方面,现代教育技术仅涉及教育技术中与现代教育媒体、现代教育理论以及现代科学方法论——信息论、系统论、控制论等有关的内容。

现代教育技术是把现代教育理论应用于教育、教学实践的现代教育手段和方法的体系,包括以下几个方面:教育教学中应用的现代技术手段,即现代教育媒体;运用现代教育媒体进行教育、教学活动的方法,即媒体教学法;优化教育、教学过程的系统方法,即教学设计。

3. 教育技术 AECT 2005 年定义的内涵

教育技术是通过创造、使用、管理适当的技术性的过程和资源,以促进学习和改善绩效的研究与符合道德规范的实践。上海师范大学的黎加厚教授对 AECT 2005 年定义的几个关键词作了如下解读:

“创造”:创造指的是在各种不同的、正式或非正式的环境中,创建学习情境所涉及的研究、理论和实践。创造可以包括一系列活动,具体根据使用的设计方法而定。设计方法可以由不同的习惯衍化而来,其中包括审美的、科学的、工程的、心理的、程序的、系统的,每一种都可以用来为有效的学习创造必要的材料和条件。

“使用”:使用这一要素是指将学习者带入学习环境,接触学习资源所涉及的理论和实践。正因为如此,这是一个中心活动。活动从选择合适的过程和资源(或称为方法和材料)开始,无论这种选择来自学习者还是教师。明智的选择必须基于对材料的评价,即判断现有的资源是否适合学习对象和学习目的。通常是在一位教师的指导下,经过一些步骤,学习者在某个环境中接触学习材料。这样的设计和操作过程可以称为利用(utilization)。如果资源中涉及不熟悉的媒体类型或方法,需要事先对其可用性进行测试。

“管理”:教育技术领域工作者最早的职责之一就是管理。多年前,管理的形式就是指导视听中心的操作。当媒体的制作和教学开发过程变得日益复杂化和大规模化时,工作人员就必须掌握项目管理(Project Management)的技能;当开发基于信息和通信技术的远程教育项目时,教育技术人员又参与了传输系统的管理(Delivery System Management)。所有的这些管理功能都是人事管理和信息管理的子功能。所谓人事管理和信息管理,就是指组织工作人员设计、控制管理过程或组织中的信息存储和处理。周到的管理同样要求进行项目评价。在系统方法中,要求采用质量控制措施以监督结果,采用质量保证措施使管理过程不断得到优化。

AECT 2005 年定义特别阐明了为什么不再把“评价”作为一个专门的领域,因为该定义提到的教育技术概念中的三个主要功能——创造、使用和管理,可以被视为三种独立的活动,由不同的人在不同的时间各自进行;也可以被视为一个大的教学开发过程中的不同阶段。从系统方法论看,每个阶段都将伴随着评价的过程,实现对每个阶段的过程进行监督,并采取纠正性措施,这正是系统方法的重要特征。

AECT 2005 年定义特别强调了“改善绩效”与“符合道德规范”,这是对 AECT 1994 年定义的进一步完善和发展。

“改善绩效”:绩效指的是学习者的能力及其在新环境中的迁移能力。从历史上看,教育技术始终特别注重结果。以程序教学为例(因为这是第一个冠以教育技术名称的教学过程),程序教学对用户在教学后完成“最终目标”的程度进行评价。最终目标是以精确的条件进行陈述,然后训练学习者,并根据学习者在这种条件中的表现情况进行评价。“改善绩效”同样强化了学习的新含义:不仅是静态的知识,而且是应用的能力。这一定义也反映了美国人对绩效的理解,并不仅仅指学习成绩,更重视学习者的能力及其在新环境中的迁移能力。

“符合道德规范”:新定义强调指出,长久以来,教育技术一直坚持符合道德规范的立场,并有一系列道德规范的实践要求。AECT 道德规范委员会通过提供一些可供讨论和理解的个案实例,积极地建立该领域的道德规范标准。事实上,针对社会上对于媒体和知识产权的使用道德规范的强调,该委员会已对教育技术领域的要求做了说明。

教育技术领域对道德规范的关注正在日益增强。道德规范并不仅仅是一些“规定和要求”,它还是行为实践的基础。

事实上，与其说符合道德规范的实践是一系列的要求、界定和新的规则，还不如说它是一种工作的方法或构想。我们的定义将“符合道德规范的实践”视为本专业成功的核心，如果缺乏道德规范的考虑，教育技术是不可能成功的。

1.1.2　现代教育技术的产生与发展

由于教育和信息技术发展水平的差异，教育技术在不同的国家经历了不同的发展阶段。一般说来，发达国家的教育技术是在视觉教育、视听教育、教育传播的基础上发展起来的，而我国则是在电化教育的基础上发展起来的。

1. 国外教育技术的发展与名词演变

以美国为代表的发达国家的教育技术，大致经历了以下四个发展阶段。

(1) 视觉教育阶段(20世纪初至20世纪30年代)

19世纪末，科学技术的迅速发展和科技成果引进教育领域，对教育技术的发展产生了深刻的影响。照相、幻灯、无声电影等新媒体相继应用于教学，向学生提供了生动的视觉形象，使教学获得了不同于以往的良好效果。1906年美国宾夕法尼亚州一家公司出版了《视觉教育》一书，介绍照片拍摄、制作与使用幻灯片的方法，最早使用了“视觉教育”这一术语。随之，越来越多的教育工作者参与对新媒体应用的研究。1913年，托马斯·爱迪生(Thomas Edison)宣布：“不久将在学校中废弃书本……有可能利用电影来教授人类知识的每一个分支。在未来的10年里，我们的学校将会得到彻底的改造。”10年过去了，爱迪生预期的变化没有出现。然而，视觉教育活动却有了长足的发展。1923年，美国教育协会建立了视觉教学分会(Department of Visual Instruction)，视觉教育工作者开始发展他们自己的学说，并把夸美纽斯的直观教学论作为视觉教育的理论基础，1928年出版了第一本关于视觉教育的教科书——《学校中的视觉教育》，并断言“视觉经验对学习的影响比其他各种经验都强得多”。

1924年，在美国心理学会的会议上，S. L. 普莱西宣布他设计出了第一台可以教学、测验和记分的教学机器。它不仅能呈现视觉材料，还能针对学生的学习情况提供反馈信息，这是教学机器与音像媒体的重要区别。该教学机器用于个别化教学活动，于是产生了早期的个别化教学。

(2) 视听教育阶段(20世纪30—50年代)

20世纪30年代后期，无线电广播、有声电影、录音机先后在教学中获得应用，人们开始在文章中使用视听教育的术语。1947年美国教育协会视觉教学分会正式改名为视听教育分会。

1931年7月，美国辛克斯公司在华盛顿做了一个电影教学的实验：在儿童看电影的前后，分别用5种测验表格考查他们的学习成绩，结果证明，看电影后学生的知识量比看电影前增加了35%。美国哈佛大学在马萨诸塞州的3个城市的中学中所进行的实验也证明，用电影教学的学生比不用电影教学的学生成绩提高20.5%。第二次世界大战期间，美国政府生产工业培训电影457部，为军队购买了5.5万台电影放映机，花费在影片上的投资达10亿美元，将教学电影用于作战人员和军工技术人员的培训并取得了显著成效，也提高了人们对战后学校教学使用视听媒体的兴趣和热情。

20世纪50年代，电视的出现为视听教育提供了更好的技术手段，与电影相比，电视具有制作周期短，传播、复制容易等优点，被迅速应用到教育领域。从20世纪30年代到50年代，在美国掀起了一场视听教育运动。与此同时，关于视听教育的理论研究进一步推动了视听教育的发展，其中以戴尔(Dale)的"经验之塔"理论最具代表性，被作为视听教育的主要理论依据。

20世纪50年代中期，美国心理学家斯金纳根据行为主义学习理论设计了新一代的教学机器，被称为斯金纳程序教学机，并由试验阶段转入实用阶段，在大学和军队中得到应用。

(3) 视听传播阶段(20世纪50—60年代)

20世纪60年代，教育电视的使用由实验阶段进入实用阶段，程序教学机风靡一时。与此同时，由拉斯维尔等人在20世纪40年代创立的传播学开始影响教育领域，有学者将教学过程作为信息传播过程加以研究。上述背景推动了对教育传播的重视，出现了视听传播(Audiovisual Communications)的概念。1963年，美国视听教育协会对视听传播的概念进行了描述：视听传播是教育理论和实践的分支，主要研究控制学习过程的信息的设计和使用，其目标是有效地运用每一种传播方法和媒体来帮助发展学习者的全部潜能。

这时比"视听媒体"概念更为广泛的"教学资源"概念崭露头角，人们渐渐将关注的焦点从原来的视听教育转向整体的教学传播过程、教学系统上来。

(4) 教育技术阶段(20世纪70年代至今)

20世纪70年代中期，微型计算机问世，计算机教育应用也进入新阶段。1970年，美国教育传播和技术协会(AECT)成立，首次提出"教育技术"的概念并对其进行了定义。此后，AECT又在1972年、1977年两次分别对定义进行修改，并在原有的传播理论、行为主义学习理论基础上，加入系统理论作为教育技术的理论基础。随着计算机多媒体技术、网络技术、远程通信、激光视盘等媒体技术的发展，教育技术的实践进一步深入，使教育技术的内涵不断丰富。上述发展也推动了教育技术理论的研究，认知主义学习理论、建构主义学习理论也被作为教育技术的理论基础。1994年,AECT再次对教育技术进行定义,从而使之更加科学与完备。

2. 国外教育技术发展现状

关于国外教育技术发展,美国和英国比较有代表性。

(1) 美国的教育技术情况

美国是世界上开展计算机教育、网络教育、信息技术教育最早的国家。早在20世纪20年代初,美国俄亥俄州立大学就开始制造帮助教师改卷的机器,1924年成功地制成第一台教学机器。20世纪50年代,斯金纳发表了《学习的科学和教学的艺术》(1954年)、《教学机器》(1958年),从而在美国掀起一场有理论、有实践的程序教学运动,为计算机进入教育领域奠定了基础。

1946年,世界上第一台电子计算机在美国宾夕法尼亚大学诞生。从此,许多专家开始了计算机教育应用的探索。

1958年,美国IBM公司沃斯顿研究所开发出世界上第一个计算机辅助教育系统。该系统由一台IBM 650计算机连接一台电传打字机组成,通过电传打字机向学生呈现教学内容、提问,接收学生的回答与反馈。

1960年,美国伊里诺伊大学在美国国家科学基金会的支持下研制出自动程序逻辑教学系统。该系统使用了专门的终端设备与学生进行教学会话活动。至20世纪80年代初,其网络系统储有150个专业近万个课时的教学资料,有4000个终端可供学生使用,具有授课、答疑、测验、分析、布置作业及辅助教师编制教材等多种功能。

1967年,美国费城学区给13～14岁的学生开设了计算机基础课程。此后,该课程作为一门实用技术课程在美国各中小学逐步推广。

据统计,1985年,美国中小学平均每125名学生拥有一台计算机,1995年每12名学生拥有一台计算机,2000年6月每5名学生拥有一台计算机。1986年开始,美国大学要求全部本科生、部分教员和研究生应拥有个人计算机。1995年,约有1亿美国人拥有电脑,其中17岁以下的青少年约占60%。1996年、2000年,美国中小学学校入网率分别为35%、65%。

为了加速美国由工业化社会向信息化社会的转型,走出1990—1991年经济负增长的低谷,迎接21世纪的到来,美国政府推出了《美国2000年教育战略》(1991年),率先制定并实施了国家信息基础设施计划(1993年),以法案形式提出了《2000年目标:美国教育法》(1993年4月),制定了《美国国家科学教育标准》(1994年提出,经修订后于1996年正式颁发)。1996年1月,克林顿总统在国情咨文中提出,2000年美国必须实施100%的学校与国际互联网联通,并建议国会通过立法执行,使美国从小学到大学都实现"人—机—路—网"成片。1998年,美国政府为推进信息技术教育投入了510亿美元。这些举措,旨在使美国抢占全球教育发展的新的制高点。

美国联邦教育部1996年发布了第一个“国家教育技术发展计划”,旨在加强和促进现代科技在教育中的应用。美国联邦教育部教育技术办公室高级主管曾经说,他们为推进教育技术应用所做的主要工作有四个方面:一是铺设光纤到中小学(类似我国现在的“校校通”工程);二是为中小学校配备电脑,推广各类应用软件;三是推动各州制定法规,明确在教师资格认定中教育技术应用能力的要求;四是对教师普遍实施教育技术的培训。他们尤其重视教师教育技术的培训,从1999年开始实施一个名为PT 3的项目。该项目实施以来,资助了441个教育技术应用与培训项目,包括网上教学项目;受资助者包括各级各类教育机构的教师,参与项目的教师达到全部教师的52%,项目资金达到3.375亿美元。他们之所以花大力气实施教师教育技术培训,是因为他们通过调查发现,当花费了数十亿美元为学校装备了计算机和网络等现代教育技术设施后,仅有1/4到1/3的教师能在教学中熟练应用。为此,专家们提出,为了确保21世纪高质量的教育,必须改善这样的教师队伍。项目实施几年后,情况有了很大改变,教育技术办公室分期分批组织在职教师,采用专家面授、分组讨论、动手实践、到教育技术应用好的学校参观考察等方式开展培训,使教师应用现代教育技术的能力有了明显提高。美国联邦教育部还制定政策,要求美国各州教育部在教师资格认定中加入教育技术应用能力指标的要求。由此可见,历届美国政府以及总统都非常重视教育、教育技术的发展及整体国民素质的提高。

(2) 英国的教育技术情况

1988年英国开始进行基础教育课程改革,1995年英国正式把信息技术作为一门国家基础课程。英国信息与通信技术教育可以分为四个部分:学前信息技术教育、中小学信息与通信技术教育、高校信息与通信技术教育和教师信息与通信技术教育培训。

① 学前信息技术教育。随着国家课程在英国各地的推行,信息技术教育不仅在中小学得以广泛地应用,而且在幼儿园中也普及开来。几乎每个幼儿班上都配有一台计算机,并有与机型相配套的学习软件,幼儿可以自由地上机操作。在这一阶段,信息技术教育的方法主要采用的是游戏法。比如幼儿书写单词时,常把字母写错或写反,如果有计算机帮助就可以克服这样的错误。因为只要写错字母,计算机屏幕上会提示说“你写错了”,然后还会告诉幼儿正确的写法。再比如认识形状的软件,它有多种设计内容,可以是屏幕上一边显示某一形状,另一边要求幼儿通过操作键盘画出同样的图形;也可以是屏幕上显示某一美丽的几何图形,让幼儿操作鼠标来确认不同的形状,并数出每一形状的数量。幼儿通过玩各种不同的教育

游戏，掌握了不同品牌机器的性能、特点，熟悉了鼠标、键盘的操作。

② 中小学信息与通信技术教育。从1995年开始英国就把信息技术教育作为国家基础课程在全国中小学开设。英国开展中小学信息与通信技术教育，主要采取由政府规划、社会组织广泛参与和支持、教育部门和学校具体实施的办法。2000年9月，英国首相布莱尔宣布，2001—2004年，英国将投资超过10亿英镑的资金，用于支持学校信息与通信技术的发展。2001—2002年，必须达到：在小学，每11人拥有一台计算机；在中学，每7人拥有一台计算机；所有学校连入因特网；至少20%的学校达到宽带水平；在每个学校中，至少有一台连入因特网的计算机用于管理。

同时，英国政府充分认识到信息资源在基础教育信息化中的重要地位，特别注重网络资源的建设、统一管理与共享。为此，英国在1998年建成了全国的教育门户网站——全国学习网络，以求连接所有的学校与教育机构。经过几年的建设，英国的全国学习网络已经成为欧洲最大的教育门户网站。

英国中小学信息与通信技术教育的主要目标是培养学生的信息技术能力。这里的信息技术能力包括：使用信息资源和信息技术工具解决问题；使用信息资源和信息技术工具支持各种背景下的学习；理解信息技术对工作、生活和社会的影响。英国的信息与通信技术教育可以促进学生四个方面的发展、六种关键技能和思维技能的训练。学生的四个方面的发展为精神发展、道德发展、社会发展和文化发展；六种关键技能是交流技能、数字运用技能、信息技术技能、协作技能、自我提高技能和解决问题技能；思维技能包括信息处理技能、推理技能、调查技能、创造性思维技能和评价技能。

③ 高校信息与通信技术教育。为了适应信息时代的要求，英国在高等院校也开展了信息技术基础教育，从而形成了全方位、多层次的信息技术教育模式，如各大高校积极建立硬件系统、软件系统以及为学生开设信息技术基础教育的入门课程。以格拉斯哥大学为例，它在1995年就完成了主校园与其他几个独立的校区的网络连接，使全校学生都连入了大学计算机网络。软件系统方面主要是开发一批应用软件，使用这些软件可以为学生提供电子邮件收发、进入网络系统、文字处理、利用校园图书馆的在线资源学习以及其他各种服务。

英国高校的课程是围绕学生的学习任务而设计的。课程除把一些基本的信息技术内容作为主要的教学内容外，还针对学生的学习实际设置了一些练习，并向学生提供了许多学习信息技术的指导。英国各高校充分发挥计算机网络教学系统的优势，实现了信息技术基础教育课程的网络化。部分高校还在网上开设了信息与通信技术基础课程网站，学生可以根据自己的具体情况随时进行学习，使学习变得方便，不会因地理或时间上的限制而影响学习。

④ 教师信息与通信技术教育培训。英国政府不但在中小学和高等院校中开设了相应的信息与通信技术基础课程，而且非常重视对教师的信息与通信技术培训。1998 年 9 月，英国教师培训署采纳了有关国家政策中使用信息通信技术的建议。这一举措确保了教师在未来的教学中有信心和能力使用信息技术，同时也将对增加学生的学习经验更加有利。英国政府设立的新机会基金从 1998 年起投资 2.3 亿英镑用于教师信息技术培训。英国的教师信息技术培训取得了显著成果。

3. 中国现代教育技术的产生和发展

教育技术在我国曾被通称为“电化教育”。电化教育是我国独创的名词，出现于 20 世纪 30 年代，至今已有 90 多年的历史。90 多年来，我国电化教育的发展大致经历了以下几个发展阶段。

(1) 诞生与初步发展阶段(20 世纪 20—60 年代中期)

早在 20 世纪 30 年代，已有人尝试在教育过程中使用幻灯、无声电影、无线电播音等。20 世纪 20 年代，陶行知先生在嘉兴就曾用幻灯进行过教学试验，南京金陵大学在采用手摇留声机配音放映幻灯、翻译和制作无声电影供教学使用等方面也做了很多工作。此外，上海的商务印书馆、大夏大学、镇江的民众教育馆、南京的“中央广播电台”等都进行了不同程度的尝试。1932 年，我国教育界人士在南京成立了“中国教育电影协会”。在民间活动的推动下，1935 年官方当局开始规划和实施电化教育工作。1936 年，美国联邦教育署出版的《学校生活》杂志中，把视听教育统称为“Electrifying Education”，即“电化教育”。1936 年当时的国民政府教育部成立了“电影教育委员会”和“播音教育委员会”，同年又委托金陵大学举办“电化教育人员训练班”，第一次正式使用了“电化教育”这个词，到 1940 年又将电影与播音两个委员会合并为电化教育委员会。

当时教育界的一批有识之士努力探索如何在中国发展电化教育事业，出版了《电影与播音》和《电化教育》周刊、《有声教育电影》专著，建立了“中华教育电影制片厂”，并创设了“电化教育系”，等等。但在贫穷落后的旧中国，推广电化教育困难重重，规模都比较小。

新中国成立以后，从 20 世纪 50 年代中期到 60 年代初，我国电化教育获得了初步发展。在教育中运用电教手段的种类逐步增多，幻灯、唱片、录音、电影、无线电播音、电视等，都不同程度地得到应用，如 1960 年华东师范大学试办上海电视大学，采用电视授课；运用电教手段的范围逐步扩大，从中小学校、高等院校，到各种形式的成人教育，如广播学校、电视大学等，都不同程度地运用电教手段进行教学；生产电教设备和电教教材的产业已经出现，如幻灯机、16 毫米电影放映机、开盘式录音机等已能批量生产，还建成了几家科技教育电影制片厂和幻灯制片厂，制作了一批教学幻灯片、电影片供学校使用;成立了专门从事推动电化教育发展的机构,如北京、上海、沈阳、南京等地建立了“电化教育馆”,同时也出现了一支数量虽不大但热心于推动电化教育的队伍。

(2) 迅速发展阶段(20 世纪 70 年代后期—80 年代末期)

在 20 世纪 70 年代中期之前的 10 年,我国的电化教育遭到严重破坏,直到 20 世纪 70 年代后期,特别是党的十一届三中全会以后,我国的电化教育才重新起步,迅速发展。

为了推动电化教育的发展,当时的国家教委成立了“电化教育委员会”,并设立了“电化教育委员会办公室”,从中央到省、市以至大部分地、市、区、县都建立了“电化教育馆(站)”,各大学建立了“电教中心”,不少中小学也建立了电教室(组)。这些机构、部门为开展电化教育提供各种服务。

中小学校电教设备、设施的配备已达到相当规模,特别是发达地区的中小学,都不同程度地配置了专用电化教室、语言实验室、计算机房,在教室里配置“两机一幕”(即投影机、录音机和银幕),有的甚至配置了闭路电视和计算机多媒体设备。

电教教材建设的规模愈来愈大。在 10 多年间,几乎中小学的每个学科都编制了一些幻灯、投影教材,录音、录像教材以及计算机教学软件。电教教材建设作为课程教材改革的主要任务之一,正在有组织、有计划地,按每个学科、每个年级逐步配套地进行,并逐年推广使用。

20 世纪 80 年代掀起的一场“电化教育”名称之争,活跃了电化教育的学术气氛,推动了电化教育理论的深化和发展。随着改革开放的深入,国际学术交流的增多,国外教育技术发展的新经验、理论研究的新成果不断被介绍进来。以系统方法为核心的教育技术学,在理论概念、指导思想、研究方法等方面对我国电化教育产生了较大的影响,我们开始用新的观点来认识自己所从事的这个领域。我国学校电化教育的研究和实践,已经从简单化、表面化走向综合化、深层化,对教育技术的认识也从“媒体”观转向了系统观。

电化教育向着“深入课堂,深入学科”的方向发展。以课堂教学为中心的电化教育发展较快,越来越多的地区、学校、教师投身到这项实践中来,形成了这一阶段的一个特点:第一线的教师成为开展电化教学的主力军,开展电化教育与完成教学任务、提高教学质量已经紧密地结合在一起。在课堂教学中开展电化教育,已不局限于电教媒体的运用,而是涉及课堂教学的全过程。凡是一般课堂教学要做的事情,电化教育也都要做;一般课堂教学所要完成的任务,也是电化教育要完成的任务。不同的是,电化教育是在课堂教学中引入了电教媒体,由此产生了一般课堂教学所没有的现象;同时也运用了教学设计的原理和方法,努力改进课堂教学。从中也反映出,人们对电教媒体的运用,已不再是孤立地加以考虑,而是放到教与学的全过程中加以处理，摆正了它的位置，开展电化教育已不再局限于电教媒体的运用，而是涉及教学全过程的设计。电化教育已经不仅仅是设备器材问题，也不仅仅是电化教育媒体的问题，甚至也不是某一节课的问题，电化教育已经渗透到教学工作的各个方面，跟教学的整体改革和整体效益紧密结合在一起。

(3) 深入发展阶段(20 世纪 90 年代至今)

随着多媒体计算机和网络技术等进入教学领域，我国电化教育迅速向深层次发展。“中国教育与科研计算机网络”的开通，连接了近 200 所高等学校和一些设备较好、技术力量较强的中小学校，为我国多媒体网络教学的广泛开展创造了条件。

随着技术的发展，幻灯、投影、录音、录像、视盘、计算机软件等音像电子教材已成为我国教材建设的重要内容。到 1995 年，中国的教育软件市场已基本形成。1996 年 9 月，原国家教委基础教育司颁布了《中小学计算机教育软件规则》(1996—2000 年)，明确地提出了我国“九五”期间计算机教育软件研制开发的目标和实施目标的主要措施。1996 年国家计委又将“计算机辅助教学软件研制、开发与应用”列入国家“九五”重点科技攻关项目，首期投资 1500 万元，该项目已于 1999 年 7 月结题。

自 20 世纪 90 年代以来，现代教育技术的研究重点从以前的视听教育媒体的理论与应用研究，转向了对多种媒体组合运用和学习过程的研究，特别是对教学系统的设计、开发、运用、评价与管理的研究，开展了大量的试验研究与开发工作。如“电化教育促进中小学教学优化课题实验”“小学语文‘四结合’教改试验”“电化教育促进中小学由应试教育转向素质教育的实验研究”“高等学校课程电化教育试验”以及“全国中小学现代教育技术实验学校”等项目，取得了明显的教育、教学效益与社会效益，大大推进了我国教育、教学改革的深化。这些研究具有明显的特点：研究教育教学改革的进行，作为深化教育改革的一项重要举措和教育改革的突破口；重视对以计算机为基础的信息技术在教育教学中的应用研究；重视教学系统设计理论、认知学习理论和建构主义理论的指导作用；研究方法和过程日益规范化。

现代教育技术已经成为推动我国教育改革的重要组成部分，成为教育工作者的必修课。这一时期对教育技术的研究开始注重教学整体效果，着重探索和研究现代教育技术对一堂课、一个单元及一门学科的教学带来的影响；同时在认识上也有较大提高，教育技术不仅是应用现代技术的手段和工具，更重要的是应用现代的科学理论和方法指导教育与教学活动。教育技术不仅要解决教学的局部问题，更要解决教学改革的整体问题。

1.1.3　现代教育技术的发展趋势

1. 网络化教育应用

教育技术网络化的最明显标志是因特网(Internet)应用的急剧发展。体现在Internet上的这种远程、宽带、广域通信网络技术的重大革命,必将对未来的高等教育产生深远的影响,这种影响不仅表现在教学手段、教学方法的改变上,而且将引起教学模式和教育体制的根本变革。

由于互联网环境下的教育体制与教学模式不受时间、空间和地域的限制,通过计算机网络可扩展至全社会的每一个角落,甚至是全世界,这是真正意义上的开放式大学。在这种教育体制下,每个人既是学生又是教师,每个人可以在任意时间、任意地点通过网络自由地学习、工作或娱乐。每一个人,不管贫富贵贱都可以得到每个学科一流老师的指导,都可以向世界上最权威的专家"当面"请教,都可以借阅世界上最著名图书馆的藏书甚至拷贝下来,都可以从世界上的任何角落获取到最新的信息和资料。由于是基于信息高速公路的多媒体教育网络,所有这些都可以在瞬间完成,人们所需要的老师、专家、资料和信息,都是远在天边,但又近在眼前。世界上的每一个公民,不管其家庭出身、地位、财富如何,都可以享受到这种最高质量的教育,这才是真正意义上的全民教育。

在上述教育网络环境下,既可以进行个别化教学,又可以进行协作型教学;还可以将"个别化"与"协作型"两者结合起来,所以是一种全新的网络教学模式。这种教学模式是完全按照个人的需要进行的,不论是教学内容、教学时间、教学方式还是指导教师都可以按照学习者自己的意愿或需要进行选择。在21世纪,这种基于Internet的、不受时空限制的、真正的开放大学将会变得愈来愈普遍。

2. 多媒体教育应用

近年来,多媒体教育应用正在迅速成为教育技术中的主流技术。与应用其他媒体的教学系统相比,多媒体教学系统具有以下优点:能够带来多重感官刺激,信息传输量大、速度快、质量高、应用范围广,使用方便、易于操作,交互性强。它不仅可以使教学更为生动形象,而且使得许多用常规方式、方法难以表现的教学内容可以容易地表现出来。目前在这一领域研究趋势和热点可以归纳为以下三个方面:

(1) 虚拟现实

虚拟现实(Virtual Reality,简称VR)是由计算机生成的交互式人工环境。这个人工环境可以创造一种身临其境的完全真实的感觉。要进入虚拟现实的环境需要戴上一个特殊的头盔(Head-Mounted Display)和一副数据手套,多媒体计算机和仿真技术加上特殊头盔和数据手套可以产生一种强烈的幻觉,使得置身其中的人能全身心地投入到当前的虚拟现实世界中。

但VR模式由于设备昂贵,目前还只应用于少数高难度的军事、医疗、模拟训练和一些研究领域,但它有着美好前景。

(2) 多媒体电子出版物

多媒体技术除了可直接应用于教学过程之外,在教育领域还有另一方面的重要应用,就是电子出版物,例如电子百科全书、电子词典、电子刊物等。在电子大百科全书中,它的每个条目不仅有文字说明,还有声音、图形甚至活动画面的配合。此外,多媒体电子出版物还具有辅助教学功能,可以对学生进行辅导、答疑、布置作业。

(3) 超媒体技术

这是超文本和多媒体技术的结合,是一种非线性的多媒体信息网络结构和信息管理技术。在教学应用方面,这一技术可以使知识内容的链接和管理以非线性方式进行。尤其是在多媒体教学课件的设计上,超媒体技术方法是必须采用的核心技术之一。尽管目前超媒体技术已经比较成熟,但随着多媒体信息的形式和内容越来越多、越来越复杂,超媒体技术还有待进一步提高和发展。

3. 课件开发

在课件开发方面,我国与发达国家相比,尽管起步比较晚,但发展很快。这一发展主要基于政府的重视和计算机的进一步普及。除了许多软件公司投入巨资进行课件开发以外,国家也首次在"九五"计划中专项拨款几千万元作为中小学系列课件攻关开发费用。

在教育部启动的现代远程教育项目中,有近亿元资金用于网络资源(包括教学软件、网上教学资源、教育网站建设)的开发。对于课件的开发,新的趋势和热点可主要归纳为两个方面的研究:基于教学策略的课件和电子作业支持系统。

4. 教育技术应用模式的多样化

世界各国对教育技术的应用也不是同一模式、同一要求,而是根据社会需求和具体条件的不同划分不同的应用层次,采用不同的应用模式。例如,基于多种教学媒体(幻灯、投影、视听设备、语言实验室等)的"常规模式"、基于多媒体计算机的"多媒体模式"、基于网络的"网络模式"、基于计算机仿真技术的"虚拟现实模式"等。其中常规模式不论是在我国还是在发达国家,在目前以及今后一段时间内,仍然是主要的教育技术的应用模式,尤其是在广大中小学中更是如此。在重视"常规模式"的同时,应加速发展“多媒体模式”和“网络模式”,这是现代教育技术发展的方向和未来。

1.2　现代教育技术与教育信息化

1.2.1　教育信息化概述

1. 概念溯源

“信息化”(Informationization)一词最早于20世纪60年代出现在日本的一些学术文献中,当时对“信息化”这一概念主要是从产业角度进行阐述和界定的。20世纪70年代,德国、欧共体和联合国教科文组织等一些国家及国际组织先后出台了一系列推动信息技术在社会中应用和发展的规划,这些规划都把信息基础设施作为重要一环。

1993年9月,美国政府正式提出建设“国家信息基础设施”(National Information Infrastructure,简称NII),俗称“信息高速公路”(Information Superhighway)计划,其核心是发展以Internet为核心的综合化信息服务体系和推进信息技术(Information Technology,简称IT)在社会各领域的广泛应用。

“教育信息化”的概念是在20世纪90年代伴随着信息高速公路的兴建而提出的。在美国的信息高速公路计划中,特别把IT在教育中的应用作为实施面向21世纪教育改革的重要途径,美国的这一举动引起了世界各国的积极响应,许多国家的政府相继制定了推进本国IT在教育中应用的计划。

中国自20世纪90年代末开始,随着网络技术的迅速普及,整个社会的发展与信息技术的关系越来越密切,人们越来越关注信息技术对社会发展的影响,联系到教育改革和发展,“教育信息化”的提法也开始出现了。现在,社会与政府已经正式使用“教育信息化”这一概念,并高度重视教育信息化的工作。

教育信息化是指在教育与教学领域的各个方面,在先进的教育思想指导下,积极应用信息技术,深入开发、广泛利用信息资源,培养适应信息社会要求的创新人才,加速实现教育现代化的系统工程。

2. 教育信息化的基本特征

(1) 教育民主化——受教育者的广泛性和平等性

现代教育是全民教育,全民教育的内涵包含两方面的意义:一是教育民主化,即实现教育机会的均等;二是教育的普及化,它是教育民主化的前提和保证,其中最重要的一项工作就是建立义务教育制度。只有实施和普及义务教育,才能从根本上保证教育的民主化。

(2) 教育终身化——终身教育的思想与制度的建立

现代教育是终身教育,它包括终身教育思想的确定和终身教育制度的建立。随着人们对学习与教育关系认识的日益深化,终身教育的提法后来更多地被终身学习的提法所取代。其原因之一就是教育技术为人的学习提供了无边界、无体系的有利条件。终身学习的提出是教育观念的扩展,其教育技术的产生由此形成了现代化社会中的大教育观。

(3) 教育多样化——提供多样化的学习机会

在教育现代化的进程中,计算机多媒体技术、网络技术得到了广泛的应用,自动化程度日益提高。现代教育技术是经由多媒体优化组合的通道进行教学的,并且是多元化发展的,它为人们提供了不同层次、不同形式、不同规格的教育,以满足人们对教育和学习多种选择的需要。

(4) 教育个性化——教育的目的是培养创造性人才

个性化教育是指充分尊重学生的主体地位,挖掘学生的个体潜能,促进学生个性发展的教育。个性教育已成为当今教育改革的一个重要趋势。

(5) 教育国际化——教育的国际交流与合作,培养国际化的人才

一般来说,传统教育呈现的是相对封闭的教育体系和培养模式,而开放时代的信息社会则要求一个国家的教育具有面向世界、走向世界的特质。实践证明,任何一种教育现代化,都是在依赖国际间彼此交流和相互作用中逐步推进的,都是在开放的环境与条件下在与经济、科技、文化、社会发展互动的过程中渐趋变革的,不可能在传统的教育模式中自我转变和实现,必须依托一定的现代化教育技术。教育国际化,作为教育现代化的一项重要内容,是一股顺应时代发展的世界潮流,推动这个世界潮流的正是现代教育技术。实现教育国际化,已成为世界各国实现教育现代化的基本条件和重要标志。

3. 教育现代化的基本内容

教育现代化是社会现代化的重要组成部分,教育现代化涉及教育思想、教育内容、教育方法、教育管理和教育手段的现代化,它们之间是互相联系、互相促进的。

① 教育思想的现代化——教育现代化的主导。

② 教育内容的现代化——教育现代化的主体。

③ 教育手段的现代化——教育现代化的突破口。

④ 教育方法和教育管理的现代化——教育现代化的保证。

1.2.2　现代教育技术的产生和发展是教育信息化的直接原因

现代教育技术的产生及应用,促进了教育思想的飞跃和教育观念的更新。从信息传播以及教育传播的发展过程,我们不难看出,教育内容的传递要依赖一定的传播技术,而传播技术水平对教育的效率和质量有着直接的影响,教育技术的进步,无疑对教育的发展有着直接正向作用。

现代教育技术的发展和应用对教育产生了重大影响,其表现为以下几个方面:

(1) 对教育体制产生影响

当现代教育技术发展到一定程度时,普通教育、成人教育、职业技术教育几部分就趋于融合,各类学生都可以通过计算机网络到各个学校选择自己需要或感兴趣的课程。普通教育、成人教育、职业技术教育一体化的问题已成为人们研究的重点。

(2) 对教育投资产生影响

以前人们通常认为教育经费的消耗主要是在校园内,随着现代教育技术的发展,观念也随之发生改变,其实全社会都需要耗费教育经费。例如,“信息高速公路”把学校与社会连成一片,开放式教学也是另外一种教育消费方式。

(3) 对传统的学校教育产生影响

现代教育技术的应用,进一步加剧了学校之间的竞争,促使具有优势互补条件的学校加强联合,共同参与更高层次的竞争,使学校所提供的教育(包括教学目标、教学内容、教学方法等方面)的质量得以提高。

(4) 对教师的工作方式产生影响

随着现代教育技术的发展,教师的职能发生了变化,教师由讲演者和传授者转变成学习活动的指导者、知识信息的组织者和学习过程的参与者。教师需掌握现代教育技术,熟练操作各种先进的教育工具,改变传统教学方式、方法,使得教学方式、方法多样化,以适应各种学习情境和各类学生,从而提高教育质量。

(5) 对学生学习内容、方式及结果产生影响

学生是现代教育技术发展的最大受益者,学生由被动学习转变为主动参与,学习资源和教学媒体不仅仅是教师的教学工具和手段,同时也变成了学生认知的途径。现代教育技术为学生提供了丰富的学习资源,创设了利于学习的良好环境,使学生通过探究、发现和意义建构进行学习,实现真正的“教育平等”。在这样的学习活动中,他们所获取的将不仅仅是知识和信息,更是能力与素质的锻炼和培养。

1.2.3 教育信息化要求教师提高信息素养

随着科学技术的飞速发展，人才的培养对教育提出了越来越高的要求，加强对教师的教育技术能力培训就具有特别重要的意义，培养一大批既懂专业知识又懂现代教育技术且具有实践能力的人才，实现教育技术现代化已成为教育发展的新趋势。科技发展日新月异，知识经济时代需要的人才不仅要有渊博的专业知识，而且要有宽厚的知识基础、良好的心理素质、获取与处理信息的能力和一定的创新精神。这些人才的培养要依靠高素质的教师来完成，高素质教师的标志之一就是要掌握现代教育技术和信息技术知识，并具有运用这些知识进行教学的能力。

1. 教师要具有良好的信息素养

素养一般是指人所具有的相对稳定的心智能力和实际操作能力及水平的基础性因素。信息素养则是指人的与信息的获取、处理、加工、利用等相关的心智能力和实际操作能力及水平方面的相对稳定的基础性因素。信息素养，最早是在1974年由美国信息产业主席保罗・车可斯基提出来的。他把信息素养定义为“利用大量的信息工具及主要信息源使问题得到解答的技术和技能”。美国国家信息素养论坛在1990年的年度报告中提出了信息素养的标准：

① 了解自己的信息需求。

② 承认准确和完整的信息是制定明智决策的基石。

③ 能在信息、需求的基础上系统阐述问题。

④ 具有识别潜在信息源的能力，能制定成功的检索策略。

⑤ 能检索信息源，包括能利用以计算机为基础的信息技术或其他技术。

⑥ 具有评价信息的能力。

⑦ 能为实际应用而对信息进行组织的能力。

⑧ 具有将新信息结合到现存的知识体系中的能力。

⑨ 能采用批判性思维，利用信息解决问题。

教师要对信息、教育信息化、信息社会有基本正确的理解，认识到信息在教育信息化中的作用，关心教育信息化进程，积极投入到教育信息化工作中；能确认自己的信息需求，拥有一定的专业信息；要认识到获取信息资源对于教育与科研工作的重要性。教师应具有较强的信息敏感度和信息安全意识，能迅速地发现并掌握有价值的专业、科研信息，还能灵活地通过多种渠道较迅速地获取有效信息，善于识别信息的真伪，能够遵循一定的信息行业道德，规范自身的信息行为活动。

2. 教师应具备如下几个方面的现代教育技术素养

① 了解基本知识——教育技术基本知识、信息技术基本知识、教学设计基本知识、软件制作基本知识。

② 拥有信息文化——具有很强的信息获取、信息分析和信息加工的能力，这是现代教师所必须具备的信息文化素养。

③ 掌握基本技能——常规教育媒体的基本操作技能、常规信息技术的基本利用技能、信息技术与课程教学整合能力。

④ 具有现代观念——这里所指的是现代教育观念，即具有现代教学观、现代师生观、现代人才观。

⑤ 熟悉应用方法——听觉媒体的特点和应用方法、视觉媒体的特点和应用方法、视听媒体的特点和应用方法、计算机多媒体的特点和应用方法等。教师在教学中应根据不同学科的特点选择合适的教育媒体，优化组合，使教学过程最优化。

3. 教育技术培训是提高教师信息素养的必要途径

教育信息化离不开教育技术的广泛应用，而教育技术的普及应用关键在于广大教师，广大教师是实践教育技术和推动教育信息化的重要力量。在实现教育信息化的进程中，除了基础设施的建设和管理等因素外，教师是最重要的因素，教师的教育技术水平和应用能力直接影响着教育信息化的进程。

为了实现教育信息化，必须提高教师的教育技术素养和能力；为了提高教师的教育技术素养和能力，必须开展教师教育技术培训。教育技术培训旨在通过教育技术基本理论的学习、基本技能的实际训练和优秀教案的示范研讨，促进教师教学能力的提高，增加教师应用现代教育技术的主动性和自觉性，使教学思想、教学方法、教学手段的改革取得明显进展，使学校应用教育技术的整体水平得到明显提高。

为了提高我国中小学教师教育技术水平，促进教师专业能力发展，2004 年 12 月 25 日，国家教育部正式颁布了《中小学教师教育技术能力标准》。

1.2.4 教育信息化的国家标准

《中小学教师教育技术能力标准》是我国中小学教师的第一个专业能力标准。它的颁布与实施是我国教师教育领域的一件大事，将对我国教师教育的改革与发展产生深远影响。

1. 制定《中小学教师教育技术能力标准》的目的和意义

（1）制定《中小学教师教育技术能力标准》的目的

加强中小学教师对技术的理解和应用的自觉性，加强教师信息素养的培养，使中小学教师逐步掌握并不断提高运用信息技术与学科教学进行有效整合的能力，加强技术对教育的服务与支持。

（2）制定《中小学教师教育技术能力标准》的意义

① 制定《中小学教师教育技术能力标准》是教师专业化发展的必要条件。教师专业化是大势所趋，教育技术的应用能力是教师专业化水平的一项重要内容。教育技术的普及不仅仅是手段和方法的运用，更重要的是教育思想观念的转变。只有在正确的教育思想、观念指引下，才有可能把教育技术有效地运用到学科教学中去。这样做不仅可以极大地提高教学质量，同时也能使教师的专业技能水平得以迅速提升。

② 制定《中小学教师教育技术能力标准》是开展教师培训的依据。教师教育的重要途径之一就是培训。教师教育技术培训工作的关键在于要有统一的教育技术标准，才能使培训工作在目标、方法、内容、模式和评价等方面有所依循。

③ 制定《中小学教师教育技术能力标准》是适应基础教育课程改革的需要。新课程的核心是要充分体现学生的主体地位，倡导自主、探究、合作的学习方式；引导学生主动地、生动活泼地发展；与此同时要求教师改变在课堂上的行为模式，利用现代教育技术就是改变行为模式的一个重要方面。制定教师教育技术能力标准将有效地提高教师的教育技术能力，是基础教育课程改革的需要。

④ 制定《中小学教师教育技术能力标准》是适应教育技术培训市场化的需要。制定教师教育技术能力标准对于规范所有参与教师教育的培训机构和单位，确定统一的培训内容、培训模式、质量要求和认证资格具有重要意义。

《中小学教师教育技术能力标准》中的“技术”属于技术的广义内涵，即“技术是一种能力”。基于这种定位，《中小学教师教育技术能力标准》针对广大中小学教师、管理人员及技术人员提出技术应用与教育教学的能力要求，其目的是促进教育目标的实现。

2. 我国教育技术能力标准体系结构

根据中国的国情和对中小学的实际调研情况并借鉴美国、英国的经验，最终形成了具有中国特色的“4(14)N”教育技术能力标准体系结构：

① 4——4 个能力素质维度。

② (14)——14 个一级指标。

③ N——N 个概要绩效指标(对于教学人员、管理人员、技术人员这三类子标准,N 依次为 41、46、44)。

4 个能力素质维度是:应用教育技术的意识与态度,包括信息需求意识、信息应用与创新意识、对信息的敏感性与洞察力以及对信息的兴趣与态度等;教育技术的知识与技能,包括教育技术的基本理论与方法、基本操作技能、信息的检索加工与表达、信息安全与评价等;教育技术的应用与创新,包括教学设计、教学实践、信息技术与课程整合、自主学习与协作学习等;应用教育技术的社会责任,包括信息利用及传播有关的道德、法律、人文关怀等。

以教学人员的教育技术能力子标准为例,其体系结构与基本内容如图 1.1 所示。

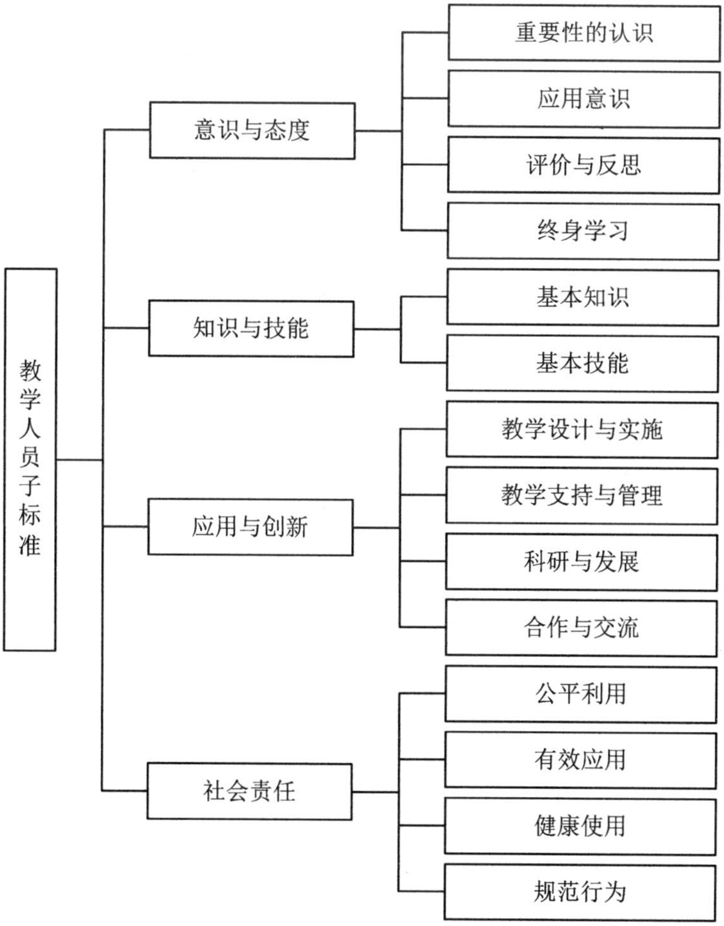

图 1.1　教育技术能力子标准的体系结构

整个《中小学教师教育技术能力标准》的总体框架则如图 1.2 所示。由图 1.2 可见,其中包含 3 个子标准。每一个子标准的体系结构都与图 1.1 相同,但其基本内容则有差异(以反映不同人员的工作特点与需求)。

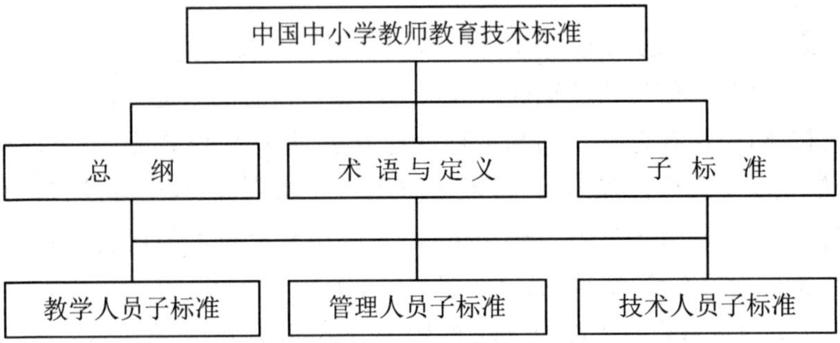

图 1.2 《中小学教师教育技术能力标准》的总体框架

3.《中小学教师教育技术能力标准》(教学人员)

《中小学教师教育技术能力标准》是对相关人员教育技术的一般性规定,使用单位可依据标准制定实施指导建议。

一、意识与态度

(一) 重要性的认识

1. 能够认识到教育技术的有效应用对于推进教育信息化、促进教育改革和实施国家课程标准的重要作用。

2. 能够认识到教育技术能力是教师专业素质的必要组成部分。

3. 能够认识到教育技术的有效应用对于优化教学过程、培养创新型人才的重要作用。

(二) 应用意识

1. 具有在教学中应用教育技术的意识。

2. 具有在教学中开展信息技术与课程整合、进行教学改革研究的意识。

3. 具有运用教育技术不断丰富学习资源的意识。

4. 具有关注新技术发展并尝试将新技术应用于教学的意识。

(三) 评价与反思

1. 具有对教学资源的利用进行评价与反思的意识。

2. 具有对教学过程进行评价与反思的意识。

3. 具有对教学效果与效率进行评价与反思的意识。

(四) 终身学习

1. 具有不断学习新知识和新技术以完善自身素质结构的意识与态度。

2. 具有利用教育技术进行终身学习以实现专业发展与个人发展的意识与态度。

二、知识与技能

（一）基本知识

1. 了解教育技术的基本概念。
2. 理解教育技术的主要理论基础。
3. 掌握教育技术理论的基本内容。
4. 了解基本的教育技术研究方法。

（二）基本技能

1. 掌握信息检索、加工与利用的方法。
2. 掌握常见教学媒体选择与开发的方法。
3. 掌握教学系统设计的一般方法。
4. 掌握教学资源管理、教学过程管理和项目管理的方法。
5. 掌握教学媒体、教学资源、教学过程与教学效果的评价方法。

三、应用与创新

（一）教学设计与实施

1. 能够正确地描述教学目标、分析教学内容，并能根据学生特点和教学条件设计有效的教学活动。
2. 积极开展信息技术与课程的整合，探索信息技术与课程整合的有效途径。
3. 能为学生提供各种运用技术进行实践的机会，并进行有针对性的指导。
4. 能应用技术开展对学生的评价和对教学过程的评价。

（二）教学支持与管理

1. 能够收集、甄别、整合、应用与学科相关的教学资源以优化教学环境。
2. 能在教学中对教学资源进行有效管理。
3. 能在教学中对学习活动进行有效管理。
4. 能在教学中对教学过程进行有效管理。

（三）科研与发展

1. 能结合学科教学进行教育技术应用的研究。
2. 能针对学科教学中教育技术应用的效果进行研究。
3. 能充分利用信息技术学习业务知识，发展自身的业务能力。

（四）合作与交流

1. 能利用技术与学生就学习进行交流。
2. 能利用技术与家长就学生情况进行交流。
3. 能利用技术与同事在教学和科研方面广泛开展合作与交流。
4. 能利用技术与教育管理人员就教育管理工作进行沟通。
5. 能利用技术与技术人员在教学资源的设计、选择与开发等方面进行合作与交流。

6. 能利用技术与学科专家、教育技术专家就教育技术的应用进行交流与合作。

四、社会责任

(一) 公平利用

努力使不同性别、不同经济状况的学生在学习资源的利用上享有均等的机会。

(二) 有效应用

努力使不同背景、不同性格和能力的学生均能利用学习资源得到良好发展。

(三) 健康使用

促进学生正确地使用学习资源,以营造良好的学习环境。

(四) 规范行为

能向学生示范并传授与技术利用有关的法律法规知识和伦理道德观念。

附录:术语与定义

教育技术(Educational Technology):教育技术是指运用各种理论及技术,通过对教与学过程及相关资源的设计、开发、利用、管理和评价,实现教育教学优化的理论与实践。

教学系统(Instructional System):教学系统是教育系统的子系统,是指为了实现某种教学目的、由各教学要素有机结合而成的具有一定教学功能的整体。

教学设计(Instructional Design):教学设计又称为教学系统设计(Instructional System Design),是指主要依据教学理论、学习理论和传播理论,运用系统、科学的方法,对教学目标、教学内容、教学媒体、教学策略、教学评价等教学要素和教学环节进行分析、计划并做出具体安排的过程。

信息(Information):信息是人、生物和自动机等控制系统所接收和加工的事物属性或运动状态。在教育教学领域有表示教学内容的信息、描述师生特征的信息、反映教学动态过程的信息等。

信息资源(Information Resources):信息资源是指以文字、图形、图像、声音、动画和视像等形式储存在一定的载体上并可供利用的信息。

信息技术(Information Technology):信息技术是指能够支持信息的获取、传递、加工、存储和呈现的一类技术。其中,应用在教育领域中的信息技术主要包括电子音像技术、卫星电视广播技术、多媒体计算机技术、人工智能技术、网络通信技术、仿真技术和虚拟现实技术等。

教育信息化(Educational Informationization):教育信息化是指在教育教学的各个领域中,积极开发并充分应用信息技术和信息资源,促进教育现代化,以培养满足社会需求的人才的过程。

信息道德(Information Morality):信息道德是指在信息领域中用以规范人们相互关系的思想观念与行为准则。

信息安全(Information Security):信息安全是指个人、组织和国家在信息领域的利益保护状态。它涉及信息的保密性、完整性、可用性和可控性。

信息技术与课程整合(Integrating Information Technology into Curriculum):信息技术与课程整合是指在学科教学过程中把信息技术、信息资源和课程有机结合,建构有效的教学方式,促进教学的最优化。

学习资源(Learning Resources):学习资源是指在学习过程中可被学习者利用的一切人力与非人力资源,主要包括信息、资料、设备、人员、场所等。在课堂教学中所利用的学习资源也称教学资源。

教师专业化(Teacher Professionalization):教师专业化是指教师在整个职业生涯中,通过专门训练和终身学习,逐步习得教育专业的知识与技能并在教育专业实践中不断提高自身的从教素质,从而成为一名合格的专业教育工作者的过程。

终身学习(Lifelong Learning):终身学习是指社会每个成员为适应社会发展和实现个体发展的需要,贯穿于人的一生的持续的学习过程。

教学媒体(Instructional Media):媒体是指承载、加工和传递信息的介质或工具。当某一媒体被用于教学目的时,则被称为教学媒体。

教学资源管理(Instructional Resources Management):教学资源管理是指通过对教学资源的计划、组织、协调和评价,以实现既定教学目标的活动过程。教学资源管理包括硬件资源的管理和软件资源的管理。

项目管理(Project Management):项目是指致力于完成具有独特性的产品或服务的一次性工作。学校教育中的项目管理,是指对学校特定教育教学项目的计划、组织、监督与调控。项目管理在学校教育中主要应用于教学系统设计、教学资源开发、教育技术应用和教育改革实验等开发项目与研究课题中。

教学过程管理(Process Management):教学过程是教学活动展开的过程。教学过程管理就是对这一过程所涉及的各种要素及活动的管理。

学习环境(Learning Environment):学习环境是指直接或间接影响个体及群体学习的全部外在因素。在学校教育中,学习环境主要包括校园、教室、图书馆、实验室和教学软件平台、学习工具、各种学习资源等硬软件物质条件以及校风、学风、校园文化等精神因素。此外,家庭和社区通常被认为是学生的校外学习环境。

绩效技术(Performance Technology):绩效是指人们在工作场所中通过一定的

活动完成任务所形成的业绩或成果。绩效技术是指应用系统方法，通过对目标和行为的分析、设计、开发、实施、管理和评价，以达到工作业绩最大化的技术。

知识管理（Knowledge Management）：知识管理是指利用适当的技术、方法和机制来促进知识的有效生成、传播和利用的过程。

课程开发（Curriculum Development）：课程开发是指通过需求分析确定课程目标，再根据这一目标选择某一个学科（或多个学科）的教学内容和相关教学活动进行计划、组织、实施、评价、修订，以最终达到课程目标的整个工作过程。

1.3 现代教育技术的理论基础

1.3.1 视听教学理论

1946年，美国教育技术专家戴尔在他的《视听教学法》一书中，研究了录音、广播等视听教学手段怎样在教学中使用以及会产生怎样的教学效果等问题，总结出一系列视听教学方法，提出了相关的教学理论，这就是视听教学理论。视听教学理论指出了各种视听教学媒体在教学中的地位与作用，也是教育技术必须遵循的重要规律与所依据的基础理论。由于戴尔把人类获取知识的各种途径和方法概括为一个“经验之塔”来系统描述，因此，人们又将这一理论称为“经验之塔”理论。

1. “经验之塔”理论

20世纪30年代后期，无线电广播、有声电影、录音机先后在教育中获得运用，人们认为视觉教育名称已经概括不了已有的实践，并开始在文章中使用视听教育的术语。1947年，美国教育协会的视觉教育分会改名为视听教学分会。

在诸多关于视听教育的研究中，堪称代表的是美国教育家戴尔于1946年所著的《教学中的视听方法》。该书提出的“经验之塔”理论成了当时以及后来的视听教育的主要理论根据。戴尔将人们获得的经验分为三大类：做的经验、观察的经验和抽象的经验，并将获得这三类经验的方法分为10种，如图1.3所示。

从图1.3可以看出，“经验之塔”分为三大类10个层次：

(1) “做”的经验

位于塔基的三个层次中，都含有亲自从事的“活动”，在这三种方式中，学习者都不仅仅是活动的旁观者，更是活动的参与者，故称为“做”的经验，所以获得的是直接做的经验。

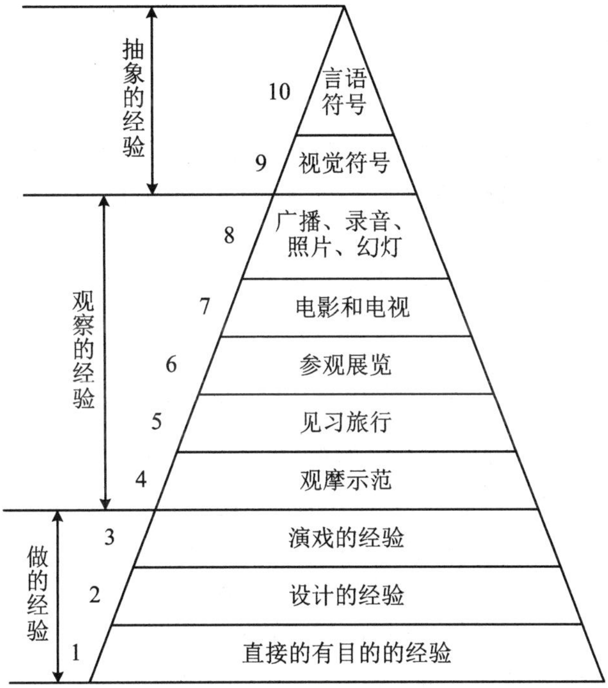

图1.3 戴尔的“经验之塔”

① 直接的有目的的经验。指直接与真实事物本身接触而获取的经验，是通过对真实事物的直接感知(即看、听、尝、嗅、触、做)取得的最丰富的具体经验。

② 设计的经验。指通过对模型、标本等间接材料的学习获取的经验。模型、标本是通过人工设计、仿造的事物，多与真实事物的大小和复杂程度有所不同，它是“真实的改编”，这种改编可以使人们对真实事物更容易理解和领会。

③ 演戏的经验。指让学生在戏剧中扮演某一角色，使他们在尽可能真实的情境中获得经验。通过演戏、表演，感受那些在正常情形下无法获得的感情上和观念上的体验。

(2)“观察”的经验

④ 观摩示范。通过看别人怎么做，使学生知道一件事是怎样做成的，以后他自己就可以动手模仿着去做。

⑤ 见习旅行。指通过在野外的学习旅行，看到真实事物和各种景象，获得经验。

⑥ 参观展览。指通过参观展览，使学生通过观察来获得经验。

⑦ 电影和电视。指通过观看电影、电视获得经验，屏幕上的事物是实际事物

的代表，而不是它本身。通过观看电影和电视，得到的是替代的经验。

⑧ 广播、录音、照片、幻灯。指通过听觉或视觉的方式来获得经验，与电影和电视相比，抽象层次要高一些。

（3）“抽象”的经验

⑨ 视觉符号。主要指表达一定含义的图表、地图等抽象符号，已看不到事物的实在形态，它们是一种抽象的代表。如地图上的曲线代表河流、线条代表铁路等。

⑩ 言语符号。包括口头语言和书面语言（文字符号）两种，是事物抽象化了的代表或观念的符号。

2. “经验之塔”理论的基本观点

戴尔把“经验之塔”理论的要点概括为以下六个方面：

① 塔中最底层的经验最具体，越往上升则越抽象。但不是说，求取任何经验，都必须经过从底层到顶层的阶梯，也不是说下层的经验比上层的经验更有用。划分阶层只是为了有利于说明各种经验的具体或抽象的程度。

② 教育、教学应从具体经验入手，逐步过渡到抽象。有效的学习之路，应该充满具体经验。教育、教学最大的失败在于使学生记许多普通法则和概念时，没有具体经验作它们的支柱。

③ 教育、教学不能止于具体经验，而要向抽象和普遍发展，要形成概念。概念可以供推理之用，是最经济的思维工具，它把人们探求知识的过程变得简单化、经济化。

④ 在学校教学中应使用各种教学媒体，可以使得学习更为具体，也能为抽象概括创造条件。

⑤ 位于塔中间部位的那些视听教材和视听经验，比上层的言语和视觉符号具体、形象，又能突破时间和空间的限制，弥补下层各种直接经验方式之不足。

⑥ 如果教学太过具体化，那就是没有达到更普遍的充分了解，但现在这种危险只是理论上的，因为人们还没有做到教学应有的具体程度。

“经验之塔”理论所阐述的是经验抽象程度的关系，符合人们认识事物由具体到抽象、由感性到理性、由个别到一般的认识规律；而位于塔的中部的广播、录音、照片、幻灯、电影、电视等介于做的经验与抽象经验之间，既能为学生学习提供必要的感性材料，容易理解，容易记忆，又便于借助于解说或教师的提示、概括、总结，从具体的画面上升到抽象的概念、定理，形成规律，是有效的学习手段。因此，它不仅是视听教育的心理学基础，也是现代教育技术的重要理论基础之一。

3. “经验之塔”理论在教育传播过程研究中的指导意义

“经验之塔”理论是教育技术学历史上最重要的理论之一，尽管它的诞生已有大半个世纪，但它对现在乃至今后关于教育传播过程的研究仍然意义重大。

① 把学习经验分为具体和抽象，提出学习应从生动直观向抽象思维发展，这符合人类的认识规律。在“经验之塔”由具体逐渐向抽象过渡的图解中，视听教材处于较具体的一端，这构成了教学中应用视听教材的理论依据。

② 提出了视听教材分类的理论依据，即应以其所能提供的学习经验的具体或抽象的程度作为分类依据。强调根据教学媒体在教学过程中的作用来分类，而不应该仅以简单的列举方式分类。这在目前看来已是很简单的基本分类思想，为其后教学媒体分类学的研究以及教学媒体的选择研究奠定了基础。

③ 视听教材必须与课程相结合。以后形成的各种教学系统方法可以说都是这一基本思想的发展与深化。

当今，教育技术所面临的最重要的问题就是对于网络媒体的利用与推广，“经验之塔”为此提供了理论指导。首先，它可以找到网络媒体在教学中的位置，即它所使用的教学层次，可以很方便地把新的教学手段加入到塔的适当位置上。其次，必须与课程相结合的理论更是需要所有的教育工作者牢记。因为网络所具有的强大威力已经在教学中使人产生了盲目使用的问题，这是在使用新媒体时所必须要重视的不良倾向。

教学过程以及教学的设计评价已经被摆在了非常重要的位置上，而计算机技术的飞速发展更是使人们认识到了教学媒体的巨大威力，在有些领域，新的多媒体课件已经部分取代了原来教师和课本的功能。由此可见，“经验之塔”理论对21世纪教育技术的发展历程的确产生了非常重大的影响，只有教育工作者都本着实事求是的客观态度和批判继承的精神对待这些经典理论，才能在教学过程中真正发挥它们的积极作用。

1.3.2　教育传播理论

第二次世界大战以后，传播理论和早期系统观同时影响视听教学领域，传播理论被引入教育技术领域，并成为教育技术的一个重要的理论基础。

1. 传播与教育传播

传播(Communication)是人类社会普遍存在的信息交流的社会现象。传播学是一门研究人类传播行为的科学，是随着广播、电视、报刊等传播媒体的发展，逐步从社会学、心理学、政治学等学科中分离出来的一门学科。关于传播的含义可以说是众说纷纭,较有代表性的解释是:传播是利用媒体把信息从信息源传递到受传者的过程。

教育是一种有目的、有组织的传播活动。当传播用于教育目的并具有教育相关性时,就称为教育传播。教育传播是教育者按照一定的目的要求,选定合适的信息内容,通过有效的媒体通道,把知识、技能、思想、观念等传送给特定的教育对象的一种活动。

2. 教育传播系统的组成

当媒体应用于传递以教育教学为目的的信息时,称为教育传播媒体,它成为连接传者与受者之间的中介物。人们把它当成传递和取得信息的工具。

在一般的教学理论研究中,将教育者、学习者、学习材料三者作为教学系统的构成要素,它们在教学环境中,带着一定的目的,经过适当的相互作用过程而产生一定的教学效果。在现代教育传播活动中,媒体起着相当大的作用,因此必须将媒体作为教学传播系统的要素之一,于是我们得到如图 1.4 所示的教育传播系统四元模型。这四个组元在适当的教学环境中相互作用而产生一定的教学效果。

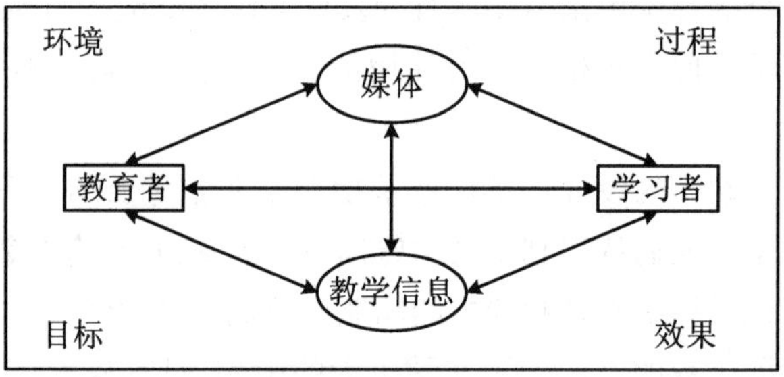

图 1.4 教育传播系统四元模型

(1) 教育传播要素

教育者:教育者是教育传播系统中具备教育教学活动能力的要素,是系统中教育信息的组织者、传播者和控制者。

教学信息:是指以物理形式出现的教育信息,包括语言符号和非语言符号两大类。

学习者:是指施教的对象,一般指接受教育信息的学生。

媒体:是指载有教育、教学信息的物体,是连接教育者与学习者双方的中介物,是人们用来传递和取得教育、教学信息的工具。

传播环境:教育传播环境是影响教育传播效果的重要因素,其内容是复杂和多方面的。

（2）教育传播过程

教育传播过程是一个由教育者借助教育媒体向受教育者传递与交换教育信息的过程。分为六个阶段：

① 确定教育传播信息。

② 选择教育传播媒体。

③ 通道传送。

④ 接收与解释。

⑤ 评价与反馈。

⑥ 调整再传送。

3. 几种教育传播理论模式

教育传播泛指教育信息的传播活动，它是按照一定的教育目标，选定合适的教学信息内容，通过教育媒体，把这些教学信息传递给特定的教育对象。它与大众传播有许多共同之处，两者关系密切，因此可以把大众传播理论的研究成果应用于现代教育技术实践中，以提高教育质量和效率。下面简单介绍几种当代比较有影响的传播理论。

（1）拉斯威尔的传播模式

美国政治学家H. 拉斯威尔把传播过程分解为传者、受者、信息、媒介、效果，即“5W”模式。有人在此基础上发展成“7W”模式。其中每个“W”都等同于教学过程中的一个相应要素，这些要素自然也成为研究教学过程、解决教学问题的教学设计者们所关心、分析和考虑的重要因素。7W所指如表1.1所示。

表1.1　7W模式

W	中　文	释　意
Who	谁	教师或其他信息源
Says what	说什么	教学内容
In which channel	通过什么渠道	教学媒体
To whom	对谁	教学对象即学生
With what effect	产生什么效果	教学效果
Why	为什么	教学目的
Where	在什么情况下	教学环境

拉斯威尔的模式在现代教育技术中的运用，主要是发挥传者（教师）、受者（学

生)的主动性和积极性,通过对现代教育媒体的选择和组合,将教学信息直接或间接地传递给受者,并通过实践检验证明其产生的效果,因此,该模式对现代媒体教学有一定的指导作用。

(2) 香农-韦弗的传播模式

香农-韦弗的传播模式把传播过程分为7个基本要素:信息源、编码、信道、解码、信息接收者、噪声和反馈,如图1.5所示。他们认为,传播的过程是"信息源"即传者,把要提供的信息经过"编码",即转变为某种符号,如声音、文字、图片、图像等,通过一种或多种媒体传出。"信息接收者"即受者,对经过"编码"的信息进行"解码",即解释符号的意义。

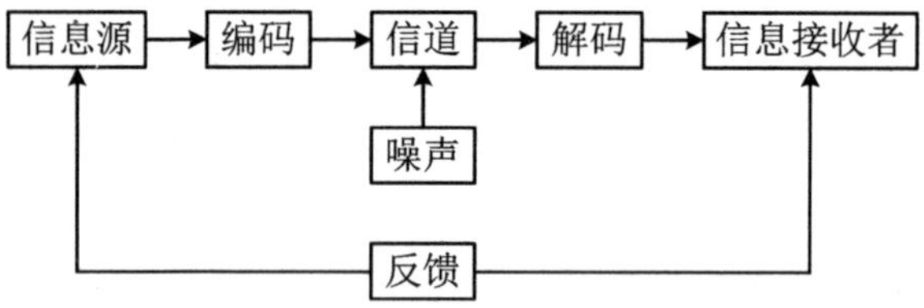

图1.5 香农-韦弗传播模式

现代教育技术采用香农-韦弗的传播模式,主要在于选择、研制适合表达和传播教育信息的现代教育媒体,及时分析来自各种渠道的反馈信息,以取得教育的最优化。

(3) 贝罗的传播模式

贝罗的传播模式,综合了哲学、心理学、语言学、人类学、大众传播学、行为科学等新理论,来解释在传播过程中的各个不同要素。

这一模式把传播过程分解为四个基本要素:信源、信息、通道和接受者,如图1.6所示。

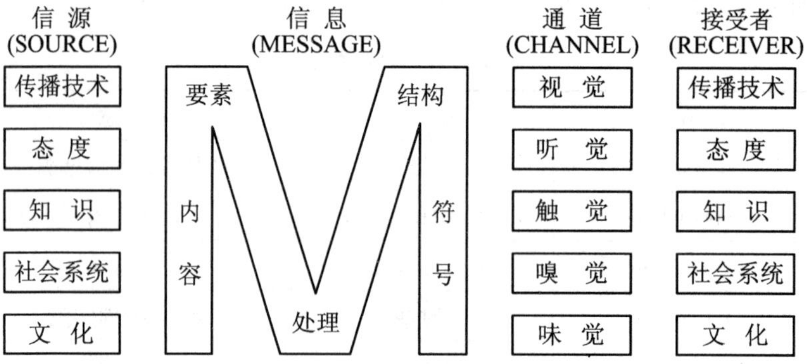

图1.6 贝罗传播模式

① 信源和编码者。研究信源和编码者,需要考虑他们的传播技术(对信源是指说话和写作,对接受者是指收听和阅读)、他们的态度、他们的知识水平、他们所

处的社会系统及他们的文化背景等。

传播技术:信源与编码者不论是以说话还是以写作来传播,都必须讲究传播的方式,才能保持信息本身的真实性和趣味性。传播技术包括语言(如语言的清晰和说话的技巧)、文字(如写作的技巧)、思想(如思维周密)、手势(如动作自然)及表情(如逼真)等。

态度:传播者是否喜爱传播的主题?是否有明确的传播目的?对接受者是否足够了解?

知识:传播者对传播的内容是否彻底了解?是否有丰富的知识?

社会系统:传播者在社会中的地位、影响与威信如何?

文化:传播者的学历、经历和文化背景怎样?

② 接受者与译码者。信源、编码者与译码者、接受者,虽然处于传播过程的两端,但是在传播过程中,信源(传播者)可以变为接受者,接受者也可以变为传播者(信源)。所以影响接受者、译码者的因素与传播者、编码者相同,也是传播技术、态度、知识、社会系统与文化诸项。

③ 信息。影响信息的因素有如下几项:

符号:传播过程中采用的符号,包括语言、文字、图像与音乐等。

内容:传播者为达到传播目的而选取的材料,它包括信息的成分及信息的结构。

处理:是指传播者对信息选择及安排的符号所做的各种决定。

④ 通道。通道就是传播信息的各种手段和工具,包括视觉媒体、听觉媒体、触觉媒体、嗅觉媒体、味觉媒体。如:书籍、报纸杂志、播音、电影、电视、电话、唱片、图画、图表,以及人的各种感觉器官等。在传播过程中,信息的内容、符号及处理,均能影响通道的选择。比如,何种信息应该用语言传送?何种信息应该用视觉方式传送?何种信息应该用触觉、嗅觉、味觉方式传送?总之,通道的选择会影响信息的传送与接收效果。

贝罗模型现在常用来解释教育传播过程,它说明了在教育传播过程中,影响和决定教学信息传递效率和效果的因素是多方面的、复杂的,各因素之间既相互联系又相互制约。为了增强教育传播的效果,必须研究和考察各方面的因素。贝罗模型给教育传播研究提供了一些结构性因素的考虑,对研究变量的设计和决定具有一定的指导意义。

1.3.3　学习理论

学习是由经验所引起的行为或思维的比较持久的变化,通常具有以下特点:学习的发生是由经验所引起的,学习引起的变化见诸行为,不是所有行为的变化都意味着学习。

学习理论是揭示人类学习活动的本质和规律，解释和说明学习过程的心理机制，指导人类学习，特别是指导学生的学习和教师的课堂教学的心理学原理或学说。研究学习理论可以了解学习是如何发生的，有哪些规律，具有什么样的过程以及怎样才能进行有效的学习。由于学习过程的复杂性以及时间、理念的不断发展，人们对其从不同的角度进行研究，因此产生了各种学习理论的流派。比较有影响的学习理论有行为主义学习理论、认知主义学习理论、人本主义学习理论、建构主义学习理论和社会学习理论。

1. 行为主义学习理论

行为主义学习理论由美国心理学家约翰·华生在20世纪初创立，在赫尔、桑代克、斯金纳等人的影响下，行为主义学习理论在美国占据主导地位长达半个世纪之久。行为主义者们认为，学习是刺激与反应之间的联结，他们的基本假设是：行为是学习者对环境刺激所做出的反应。他们把环境看成是刺激，把伴随的有机体行为看作是反应，认为所有行为都是习得的。行为主义学习理论应用在学校教育实践上，就是要求教师掌握塑造和纠正学生行为的方法，为学生创设一种环境，尽可能在最大程度上强化学生的合适行为，消除不合适行为。斯金纳将行为主义学习理论推向了高峰，他提出了操作性条件作用原理，并对强化原理进行了系统的研究，使强化理论得到了完善与发展。他根据操作性条件作用原理设计的教学机器和程序教学曾经风靡世界。

(1) 巴甫洛夫的经典条件反射理论

俄国生理学家伊凡·巴甫洛夫是最早提出经典条件反射的人。他在研究消化现象时，观察了狗的唾液分泌情况。他的实验方法是：把食物(无条件刺激，UCS)显示给狗，并观察其唾液分泌(无条件反射，UCR)情况。随后，他发现在给狗食物的过程中同时响铃(条件刺激，CS)，狗依然会分泌唾液。经过多次试验后，当只响铃而没有食物时，即只有一个并不会自动引起唾液分泌的刺激，狗依然会分泌唾液。也就是说狗会逐渐“学会”在只有铃响但没有食物的情况下分泌唾液(条件反射，CR)。其实验装置如图1.7所示。可见，一个中性的刺激(条件刺激)与一个原来就能引起动物某种反应的刺激(无条件刺激)在时间上结合多次后，就会使动物对中性刺激也做出这种反应，这就是经典条件反射的基本内容。

中性刺激与无条件刺激在时间上的结合称为强化，强化的次数越多，条件反射就越巩固。条件刺激并不限于听觉刺激。一切来自体内外的有效刺激(包括复合刺激、刺激物之间的关系及时间因素等)只要跟无条件刺激在时间上结合(即强化)，都可以成为条件刺激，形成条件反射。

条件反射建立以后，如果多次只给条件刺激而不用无条件刺激加以强化，结果是条件反射的反应强度将逐渐减弱，最后将完全不出现。例如，对以铃声为条件刺激而形成唾液分泌条件反射的狗，只给铃声，不用食物强化，多次以后，则铃声引起的唾液分泌量将逐渐减少，甚至完全不能引起分泌，出现条件反射的消退。

图 1.7　巴甫洛夫关于条件作用研究的实验装置

巴甫洛夫所做工作的重要性是不可估量的。他的研究公布不久，一些心理学家，如行为主义学派的创始人约翰·华生，开始主张一切行为都以经典性条件反射为基础。虽然在美国这一极端的看法后来并不普遍，但在俄国以经典性条件反射为基础的理论在心理学界曾在相当长的时间内占统治地位。人们一致认为，相当一部分的行为，用经典性条件反射的观点可以作出很好的解释。

(2) 桑代克的学习联结理论

桑代克是美国极有声望的心理学家，受冯德和莫尔根的影响，他从 1896 年开始从事动物学习的实验研究，先后对鱼、小鸡、猫、狗和猴子进行研究，其中最著名的是对猫所做的“迷箱”实验，如图 1.8 所示。具体实验情况如下：

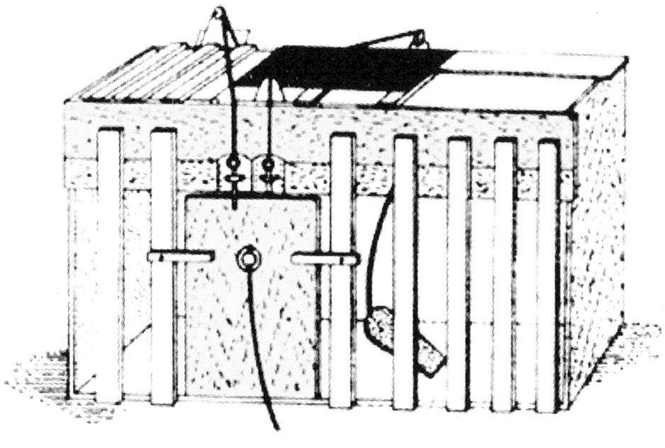

图 1.8　桑代克迷箱

在桑代克用木条钉成的箱子里，有一块能打开门的脚踏板。当猫踏到脚踏板后，门便可开启，猫即可逃出箱子，吃到箱子外面的鱼。

实验刚开始时，饥饿的猫在箱子里无目的地乱咬、乱撞，后来偶然碰上脚踏板，猫打开箱门，逃出箱子，得到了食物。

接着第二次，桑代克再把猫关进箱子里，再做同样的“开门”实验，他发现，随着实验次数的增加，猫的无效动作越来越少，打开笼门所需的时间越来越短，如此多次重复，最后，猫一进入箱中便能打开箱门。桑代克认为，这种学习的建立，就是笼内踏板这一情境同触动踏板开门这一反应之间建立了巩固的联结。

学习的实质在于形成刺激与反应的联结，即 S-R 联结。这种联结形成的过程是渐进地尝试错误直到最后成功的过程，因此，桑代克的联结说又被称为试误说。

桑代克在总结早期实验的基础上提出了三个学习律：准备律、练习律和效果律。

① 准备律，指当学习者有准备而给予活动就会感到满意，学习者有准备而不给予活动就会感到烦恼，学习者没准备而强制给予活动也会感到烦恼。

在猫的迷箱逃逸取食学习实验中，桑代克观察到，要保证学习发生，猫必须处于饥饿状态。如果猫吃得很饱，放进迷箱，它可能蜷缩在那睡觉，而不会显示出任何学习逃出迷箱的行为。所以，对学习的解释，应包括某种动机原则，学习者是否会对某种刺激做出反应，或者说是否发生刺激一反应联结，同它是否做好准备有关，这就是准备律。

② 效果律，这是桑代克学习律中最主要的一条。用桑代克自己的话来表达，效果律就是：“满意或不舒适的程度越高，刺激一反应联结就越加强或减弱。”也就是说，只有当反应对环境产生某种效果时，学习才会发生。如果反应的结果是令人愉快的，那么学习就会发生和加强，这是正强化律；如果反应的结果是令人烦恼的，则行为反应就会削弱，这是负强化律。当前行为的后果对决定未来的行为起关键的作用。在桑代克的后期著作中，取消了负强化律，因为他发现，惩罚不一定能削弱联结，其效果并非与奖励相对。

③ 练习律，指一个联结加以应用会增强这个联结的力量，不应用则会导致这一联结的减弱或遗忘。在 1930 年以后，桑代克在论著中多次表示，只有当学习者发现重复练习能获得满意效果时，练习才有助于学习，没有强化的练习是没有意义的。这样，练习律也就消融于效果律之中了。

(3) 斯金纳的操作条件反射理论

斯金纳是行为主义后期对学习心理学影响最大的心理学家，他继承和发展了桑代克的学习联结说，创建了操作条件反射理论。

斯金纳在桑代克迷箱的基础上改装了斯金纳箱，对老鼠做了实验，如图 1.9 所示。具体过程如下：将饥饿的老鼠放进一个阴暗的隔音箱里，箱内有杠杆与食物储存器相连，当老鼠触动杠杆，便会从箱顶部的进食孔滚进一颗肉丸作为奖励。刚开始时，老鼠在黑暗中乱抓乱咬。某一次，它无意中触动了杠杆，并意外地得到了一颗肉丸。在以后的一段时间里，老鼠只要一触动杠杆，便会得到一颗肉丸。一段时间后，斯金纳发现老鼠只会在饥饿的时候才去触动那个杠杆。

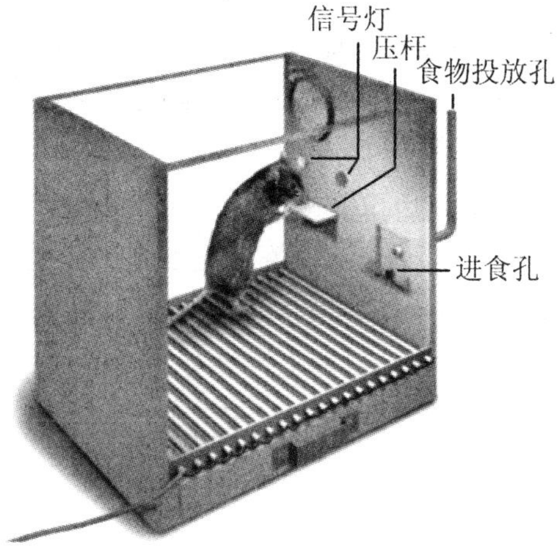

图1.9　斯金纳箱

由这个实验斯金纳认为，学习一定的行为，重要的是要产生后果。如果这一后果容易使这一行为再次发生，这就是一种正强化。人们可以有目的地设计强化程序，使人或动物学会某种行为，或控制某种行为的发生。

他提出了“刺激—反应—强化”的学习模式，把学习分为反射学习和操作学习，在操作性活动发生之后，随即呈现强化刺激物，反应就会加强；反之，反应就会减弱。

斯金纳的操作条件反射理论对人的学习活动有一定的启示作用：学习者要想获得有效的学习效果，就必须及时给予适当的“强化”，为了实现这种强化，最好的办法是让学生知道自己的学习效果，正确的学习行为将得到肯定，错误的学习行为将得到纠正。据此，斯金纳提出了程序教学理论，基本思想如下：

① 积极反应。程序教学要求学生自己进行读、写、说以及选择、比较等解题活动，加上不断地强化，使学生经常处于积极反应的状态，保证学生将知识真正学到手。

② 小步教学。把教学内容分成具有逻辑联系的小步骤，教学要求是一步一步呈现的，而且每一步之间难度的增加也是非常小的。

③ 即时强化。在学生做出反应后，使学生立刻知道其反应的正误，即对学生的反应及时做出反馈和强化。

④ 自定步调。学生可以按照各自的思维方式、知识积累来处理问题而不受其他人的影响，自定步调和学习进度。

⑤ 低错误率。程序教材的编写要尽量减少学生出现错误反应的可能性，使学生做出正确的反应，鼓励学生的积极性，提高学习效率。斯金纳的这种程序教学原理已广泛运用于现在的计算机辅助教学。

根据上述教学理论,斯金纳还提出了以下几种不同的教学程序:

① 直线式程序。学生回答问题,提供反馈,答对了可继续回答后面的问题,一直进行下去。如果答错,则继续回答这个问题,直到回答正确为止。

② 直线选答式程序。逐步呈现问题,答对了可以继续前进,答错了另选,直到回答正确以后再前进。

③ 多重选择反应的衍支式程序。将学习内容分解成若干个逻辑单元,学生在学习完某逻辑单元的教学内容后可进行答题测试,答对了进入下一个逻辑单元进行学习,答错了将被引入到分支子程序,经过学习和纠正错误后,再回到原单元重学重答,直到答对了才允许继续前进。

2. 认知主义学习理论

认知主义学习理论学派认为,学习的实质并非一连串的刺激与反应,而是要在头脑中形成认知地图,即形成认知结构的结果。学习个体本身作用于环境,人的大脑活动过程可以转化为具体的信息加工过程,人与所处的环境进行信息交换,人作为认知主体,相互之间也会不断交换信息。人总是以信息的寻求者、传递者甚至信息的形成者的身份出现,人们的认知过程实际上就是一个信息加工过程。认知结构在人类学习过程中起着同化新知识的作用。

认知主义学习理论强调认知结构和内部心理表象,即学习的内部因素,这与行为主义学习理论只关注学习者的外显行为,无视其内部心理过程有很大不同。

(1) 奥苏贝尔的认知同化学习理论

奥苏贝尔的认知同化学习理论又称认知同化论,其核心观点是:学生能否获得新信息,主要取决于他们认知结构中已有的观念,也就是新旧知识能否达到意义的同化。"有意义学习"是其学习理论中一项很重要的研究,也是奥苏贝尔对教育心理学的重大贡献。

所谓有意义学习是指学生不仅能记住符号和词句,而且能理解这些符号和词句所代表的实质性内容(包括事实、概念、原理或规则等),必要时还能应用它们。

首先,奥苏贝尔提出了有意义学习的两条标准。第一条,学习者新学习的符号或观念与其原有知识结构中的表象、有意义的符号、概念或命题等建立联系,如学习者在了解昆虫的基本特征后,再对照特征,知道苍蝇也属于昆虫家族中的一员。第二条,新知识与原有认知结构之间的联结是建立在非人为的、合乎逻辑的基础上的,如四边形的概念与儿童原有知识体系中的正方形的概念的关系并不是人为强加的,它符合一般与特殊的关系。

其次,奥苏贝尔在提出有意义学习标准的基础上进一步指出了有意义学习的两大条件。一是内部条件,学习者表现出有意义学习的态度倾向,即学习者表现出积极地寻求把新学习的知识与本人认知结构中原有知识联系起来的行为倾向性。二是外部条件，所要学习的材料本身要符合逻辑规律，能与学习者本人的认知结构、认知特点相吻合，在学习者的认知视野之内。

再次，奥苏贝尔提出了有意义学习的三种类型。一是表征学习，主要指词汇学习，即学习单个符号或一组符号代表的是什么意思。比如“apple”这个单词，对于刚刚接触英语的孩子来说是无意义的，但老师多次指着苹果对孩子说这就是“apple”，最后孩子自己看见苹果的时候也会说这就是“apple”，这时候我们就能说孩子对“apple”这个符号已经获得了意义。二是概念学习，主要指学习者掌握同类事物的共同的关键特征。比如学习者学习了“鸟”的概念，知道了鸟的共同的关键特征是体温恒定、全身有羽毛后，儿童能指出鸡也应该属于鸟类，这个时候我们就能说学习者已经掌握了“鸟”这个概念了。三是命题学习，命题学习必须建立在概念学习的基础上，是学习若干概念之间的关系或把握两个(或两个以上)特殊事物之间的关系的活动。这是一种最高级别的学习类型。

在有意义学习和同化理论的基础上，奥苏贝尔提出了两条教学原则：一是逐渐分化原则。奥苏贝尔认为学习者在学习新知识时，用演绎法从已知的较一般的整体中分化细节要比用归纳法从已知的具体细节中概括整体容易一些，因而教师在传授新知识时应该先传授最一般的、概括性最强的、包摄性最广的概念或原理，然后再根据具体细节逐渐加以分化。二是综合贯通原则。奥苏贝尔主张教师在用演绎法渐进分化出新知识的同时，还要注意知识之间的横向贯通，要及时为学习者指出新旧知识间的区别和联系，防止由于表面说法的不同而造成的知识被人为地割裂，促进新旧知识的协调和整合。

(2) 布鲁纳的认知发现学习理论

美国当代著名认知心理学家布鲁纳认为，学习的过程实际上是人们利用已有的认知结构，对新的知识经验进行加工改造并形成新的认知结构的过程。学生不是被动的知识接受者，而是积极的信息加工者，在学习中，新的知识经验不是纳入原有的认知结构(同化)，就是引起原有的认知结构的改组(顺应)，从而产生新的认知结构。这个过程不是被动地产生的，而是一种积极主动的过程，具体可划分为三个过程：① 获得新知识；② 转换信息，使其适合于新的任务；③ 评价、检查加工处理信息的方式是否适合于该任务。

所谓新的知识是指与以往所知道的知识不同的知识，或者是以往知识的另一种表现方式。新知识的获得过程是它与已有的知识发生联系的相互作用的过程，是主动地接受和理解的过程。新知识的转化是指对它进一步加工，使之成为认知结构的有机构成部分并适应新的任务的过程。评价是指对新知识的一种检验与核对，看自己的理解与概括是否正确，能不能正确地应用。简而言之，学生的学习认知过程就是对新知识的获得、转化和评价三个几乎同时发生的过程。

布鲁纳关于人类学习过程的阐述对教育教学有着重要的影响，在此基础上他提出了结构教学观和发现学习观。

所谓“结构”，是指事物之间的相互联系或规律性。布鲁纳认为，任何一门学科都有它基本的知识结构。任何知识都可以用一种简单明了的形式呈现出来。学生学习的主要任务是掌握该门学科基本的知识结构，在头脑中形成相应的知识体系或编码系统。他指出，教学不能逐个地教给学生每个事物，最重要的是使学生获得一套概括的基本原理或思想。这些原理或思想构成了理解事物的最佳认知结构。教学的任务就在于让学生形成这种认知结构。为此，在教学活动中必须把各门学科基本结构的学习放在中心地位。无论是教材的编写和教学活动的进行，都应侧重于让学生掌握一门学科的基本结构。

所谓“发现学习”，是指给学生提供有关的学习材料，让学生通过探索、操作和思考，自行发现知识及理解概念和原理的教学方法。按教师指导的多少，可分为“无指导的发现学习”和“有指导的发现学习”两类。

布鲁纳提出的发现学习具有以下特征：

① 强调学生不是被动的、消极的知识接受者，而是主动的、积极的知识探究者。在教学过程中，教师的作用是要形成一种学生能够独立探究的氛围，让学生试着做，边做边想，而不是提供现成的知识。

② 强调直觉思维在学生学习中的重要性。他认为，直觉思维是采用跃进、超级和走捷径的方式来进行的，其本质是映像式或图像性的，一般不靠言语信息。学习需要也有可能使用直觉思维，教师要帮助学生在探究活动中形成丰富的表象，防止过早语言化。

③ 重视形成学习的内部学习动机，或把外部动机转化成内部学习动机。他认为好奇心是“学生内部动机的原型”。

④ 强调信息提取。布鲁纳认为，人类记忆的首要问题不是贮存，而是提取。提取信息的关键在于如何组织信息，知道信息贮存在哪里和怎样才能提取信息。所以学生如何组织信息，对提取信息有很大的影响。而学生亲自参与发现事物的活动，必然会用某种方式对它们加以组织，从而对记忆具有最好的效果。

指导学生顺利地开展发现学习可按照以下步骤进行：

① 提出明确的使学生感兴趣的问题。

② 使学生感到问题具有某种程度的不确定性，以激起探究欲望。

③ 提供解决问题的多种可能的假设。

④ 协助学生收集与解决问题有关的资料。

⑤ 组织学生审查有关资料，得出应有结论。

⑥ 引导学生用分析思维去证实结论,使问题得以解决。

从布鲁纳关于学习过程的论述中我们不难看出,他非常重视内部动机对人类学习的影响,他认为知识的获得不管其形式如何,都是一种积极的学习过程。这种积极的学习过程显然受到学习者强烈的认知需求的驱使。他认为,学习者的学习除了受一些生理的内驱力驱动之外,更重要的是受认知需求的驱使,这是人类学习和动物学习的本质区别。布鲁纳并不反对外部动机和外部强化对学习者学习的影响,只不过他认为当学习者的认知结构和认知需要有了一定的发展后,内部的动机变得更为重要。

(3) 加涅的信息加工认知学习理论

加涅是20世纪最有影响的教育心理学家之一。1974年,他利用计算机模拟的思想,坚持利用当代认知心理学信息加工的观点来解释学习过程,展示了学习过程中的信息加工流程,如图1.10所示。

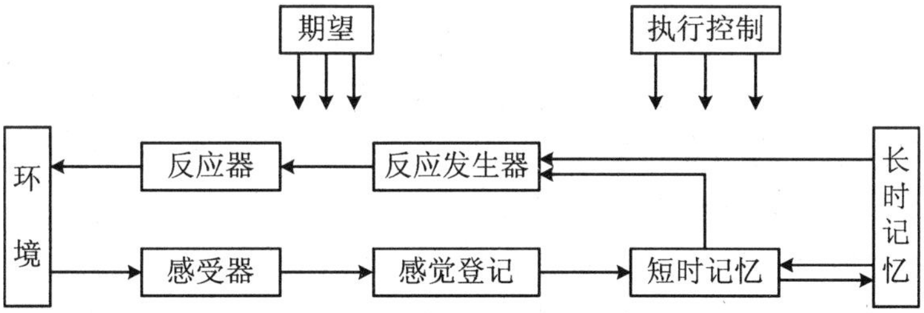

图1.10　学习和记忆的信息加工模型

加涅认为,任何一个教学传播系统都是由"信源"发布"消息",编码处理后通过"信道"进行传递,再经过译码处理,还原为"消息",被"信宿"接收。该模型呈现了人类学习的内部结构及每一结构所完成的加工过程,是对影响学习效果的教学资源重新合理配置、调整的一种序列化结构。在这个信息流程中,加涅主要强调了以下几点:

① 学习是学习者摄取信息的一种程式。学习者从环境中接受刺激从而激活感受器,这是学习的第一步。斯珀林等通过实验研究证明,来自个体各种感觉器官的感觉信息表征成分必须成为注意的对象才能持续地对人的神经系统发生影响。经过注意,外界信息被转化成刺激信号,被人选择性感知,在人的感觉登记器保持0.25～2秒;被转换的信息紧接着以声音或形状的方式进入短时记忆。从学习者的角度看,信息最为关键的变化发生在进入短时记忆后的编码,经过编码,原先以声音或形状储存的信息马上可能转化为能被人理解的、有语义特征的言语单元或更为综合性的句子、段落的图式,但信息在短时记忆中保留的时间也是非常短暂的,一般在2.5～20秒,如果学习者加以复述,最长也不会超过1分钟。这些有意义组织的信息经过学习者的不断复述而进入学习者的长时记忆系统,被永久保存

下来。以后在人为地提供一定的外在线索后，这些被长久保存起来的信息经过反应发生器和效应器而被提取出来反作用于外在环境。

② 学习者自发的控制和积极的预期是影响课堂教学有效性的重要因素。执行控制和预期虽然没有呈现在信息加工流程中，但它们与信息流动同步，直接参与了完整信息加工的每一步，事实上这两个学习者内部加工的机制能影响所有的信息流阶段。因此，为了高效率地学习，学习者必须对一些刺激做出反应，这意味着在学习初期学习者的感觉器官就应该朝向于刺激源，做好接受刺激的心理准备；另外，选择性知觉会直接影响到感觉登记器中的内容进入短时记忆的特征及编码方式的选择，它作为一种特殊因素在学习一开始就决定了学习者概括和解决问题的能力及学习者思维质量的高低。另外，作为一种定向性的执行过程，预期的内容能使学习者产生一种连续的学习定势，使他们的心向在指向于目标完成的过程中选择每一加工阶段的信息输出，完成对学习者"头脑中已有"目标的应答。

③ 反馈是检验教学效果的手段。教学是一个封闭的环形流程，有起点，也有终点，这里的起点和终点都指向与学习者紧密相关的课堂情境（环境）。在这样一种情境中需要对教学结果做出一定的评价，以过程效果检测的评定性标准作为提升教学质量的中介，使教学过程在一种动态的流程中不断地创新、超越。而反馈就是通过对学习者行为的效果提供结果性评定，来检测、描述学习的性能、意义。在课堂教学中，学生可观察的活动模式是决定一堂课质量好坏的直接依据，学生在课堂上的参与度、反应度、行为表现等都是反映课堂教学效果的原始性指标。

在对信息加工流程进一步分析的基础上，加涅将人类的学习过程划分为若干个阶段，将各加工阶段做出的行为称为学习事件。他认为教学阶段应该与这些学习阶段相吻合，教学的艺术就在于使学习阶段与教学事件相匹配。加涅提出的学习阶段与教学事件对应关系如表 1.2 所示。

表 1.2　教学事件及其与学习过程的关系

教学事件	与学习过程的关系
1. 引起注意	接受各种神经冲动
2. 告诉目标	激活执行控制过程
3. 刺激对先前学习的回忆	把先前的学习提取到工作记忆中
4. 呈现刺激材料	突出有助于选择知觉的特征
5. 提供学习指导	语义编码，提取线索
6. 引出作业	激活反应组织
7. 提供作业正确性的反馈	建立强化
8. 评价作业	激活提取，使强化成为可能
9. 促进记忆和迁移	为提取提供线索和策略

3. 建构主义学习理论

“建构主义”也译作结构主义，其最早提出者可追溯至瑞士的皮亚杰。他是认知发展领域最有影响力的一位心理学家，他所创立的关于儿童认知发展的学派被人们称为日内瓦学派。皮亚杰的理论充满唯物辩证法，他坚持从内因和外因相互作用的观点来研究儿童的认知发展。他认为，儿童在与周围环境相互作用的过程中逐步建构起关于外部世界的知识，从而使自身认知结构得到发展。儿童与环境的相互作用涉及两个基本过程：“同化”与“顺应”。同化是指把外部环境中的有关信息吸收进来并结合到儿童已有的认知结构（也称“图式”）中，即个体把外界刺激所提供的信息整合到自己原有认知结构内的过程；顺应是指外部环境发生变化，而原有认知结构无法同化新环境提供的信息时所引起的儿童认知结构发生重组与改造的过程，即个体的认知结构因外部刺激的影响而发生改变的过程。可见，同化是认知结构数量的扩充，而顺应则是认知结构性质的改变。认知个体（儿童）就是通过同化与顺应这两种形式来达到与周围环境的平衡：当儿童能用现有图式去同化新信息时，他处于一种平衡的认知状态；而当现有图式不能同化新信息时，平衡即被破坏，而修改或创造新图式（即顺应）的过程就是寻找新的平衡的过程。儿童的认知结构通过同化与顺应过程逐步建构起来，并在“平衡—不平衡—新的平衡”的循环中得到不断的丰富、提高和发展。

所谓“建构”是指事物的性质、规律以及事物之间的内在联系。在学习过程中帮助学生建构意义就是要帮助学生对当前学习内容所反映的事物的性质、规律以及该事物与其他事物之间的内在联系达到较深刻的理解，这种理解在大脑中的长期存储形式就是关于当前所学内容的认知结构。

建构主义认为，知识是学习者在一定的情境即社会文化背景下，借助其他人（包括教师和学习伙伴）的帮助，利用必要的学习资料，通过建构意义的方式而获得的。即学习是学习者主动建构内部心理结构的过程，它不仅包括结构性的知识，也包括大量的非结构性的经验背景。它提倡学习是在教师指导下的以学生为中心的学习。学生是知识意义的主动建构者；教师是教学过程的组织者、帮助者、指导者和促进者；教材不再是教师讲授的内容，而是学生主动建构意义的对象；媒体也不再是教师传授知识的工具，而是学生用来创设情境、进行协作式学习和会话交流的认知工具。它不仅要求学生由外部刺激的被动接受者和知识的灌输对象转变为信息加工的主体、知识意义的主动建构者；而且要求教师由知识的传授者、灌输者转变为学生主动建构意义的帮助者、促进者。

（1）建构主义的知识观

建构主义认为，知识不是对现实的纯粹客观的反映，任何一种传载知识的符号系统也不是绝对真实的表征。它只不过是人们对客观世界的一种解释、假设或假说,它不是问题的最终答案,它必将随着人们认识程度的深入而不断地变革、升华和改写,出现新的解释和假设。

知识并不能绝对准确无误地概括世界的法则,提供对任何活动或问题解决都适用的方法。在具体的问题解决中,知识是不可能一用就准、一用就灵的,而是需要针对具体问题的情境对原有知识进行再加工和再创造。

知识不可能以实体的形式存在于个体之外,尽管通过语言赋予了知识一定的外在形式,并且获得了较为普通的认同,但这并不意味着学习者对这种知识有同样的理解。真正的理解只能由学习者自身基于自己的经验背景建构起来,取决于特定情境下的学习活动过程。否则,就不叫理解,而叫死记硬背或生吞活剥,是被动的复制式的学习。

显然,这种知识观是对传统课程和教学理论的巨大挑战。建构主义认为,课本知识只是一种关于某种现象的较为可靠的解释或假设,并不是解释现实世界的"绝对参照"。某一社会发展阶段的科学知识固然包含真理,但是并不意味着终极答案,随着社会的发展,肯定还会有更合理的解释。更为重要的是,任何知识在为个体接受之前,对个体来说是没有什么意义的,也无权威性可言。所以,教学不能把知识作为预先决定了的东西教给学生,不要以我们对知识的理解方式作为让学生接受的理由,用社会性的权威去压服学生。学生对知识的接收,只能由他自己来建构完成,以他们自己的经验为背景,来分析知识的合理性。在学习过程中,学生不仅理解新知识,而且对新知识进行分析、检验和批判。

(2) 建构主义的学习观

建构主义对学习的理解首先是从对传统学习理论的反思开始的。建构主义认为:

① 学习是认知结构的改变过程。学习过程并非简单的信息输入、存储和提取,而是新旧知识或经验之间的相互作用过程,这主要涉及同化和顺应两种机制。也就是说,建构主义认为个体的学习是双向建构的过程。

② 学习是个体主动建构自己知识的过程。学习是一个积极的建构过程,不是教师简单地把知识传递给学生的过程,而应该是由学生自己建构知识的过程。由于学生是学习的主体,是知识意义的主动建构者,学习就不应该由外部来决定,它是个体对现实世界做出创造性的理解的过程,每个学生都必须根据自己的知识经验对建构的对象做出解释。

③ 情境、协作、会话、意义建构是学习环境设计的四大要素。在建构主义看来,学习是在一定社会文化背景下,借助他人的帮助即通过人际的协作活动而实现的意义建构过程,即学习者主动地对外来信息进行选择加工,从不同角度和背景出

发，在教师和他人的协助下，通过独特的信息加工活动，建构起自己的现实世界的意义的过程。因此，情境、协作、会话和意义建构就成为了学习环境中的四大要素。

（3）建构主义的学生观

建构主义强调，学生是信息加工的主体，是意义的主动建构者，而不是知识的被动接受者和被灌输的对象。

（4）建构主义的教师观

建构主义提倡在教师指导下的以学习者为中心的学习，也就是说，既要强调学习者的主体作用，又不能忽视教师的指导作用。教师是意义建构的帮助者、促进者，而不是知识的提供者和灌输者。

（5）建构主义的教学观

建构主义者认为，未来的教学主要是给学习者提供建构的知识框架、思维方式、学习情境以及有关的线索，而不是知识内容的多少。学习者也正是依据这些内容不断地建构新的知识，发展他们的自主学习能力和创新能力。因此他们在教学目标、教学活动安排和教学过程方面都提出了独特的观点。

建构主义认为教学过程是建构和理解的过程，教学应该是一个循环往复、不断反省的互动过程，即在教师的促进下，学生积极主动地建构自己对特定事物的理解和体验。

4. 人本主义学习理论

人本主义是20世纪50年代末至60年代初在美国出现的一种重要的教育思潮，主要的代表人物有马斯洛、罗杰斯、凯利等。

人本主义认为，人的成长源于个体自我实现的需要，自我实现的需要是人格形成、发展、扩充、成熟的驱动力。所谓自我实现的需要，马斯洛认为就是“人对于自我发挥和完成的欲望，也就是一种使它的潜力得以实现的倾向”。通俗地说，自我实现的需要就是“一个人能够成为什么，他就必须成为什么，他必须忠于自己的本性”。正是由于人有自我实现的需要，才使得有机体的潜能得以实现、保持和增强。人格的形成就是源于人性的这种自我的压力，人格发展的关键就在于形成和发展正确的自我概念。而自我的正常发展必须具备两个基本条件：无条件的尊重和自尊。其中，无条件的尊重是自尊产生的基础，因为只有别人对自己有好感（尊重），自己才会对自己有好感（自尊）。如果自我正常发展的条件得以满足，那么个体就能依据真实的自我而行动，就能真正实现自我的潜能，成为自我实现者、心理健康者。人本主义心理学家认为，自我实现者能以开放的态度对待经验，他的自我概念与整个经验结构是和谐一致的，他能体验到一种无条件的自尊，并能与他人和谐相处。

由于人本主义心理学家认为人的潜能是自我实现的，而不是教育的作用使然，因此，在环境与教育的作用问题上，他们认为，虽然“弱的本能需要一个慈善的文化来孕育它们，使它们出现，以便表现或满足自己”，但是归根到底，“文化、环境、教育只是阳光、食物和水，但不是种子”，自我潜能才是人性的种子。他们认为，教育的作用只在于提供一个安全、自由、充满人情味的心理环境，使人类固有的优异潜能自动地得以实现。罗杰斯的教育理想就是培养“躯体、心智、情感、精神、心力融会一体”的人，也就是既用情感的方式也用认知的方式行事的情知合一的人。这种情知融为一体的人，他称之为“完人”。当然，“完人”或“动能完善者”只是一种理想化的人的模式，而要想最终实现这一教育理想，应该有一个现实的教学目标，这就是“促进变化的学习，培养能够适应变化和知道如何学习的人”。他说：“只有学会如何学习和学会如何适应变化的人，只有意识到没有任何可靠的知识，只有寻求知识的过程才是可靠的人，才是真正有教养的人。在现代世界中，变化是唯一可以作为确立教育目标的依据，这种变化取决于过程而不是静止的知识。”可见，人本主义重视的是教学的过程而不是教学的内容，重视的是教学的方法而不是教学的结果。

(1) 以人性为本位的教学目的观

人本主义认为：人性本质是善的，人生而具有善根，只要后天环境适当，就会自然地成长；人所表现的任何行为不是由外在刺激引起或决定的，而是发自内在、出于当事人自己的情感与意愿所做出的自主性与综合性的选择；人的学习是个人潜能的充分发展，是人格的发展。人的社会化过程与个性化的过程是完全统一的。教育的根本目标是帮助发展人的个体性，帮助学生认识到他们自己是独特的，并最终帮助学生实现其潜能。教师在教学中应重点帮助学生明确学习的目标和学习的内容，创设能促进学生学习的良好的心理氛围，保证学生在充满满足感、安全感的情境中通过教师安排的合适的学习活动，发现学习内容的价值、意义，使学习者成为充分发展的人。

(2) 有意义的自由学习观

由于人本主义强调教学的目标在于促进学习，因此学习并非教师以“填鸭式”方式严格强迫学生无助地、顺从地学习，而是在好奇心的驱使下去吸收各种有趣和需要的知识。罗杰斯认为，学生学习主要有两种类型——认知学习和经验学习，其学习方式也主要有两种——无意义学习和有意义学习，并且认为认知学习和无意义学习、经验学习和有意义学习是完全一致的。因为认知学习的很大一部分内容对学生自己是没有意义的，它不涉及感情或个人意义，是一种无意义学习。而经验学习以学生的经验生长为中心，以学生的自发性和主动性为学习动力，把学习与学生的愿望、兴趣和需要有机地结合起来，因而经验学习必然是有意义的学习，必能有效地促进个体的发展。

对于有意义的学习，罗杰斯认为主要具有四个特征：

① 全神贯注。整个人的认知和情感均投入到学习活动之中。

② 自动自发。学习者由于内在的愿望主动去探索、发现和了解事件的意义。

③ 全面发展。学习者的行为、态度、人格等获得全面发展。

④ 自我评估。学习者自己评估自己的学习需求、学习目标是否完成等。因此，学习能对学习者产生意义，并能纳入学习者的经验系统之中。

总之，"有意义的学习结合了逻辑和直觉、理智和情感、概念和经验、观念和意义。若我们以这种方式来学习，便会变成完整的人"。

(3) 以学生为中心的教学观

人本主义的教学观是建立在其学习观的基础之上的。罗杰斯从人本主义的学习观出发，认为凡是可以教给别人的知识，相对来说都是无用的；能够影响个体行为的知识，只能是他自己发现并加以同化的知识。教师的任务不是教学生学习知识(这是行为主义者所强调的)，也不是教学生如何学习(这是认知主义者所重视的)，而是为学生提供各种学习的资源，提供一种促进学习的气氛，让学生自己决定如何学习。因此，罗杰斯主张废除"教师"这一角色，代之以"学习的促进者"。

罗杰斯认为，促进学生学习的关键不在于教师的教学技巧、专业知识、课程计划、视听辅导材料、演示和讲解、丰富的书籍等，而在于特定的心理气氛因素，这些因素存在于"促进者"与"学习者"的人际关系之中。

第2章 教学媒体

学习目标

通过对本章的学习,学习者将了解教学媒体的分类、特性和功能,了解常见的视觉媒体、听觉媒体、视听媒体、交互多媒体等教学媒体,学习各种教学媒体的运用方法。

信息的传递离不开媒体,教学过程是一个教育信息传播的过程。为了更有效地实施教学活动,教学媒体在教学中发挥着越来越重要的作用。进入信息社会,随着科学技术的发展,教学媒体的发展日新月异,研究各种教学媒体的功能、特性、使用技术成为教育者适应现代教育条件下教学工作的基本要求,也是现代教师应具备的基本素质。

2.1 教学媒体概述

2.1.1 教学媒体的内涵

媒体(Media)一词来自拉丁语"Medius",音译为媒介,意为两者之间。媒体指在信息传播过程中,一切承载和传递信息的载体和工具。媒体有两种含义:一是承载信息的载体;二是存储和传递信息的实体。媒体是指载有信息的物体,没有承载信息的物体,如一张白纸、一张空白的透明胶片或一盒空白录音带,都不能说是媒体,而只能说是书写、印刷或录制用的材料。载有信息的纸张、胶片、磁带,才能称为媒体。

媒体在日常生活中影响并改变着人们的生活方式、工作方式和思维方式,改变着人与人之间、人与世界之间的关系。随着现代媒体的出现,人类信息的传递更加迅速而及时,使地球成为一个"地球村",使分散的人们重聚在一起,使各种文化融合在一起,并且互相渗透。

媒体应用于教学过程中,以传递教学信息为最终目的时被称为教学媒体。如教学用书本、模型、幻灯、录音、录像、计算机等。一般的媒体要成为教学媒体应具备以下两个基本要素。

1. 媒体用于存储与传递以教学为目的的信息时，才可称为教学媒体

以教学为目的的信息，也就是教学信息，它是由教学目标决定的。因此，教学媒体区别于一般的媒体的是，它存储与传递的教学信息，是为达到特定的教学目标服务的，是为特定的对象——教师或学生所使用的。

2. 媒体能用于教与学活动过程时，才能发展成为教学媒体

任何媒体都能用来存储与传送教学信息，如电影、电视甚至计算机等，它们都具有存储或传送教学信息的功能。但这些媒体诞生的初期，只在军事、通信、娱乐、工业等领域中获得应用，在教学活动中并没有得到应用。因此，它们只是一般的传播媒体，而不是教学媒体。只有当它们经过改进，用于教学活动时，才成为真正的教学媒体。

教学媒体是教育技术应用的重要体现。教学媒体技术的发展和应用，极大地推动了教学改革的深入进行，深刻地影响了教育教学领域的方方面面。

2.1.2 教学媒体的分类

媒体的产生和发展与人类社会的产生和发展密切相关，随着人类社会的不断进步，媒体经历了不同的发展阶段。从不同的角度研究，教学媒体可以分为不同的类型。

1. 按其历史发展先后划分

可分为传统教学媒体和现代教学媒体。

(1) 传统教学媒体

主要包括语言、文字、印刷材料、图片、黑板、挂图、模型和实物及教师的各种表情和体态等。这些媒体历史悠久，使用方便，在过去和现在的教育教学活动中，一直担当着传递教育教学信息的主要或重要角色，在将来的教育教学活动中，仍然是传递信息不可或缺的工具。

(2) 现代教学媒体

指近代才产生和发展起来的，以电子技术为特征的教学媒体，如幻灯、投影、录音、录像、多媒体计算机和触屏一体机等。需要指出的是，现代教学媒体是一个发展的概念，目前现代教学媒体主要是指基于计算机和网络等现代信息技术的教学

媒体。

2. 按其表达手段划分

可分为语言媒体、印刷媒体和电子媒体。

(1) 语言媒体

指口头语言，如教师和学生的语言，这是最古老、最常用的一种媒体。

(2) 印刷媒体

指各种印刷出版资料，如教科书、挂图、报纸和杂志等。

(3) 电子媒体

指用电子信号来记载和传递信息的媒体，有模拟和数字之分，如广播、电影、电视和计算机等。

3. 按其作用的感官划分

可分为视觉媒体、听觉媒体、视听媒体和交互多媒体。

(1) 视觉媒体

指信息主要作用于人的视觉器官的媒体，如教科书、黑板、挂图、标本、幻灯和投影等。

(2) 听觉媒体

指信息主要作用于人的听觉器官的媒体，如广播和录音等。

(3) 视听媒体

指信息主要作用于人的视觉器官和听觉器官的媒体，如电影、电视和光盘等。

(4) 交互多媒体

指信息作用于人的多种感官且具有人机交互作用的多媒体，如多媒体计算机等。

此外，按技术特性来划分有光学投影媒体、电声媒体、电视媒体、计算机教学媒体之分。按信息传播方向可分为单向传播媒体(如电影、电视和录音)和双向传播媒体(网络聊天室、视频点播、个别辅导及角色扮演等)。

2.1.3 教学媒体的特性和功能

1. 教学媒体的主要特性

加拿大学者马歇尔·麦克卢汉于1964年在《媒体通讯——人体的延伸》一书

中指出:媒体是人的延伸,印刷品是人眼的延伸,广播是人耳的延伸,电视是人耳和眼睛的同时的延伸,面对面的交流则是五官的延伸,电脑则是人的大脑的延伸。每一种新媒体的出现都是一种延伸,而每一项新的延伸都会使人的各种感官的平衡产生变动。这实质上说明了各种媒体对受信者的感官刺激是不同的,即具有其固有的特性。除此之外,教学媒体还具有以下特性:

(1) 固定性

教学媒体可以记录和存储信息,以供需要时再现。如印刷媒体直接将文字符号固定在书本上,电子媒体运用电子技术及电子技术设备来进行信息传播。媒体的这一特性使得以前的先进教育理论、知识财富和丰富的教育经验得以保存,并能够通过教师或者各种媒体传授给学生。

(2) 散播性

教学媒体可以将各种符号形态的信息传递到一定的距离之外,使信息在更大的范围内再现。古代的"秀才不出门,能知天下事"依靠的就是媒体的这一特性。而在电子信息技术长足进步的现代社会,麦克卢汉提出"地球村"的概念也就不足为奇了。

(3) 重复性

教学媒体可以重复再现信息,如果保存得好,这些媒体可以根据需要重复被使用,而其呈现信息的质量稳定不变。此外,它还可以生成许多复制品,在不同的地方同时使用,这种重复使用的特性适应了学生逐渐领会、重温记忆的需要,也适应了扩大受益面的需要。

(4) 组合性

教学媒体通常能够组合使用。教学媒体的组合性有三种表现形式:第一种是将少数几种媒体技术紧密结合从而形成一种新的媒体,如声画同步幻灯、交互视频系统;第二种是根据教学活动的需要,将功能不同的几种媒体加以简单的组合,轮流使用或同时呈现各自的信息,如把幻灯、投影、录音和录像加以组合,在多媒体计算机出现以前,即为多媒体组合教学系统;第三种是利用数字化技术将各种信息,如图、文、声、动画、视频等集成在一起统一处理,如多媒体计算机。组合性还指一种媒体包含的信息可以借助另一种媒体来传递,如图片和图表等既可以通过幻灯、投影呈现,也可以通过电视、计算机呈现在屏幕上。

(5) 工具性

教学媒体与人相比处于从属地位。即使功能先进的现代化电子媒体,也是由人所创造,受人控制。教学媒体只能扩展或代替教师的部分作用,而且适用的媒体还需要教师和设计人员去精心编制和置备,即使具有人工智能的多媒体计算机系统也不可能完全替代教师。

(6) 能动性

教学媒体在特定的时空条件下，可以离开人的活动独立起作用。比如，优秀的录像教材和计算机课件的确可以代替教师上课。精心编制的教学软件一般都比较符合教学设计原理，采用的是最佳教学方案，尤其是由教学经验丰富的教师参与设计、编制的教学软件，对于缺乏教学经验的年轻教师来说，其教学效果可能会更好。

教育传播的对象——学习者，是具有复杂思想、情感变化的人，不同的阶段具备不同的生理和心理特征，因此要根据不同的学习者特征，在合适的前提下适时改变所使用媒体的种类来促进其学习。

2. 教学媒体的功能

教学媒体应用于教学活动，在传递教育信息中发挥着重要作用，有利于提高教育教学质量和改进教学方法。教学媒体一般都是灵活的、可替换的，但不存在对任何教学目标都适用的“超级媒体(即万能媒体)”，关键在于在一定的条件下采用何种媒体更合适。各种媒体都有其内在的特征和功能，必须正确、合理地利用，再好的媒体，如果使用不当也不会有好的效果。但是对一个特定的、具体的教学目标来说，存在使用某一种媒体的教学效果明显优于其他媒体的情况。

通常教学媒体在教学中表现出以下几个方面的作用：

(1) 有利于教学标准化

不同教师在讲授相同的学科内容时，常常选取不同的媒体素材，使用不同的教学方法，课堂教学的组织也往往因人而异。使用教学媒体进行教学时，由于需要精心地进行教学设计，因而内容选取规范、标准，这有利于教学活动的规范。同时，将相同的信息传递给所有的学生，以供他们进一步学习和应用，很容易解决课堂教学组织的无序问题，对于实现标准化教学非常有益。

(2) 有利于形成生动、有趣的教学氛围

通过教学媒体展示一些直观形象或创设氛围，可以有效地引起学生的注意，形成生动、有趣的教学氛围。

(3) 有利于提高教学质量和教学效率

大部分媒体可以在较短的时间内，向学习者呈现和传递大量的信息，并调动学生的各种感官，使学习者更容易接受和理解教学信息，有利于提高教学质量和教学效率。

(4) 有利于实施个别化学习

具有个别化学习功能的教学软件，可以为学生的个别化学习提供方便。学生可以根据自己的需要决定学习的进度、时间和地点。当学生直接通过教学媒体进行学习时，教师就有更多的机会根据学生的具体情况加强个别指导，因而更符合因材施教的原则。

(5) 有利于开展特殊教育

根据某些学生的特殊情况，选择使用适当的教学媒体，将教学调整和设计到最佳状态，可以收到很好的教学效果。

(6) 有利于探索和实现不同的教学模式

根据不同的学习理论，利用不同的技术，如多媒体技术、虚拟技术等，可创设不同的学习条件和情境，实施不同的教学模式。例如，根据建构主义的学习理论，可以创设所需要的学习情境与学习交互环境，促使学习者进行主动的意义建构，开展探究性教学。

此外，一些教学媒体为人们在不同的时间、地点进行学习提供了更为有效的帮助，为满足他们的个别学习、业余学习和终身学习提供了物质上的可能。

2.2 视觉媒体及其教学应用

视觉媒体是一切承载、传输和控制教学信息的视觉材料和工具的总称，同时也是传递教学信息的重要媒介。视觉媒体包括非投影媒体和投影媒体。常见的非投影视觉媒体主要有黑板与粉笔、印刷材料、图片、图示材料、实物模型等，这些都是传统的视频媒体。非投影视觉媒体具有悠久的历史，但在班级授课制的当下，很难解决教室内任意角落的学生看得见、看得清的问题。因此，具有画面放大功能的投影视频媒体逐渐进入学校。常见的投影视觉媒体有幻灯机、光学投影仪、视频展示台和视频投影仪等。

2.2.1 常见视觉教学媒体

1. 幻灯机

幻灯机是一种早期使用的光学投影设备，所放映的幻灯片主要是以摄影法制作的“135幻灯片”，利用“透镜成像”原理将幻灯片放大数倍展示到银幕上，其画面形象、逼真，便于学生观看。

幻灯机的优点是：在短时间内提供多个高质量的静止展示视觉画面，教师可自制幻灯片,使用方便,容易掌握,可遥控操作,能部分替代板书、板图,节约课堂时间。它的缺点是:信息形式单一,且对外部环境(如灯光)要求高。随着技术的进步,人们有了更好的替代产品,目前已经很难看到有教师使用该教学媒体。

2. 光学投影仪

光学投影仪也称投影器,是在幻灯机的基础上发展而来的。它同样是利用"透镜成像"原理,利用专用光学放大器投影透明胶片。其结构如图 2.1 所示。

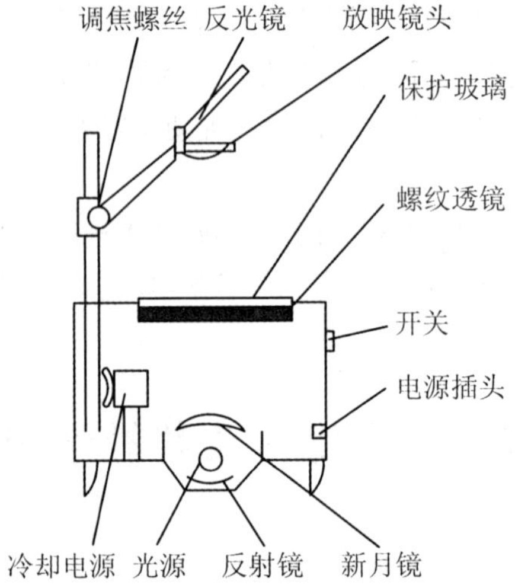

图 2.1 光学投影仪的结构图

光学投影仪具有设备简单、操作方便、经济实用的特点。教师可以自制透明胶片,将教学内容放在透明胶片中,做到一次制作多次使用,极大地方便了教师的教学。同时,光学投影仪投影面积大、视角大、图像清晰明亮、色彩逼真,在 20 世纪 90 年代至 21 世纪初得到广泛使用。不过,随着新技术进入教室,光学投影仪和幻灯机一样也正在逐渐退出历史舞台。

3. 视频展示台

视频展示台是随着摄像设备技术的发展而兴起的一种新型光学投影教学媒体,是使用高清 CCD 摄像头,将实物、文字、图片、透明投影胶片、幻灯片等资料转换为视频信号,通过电视、视频投影仪、电脑显示器播放出来的一种设备,如图 2.2 所示。

摄像头的放大倍率比较大,对于投影物体既可以看到全貌,又可以投影细节,色彩还原性非常好。但它也有局限性,它需要与另外的投影机或大屏幕电视相连才能使用。而且,视频展示台往往只能固定在讲台上,无法及时地将学生的练习、作业情况进行展示，而且对于实验操作也难以展示。此外，视频展示台还存在价格较昂贵、发热量大、不能长时间使用等问题。

图 2.2 视频展示台

4. 视频投影仪

视频投影仪是目前多媒体教室中常见的计算机、视频展示台、VCD/DVD 等设备的视频再现设备，是应用于多媒体教学系统中的一种主要投影设备。目前常用的视频投影仪与投影屏幕、多媒体计算机、音响设备等组合使用，实现全动态视频图像和静止视频画面的播放，为教学提供了更为便捷、高效的教学手段。图 2.3 为一种视频投影仪的外观。

图 2.3 视频投影仪

尽管视频投影仪在中小学多媒体教室得到了普遍应用，但其本身也存在着一些缺点：一是因观看角度、显示亮度、对比度、清晰度、观看距离、环境光线等因素，如果长时间使用，将加重教师和学生眼睛的负担。二是投影机灯泡都有固定的使用寿命，使用一段时间后，投影的亮度会明显下降，影响教师的演示效果。

此外,用于获取、传输、存储视觉图像的辅助设备还有数码照相机、扫描仪等。

2.2.2 视觉媒体在教学中的应用

利用投影仪等视觉媒体进行辅助教学,能将复杂、真实、重要的图形、图片在课堂中直观、形象地展现出来,有利于学习者细致、长久地观察事物现象,对于突破教学中的重点、难点非常有益。下面介绍几种常用的应用方法:

1. 图示讲解教学法

图示讲解教学法在教学中是一种较为常用、富有实效的教学方法。对于一些难以看到的事物、史料,以及事物的结构、形态、发展历程等用语言文字表达不清的教学内容,可用视觉媒体来展示。教师上课时一边放映幻灯片,一边针对画面进行讲解,分析教学内容的特征,探寻事物之间的规律,引导学生积极思考,加速学生理解,促进学生对知识的掌握。

在运用视觉媒体时,可根据不同的教学内容选择不同的呈现方式。增减法将教学内容制作成复合式投影片进行教学,按照教学要求以加片或减片的方式逐步呈现教学内容,引导学生由简到繁、由局部到整体、由表及里地认识事物和掌握知识,有利于加速学生对知识的理解,提高教学效果。遮盖法是将制作好的投影片按教学的需要用硬纸板遮盖,然后按照教学顺序将投影片内容逐步呈现出来。活动法是用活动投影片表现教学内容。在讲授的过程中,活动法以投影片的活动来阐释教学内容。这些方法在使用时要机动灵活,由教师根据教学实际情况加以选择,演示时要与讲解紧密配合,融为一体。

2. 创设情境教学法

视觉媒体能再现或创设生动具体的形象或场景,教学时用它来配合教师讲解以及播放解说词、效果声等,将使学生产生身临其境的感受,使学生在一种轻松愉快的气氛中进行学习、接受教育,这就是情境教学法。

运用视觉媒体创设情境教学时,教师要根据教学需要,选择贴合教学内容的画面来呈现,不能只追求形式而不讲教学效果。同时,呈现的情景画面要清晰自然、优美生动,富有感情色彩。另外,运用情境教学时,还要将激发情感与学生的认知活动有机地结合起来。情感对认知活动有促进、强化、激励等作用,而情境对情感有特定的作用。教师要善于呈现特定的情境,激发学生的兴趣、欲望、情绪等情感因素,从而影响学生的认知活动,激发其学习兴趣,加速学习进程。

3. 引导教学法

教师备课时预先在投影片或幻灯片上写好讲课提纲，上课时教师按呈现出来的提纲逐步讲解，不必死记硬背讲稿，可避免讲课内容的颠倒和遗漏，便于强化重点内容以及复习和总结课堂上所讲的内容，还可节省大量写板书、画板画和记背讲稿的时间。另外，投影片或幻灯片可反复使用，避免重复劳动。

4. 实物演示教学法

利用视觉媒体可将实物、标本、透明教具以及实验演示器件直接放大投影到荧幕上，使全班学生能同时观察实物及其结构、变化过程及其性能等，扩大了可见度，节省了人力、物力、财力和时间，如生物切片、光圈孔径的变化、量角器的使用等。另外，使用实物投影器可放映不透明的图片、书本、薄形实物。在荧幕上也能看到清晰、放大的影像。视频展示台的实物演示功能就更强，几乎可演示一切物体，包括幻灯片、投影片、书稿、纸稿、透明物体、实物等。

2.3　听觉媒体及其教学功能

听觉媒体是指呈现声音、声响符号信息供学习者听觉器官进行感知的媒体。教师的口头语言是最传统的听觉媒体。然而，人们早就发现依靠教师的口头语言来传递听觉信息具有一定的教学局限性。一是口头语言稍纵即逝，不能保存供重复使用；二是口头语言的声音响度毕竟是有限的，影响听者对信息内容的辨识；三是口头语言表达的声音信息不够丰富，对于音乐、音效等其他声音信息无能为力；四是口头语言传播距离非常有限。

目前常见的听觉媒体是以电声技术为基础发展起来的教学媒体。听觉媒体尽管种类繁多，但其基本构件离不开传声器和扬声器。

(1) 传声器

传声器俗称话筒或麦克风，是将声音信号转换为电信号的能量转换器件(图2.4)。它的作用是将声音转换为电信号，可以保存在一定的存储媒介上供反复播放，也可以通过扬声器实现声音的实时播放。传声器按其能量转换器件的不同分为动圈式、电容式、晶体式等，教学中常用动圈传声器和无线传声器。

图 2.4 话筒和麦克风

(2) 扬声器

扬声器俗称喇叭、音响，微型的称为耳机，是一种将电信号还原成声音的能量转换器件(图 2.5)。它的作用是播放声音，既可以是人声，也可以是来自电脑声卡或其他信源的声音。

图 2.5 喇叭、音响和耳机

在传声器和扬声器技术的基础上，结合其他相关技术，人们发展出了录音机、扩音机、CD 激光唱片、无线电广播、无线传声器等听觉媒体设备，并进入学校课堂应用于教学。

2.3.1 常见听觉教学设备

1. 录音机

录音机是教学中较常用的一种传统听觉媒体，具备传声器和扬声器的双重功能(图 2.6)。它的主要作用是记录声音和重放声音。由于盒式磁带录音机和录音带体积小，易于携带，使用方便，价格便宜，曾经在教学中得到较广泛的应用。录音机在课堂教学中的应用，主要是辅助那些与声音有关的内容的教学。例如，外语教学、语文教学、音乐教学等教学训练活动。

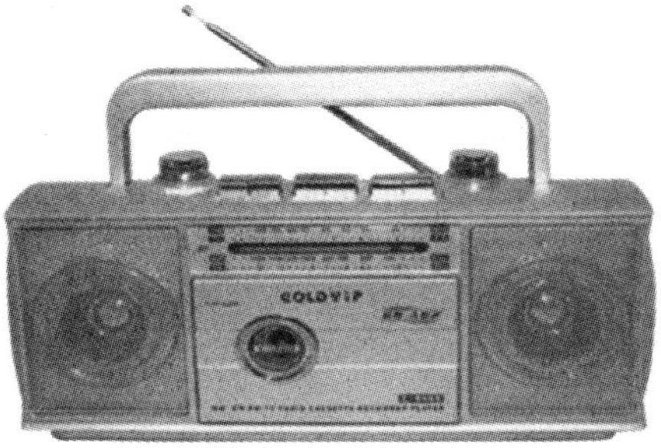

图 2.6　录音机

2. 扩音机

扩音机也具有传声器和扬声器的双重功能，它是将微弱音频电信号放大到一定的功率，推动喇叭或音响，使其发出足够强的声音的终端器件(图 2.7)。扩音机按携带方式，可以分为便携式的和手提式的，便携式的俗称“小蜜蜂”。在课堂教学中，扩音机一般用于解决教师声音响度不足、声音难以覆盖教室所有区域的问题。

图 2.7　便携式扩音机

3. CD 激光唱片

CD 激光唱片就是激光式数字音频唱片，又叫唱片，通常泛指使用激光方法的小型数字音响唱片系统。CD 唱片系统包括 CD 唱片及 CD 唱机两个部分。它具有存储量大、放音时间长、音质理想、操作方便、易于携带和存放等特点，在教学中也得到了一定的应用。现在的计算机一般均可播放 CD 激光唱片而不需要专门的 CD 唱机。

4. 无线电广播

无线电广播是通过由发送端发送高频电磁波的形式向外发送教学信息，学生可用收音机、耳机等收听教学信息来进行学习。无线电广播教学具有开放性、普及性等特点，适用于大范围的教学活动，而且听众接收条件简单，既适合集体收听，又适合个体接收。

5. 无线传声器

无线传声器借助无线传输技术，将电声信号传输到接收器上，再由接收器将电声信号传送到扬声器上发声。常见的无线传声器有手持式、领夹式和头戴式，其功能由传声器发射机和接收机共同实现（图 2.8）。传统的有线传声器极大地限制了教师的活动范围，使教师被困在有线传声器边，而无线传声器则可以实现教师在教室内的自由移动，便于增强与学生的互动。

图 2.8　无线话筒和领夹式无线麦克风

2.3.2　听觉媒体的教学功能

听觉媒体具有一定的教学功能，表现在以下几个方面：

1. 重现声音，虚拟现实

听觉媒体能重现教学中需要的各种真实、规范的声音。如不同语种的标准语言、乐曲、现场音响，动物、机械发出的声音，以及现实生活中难以得到而需通过人为加工或电子器件模拟的各种声音。

2. 创设情景，加强感染

听觉媒体能够使朗读与音乐音响恰当配合，为教学创设情境，将学生带入特定的氛围，增强教学感染力。

3. 提供示范，反复训练

听觉媒体为学生提供规范性的听觉材料，便于学生模仿和重复训练。

4. 因材施教，照顾差异

针对同一个班级不同学习程度的学生，教师可以编制不同学习程度的听觉教材供学生课后进行自学，从而达到因材施教的目的，使全体学生都得到发展。

5. 及时反馈，便于改进

学生的语言训练、声乐练习、器乐演奏以及师范生的实习预讲，都可借助听觉媒体的录音与放音功能，使学生真实、迅速地获得反馈信息，对照相应的示范标准，及时进行自我分析与自我评价，发现自己的差距后及时加强训练，便于改进提高。

2.4　视听媒体及其教学应用

视听媒体集视觉媒体和听觉媒体的功能于一体，通过有声的、活动的视觉图像直观、逼真地传递教育教学信息。视听媒体是指通过视听结合的方式向学习者呈现信息的媒体，学生一边观看画面，一边听解说，易于激发学习者的学习兴趣。常见的视听媒体有电影、电视系统、摄录像机、激光视盘（VCD 和 DVD）等。

2.4.1　常见视听觉教学媒体

1. 电影

电影是通过电影放映机匀速地放映一幅幅静止的画面连接成的电影胶片，使人们从银幕上看到活动的图像。电影是最早出现的视听媒体，从 20 世纪初开始，无声电影就应用于教学。20 世纪 20 年代末，有声电影出现，并应用于教学。之后几十年，电影教学一直作为一种重要的教育教学手段，得到广泛的应用。

电影将画面和声音有机地结合起来，用两种刺激方式同时作用于视、听两种器官，可以更有效地辅助学习；电影能有效地、动态地表现概念和过程，在认识和鉴别有关动态变化的教学内容和运动技能训练方面具有特殊的效果，是传播和形成概念、转变态度和培养感情的较好的媒体之一；电影的画面较大，适合大范围教学。

但是，用于教学的电影也存在明显的局限性：一是制作费用高、周期长；二是电影放映设备连接与操作复杂；三是对环境和场地要求较高；四是电影胶片长久保存较困难。

2. 电视系统

电视系统是运用电子技术传送活动图像与声音信息的通信方式，由发送、传输和接收三个部分组成。使用电视系统，需要在用户终端安装电视接收机，以便接收声像信号。电视也是一种较早出现的现代教学媒体，具有和电影相同的信息表达能力，能够呈现声音和活动画面。在教学中，利用电视接收机接收和播放电视教学片，可以演示试验或实验场景，展示过程，提供视听材料，表现时空变化。实践表明，电视可以有效地引起学生态度和情感方面的变化，是表达情感信息的必要手段，也可以进行运动技能方面的教学。同时，它还可以将信息及时、远距离、大范围地传播，扩大教育规模，是重要的远距离教育媒体。

电视系统在教学应用中也存在局限性：一是电视信号是单向传播的，学生不能及时提出问题，教师不能及时了解学生的学习情况，缺少互动与反馈；二是学习者不能主动地参与教学活动，学习比较消极和被动；三是电视以固定的速度播放，所有的学生都接受相同的信息，难以满足不同学生的个性需要；四是电视媒体所用的电视教学片制作困难，一般教师缺乏相应的技能。

除了电影与电视以外，摄像机、录像机、VCD 与 DVD 等视听设备也常用于视听信息的获取、存储与展示。

2.4.2 视听媒体的教学功能

视听媒体在教育教学中运用有声有色、丰富多彩的画面为学生的学习创设了生动、形象、逼真的教学情境，容易吸引学生注意力。同时利用视听媒体具有形、声、色、情、意于一体的特点，通过潜移默化的作用可以收到事半功倍的学习效果。其教学功能表现在以下几个方面：

1. 通过声画结合呈现知识点

视听媒体既能提供图像、文字、图表、符号等视觉信息，同时又能传递言语、音乐和其他音响等听觉信息，图、文、声并茂，有较强的艺术感染力。利用视听媒体，可同时刺激学生的视觉和听觉感官，大大增强学生的记忆力，提高学习效率。

2. 擅长表现复杂的教学内容

视听媒体是一种形象化的教学媒体，它能真实地再现客观实物，能以形象的方式展示客观事物，即使是非常抽象的内容，视听教学媒体也可以采用动画的形式来展示。可以表现运动状态、运动过程，与时空间有关的、抽象的教学内容，可以演示实验情境，向学生提供各种案例及学习材料。在某些情况下，视听媒体还可以代替教师的教学，提供学生不能直接观察和感知的教学内容。

3. 操作形式灵活多样

视听媒体能记录、储存音像信息，并可以根据教学的需要进行重放、慢放、快放、静止画面等操作，可控性强。

4. 突破时空限制

视听媒体可以跨越时空把事过境迁的事物重现出来。电视具有极其丰富和灵活的时空表现力，无论是展示实际生活，还是追溯远古、预测未来，其表现力是其他视听媒体所望尘莫及的。借助录像技术和电视特技更可以突破时间、空间、宏观、微观的限制，突出事物、现象的本质属性。

5. 时效性强、覆盖范围广

通过卫星电视可以实时传遍全球，这意味着学校教育中的课堂视野可以随电视信号覆盖面的不断扩大得到无限延伸，使大规模的远程教育得以实现。

2.5　交互式媒体技术及应用

交互式多媒体是在传统媒体的基础上加入了交互功能，通过交互行为并以多种感官来呈现信息，受众不仅可以看得到、听得到，还可以触摸到、感觉到、闻得到，而且还可以与之相互作用的一种崭新的媒介形式。传统的纸质、电视、广播等媒体只是完成传播信息的任务，受众只是单向、被动地接受信息，无法进行双向性的交流沟通，缺乏交互性，在此背景下交互式多媒体应运而生。从发展趋势来看，交互式多媒体今后将成为教学媒体的主流。

随着信息技术的广泛应用，人们借助电脑及相关设备，通过键盘、显示器、鼠标、摄像头、麦克风、虚拟现实等外围输入设备以及与之相应的软件配合就可以实现人机交互的功能。人机交互已经从早期的命令形式交互发展为基于窗口、菜单、图标、指针的可视化图形界面,向着多通道、多感官自然式交互的方向发展。

随着计算机技术、网络技术、通信技术以及其他相关技术的发展,新的技术手段和新的教学媒体不断进入学校课堂,各种新型交互式教学媒体层出不穷,且随着时间的变化不断升级换代,难以一一列举。教室是开展学校教育的主要教学场所和构成学校的基本组成单位,是师生教学活动的主要阵地。自 20 世纪 90 年代以来,国家大力推进中小学校信息化建设,教室的外观、布局、基础设施以及配置的教学媒体也发生了极大的改变。从发展历程和趋势来看,主要有多媒体教室、网络教室以及正在发展完善中的智慧教室等三种有别于传统教室的新教室类型。下面将介绍这三种新的教室类型,并就其中涉及的交互式媒体做重点阐述。

2.5.1 多媒体教室

多媒体教室是相对于传统教室而言的,它是在传统教室(包含传统的多种媒体,如黑板、书本、挂图、模型等)的基础上增加了现代计算机多媒体系统而形成的。多媒体教室将计算机、投影仪、录音、录像等各种现代教学媒体组合在一起,可以方便、灵活地为教学活动提供文字、图像、音频、视频、动画等多种媒体信息,为教师灵活地运用多种媒体实施多媒体组合教学提供了方便。

多媒体教室的出现,把教师从传统的"黑板+粉笔"的教学模式中解放出来,避免了大量的黑板板书,避免了教室里的粉尘污染,减轻了教师上课的劳动强度,使教师能够从容、轻松地教学。同时,开展多媒体教学使教学过程更加符合学生的认知、理解和记忆规律,从而增强教学效果及提升教学效率。

多媒体教室也有多种类型,常见的有三种:一是传统的投影式多媒体教室,主要使用多媒体计算机和视频投影仪;二是采用交互式电子白板系统技术的多媒体教室;三是采用交互智能平板技术的多媒体教室。

1. 传统的投影式多媒体教室

(1) 设备构成

主要由多媒体计算机、视频投影仪、投影屏幕、扬声器、视频展示台、扫描仪、数码照相机、录像机、VCD/DVD、扩音机和多媒体中央控制器等设备组成。一个功能全面的多媒体教室的一般设备配置如图 2.9、图 2.10 所示。

随着计算机技术的进步,现在的多媒体计算机已经能够播放各种光盘,能够方便地播放录音和视频文件,因此,很多多媒体教室在发展演变过程中简化了设备配置,只配备基本的计算机、控制系统、投影仪、银幕、功放、话筒、音箱等必要设备,而其他设备则可以根据经济状况或者教学需要而有所增减。

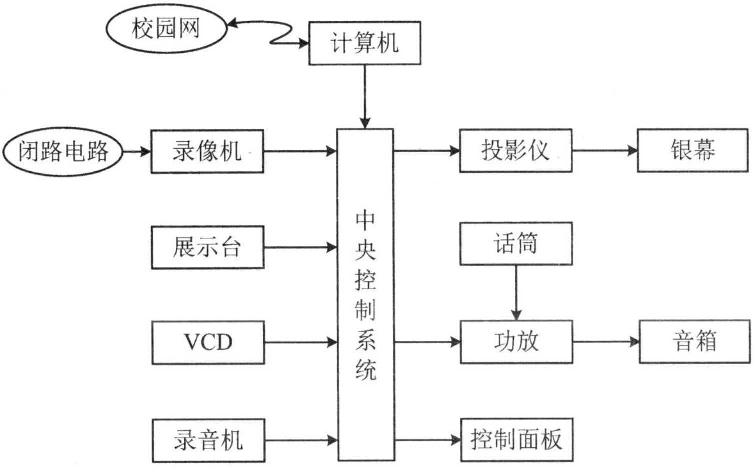

图 2.9 多媒体教室的一般设备配置

图 2.10 多媒体教室

① 多媒体计算机。多媒体计算机是多媒体教室的核心,可以根据教师的需要和控制,加工处理图像、音频、视频、动画等各种媒体信息,并将视频信号通过中央控制系统传输到投影仪上显示,将音频信号传输到音响设备上播放。

② 视频投影仪及银幕。视频投影仪及银幕是多媒体教室中重要的显示设备。当视频投影仪与计算机连接后,可以显示计算机上输出的各种视觉信息,将其放大显示在投影银幕上,供学习者清晰地观看。

③ 话筒、功放及音响。话筒、功放及音响是多媒体教室中重要的音频处理设备。话筒用于采集教师的声音,并通过功放将电声信号放大后在音响上播放,扩展声音的传播范围,解决一些面积较大的教室部分学习者听不见、听不清的问题。此外,功放及音响还能将来自计算机上的声音信号放大播放,使学习者在教室内任一处均能听清媒体播放的声音。

④ 多媒体集中控制器。整个多媒体教室中的绝大部分媒体设备都由中央控制系统集中管理控制，可以降低操作难度，提高易用性。目前，中央控制系统管理下的多媒体教室设备大都采用“一键开/关”模式，操作方便。上课时，教师只需将讲台门打开，系统就能自动将所有设备电源打开，教师可以直接上课；上课后，教师关上讲台门即可离开，系统将自动遥控关闭投影仪，使电动银幕升上，将功放电源关闭，延时关闭设备电源，延时关闭投影机电源，最后关闭系统主机电源。

（2）多媒体教学的优点

① 课堂容量大。对于动手能力要求突出的课程，使用多媒体教学方法，能增大教学信息量，有效扩展课时容量，提高教学效率。

② 有利于解决重点和难点问题。多媒体教学可以在一定程度上突破时间和空间的限制，充实直观内容，丰富感知材料，能够较彻底地降低知识技能信息的复杂度，减少信息在大脑中从形象到抽象，再由抽象到形象的加工转换过程，充分传达教学意图，并可以通过计算机的丰富表现手段突出教学重点。

③ 增强交互性。交互性是多媒体技术最具特色和优势的根本特性，也是多媒体教学的核心。使用多媒体教学可以帮助教师在课堂上根据学生的信息反馈，进行现场分析和答疑，以人机对话方式灵活方便地进行启发式教学。这样既保证了教学的规范性、系统性、条理性，又具有一定的自主性、多样性和灵活性。

④ 有利于激发学生的学习兴趣。多媒体利用视、听、说向学生提供声、像、图、文等综合性刺激信息，有利于学生注意力的保持。同时，精彩的多媒体课件也能激发学生的兴趣，提高学生的主动性，活跃课堂气氛，加深、巩固教学内容。因此，课件的知识表达能力更强，给学生留下的印象更深。

2. 交互式电子白板

交互式电子白板是在普通电子白板的基础上发展而来的，它一般是与电脑和投影仪相连接的一块具有互动功能的大显示屏（图 2.11）。在该系统中，一台投影仪将电脑桌面上的内容投射到大屏幕上，使用者可以在大屏幕上使用感应笔、手指或其他装置来操控电脑。使用者通过白板界面就可以像坐在计算机旁一样实现对计算机文件与程序系统的操作控制，如打开网页、阅读文件资料等。

交互式电子白板进入中国的中小学课堂始于 2004 年，之后各地加大教育设施投入，交互式电子白板采购被提上日程。2008 年开始，伴随着投影机市场超短焦、短焦投影机的大规模出现，交互式电子白板使用中的投影光线遮挡问题得到了有效解决，全球范围内的电子白板需求迅猛增加，国内交互式电子白板的应用迅速成熟，中小学在建设多媒体教室时都会考虑使用交互式电子白板进行教学。目前，在普通的多媒体教室配备交互式电子白板辅助教学已经较为普遍，而相关的教学应用研究也成为热点。

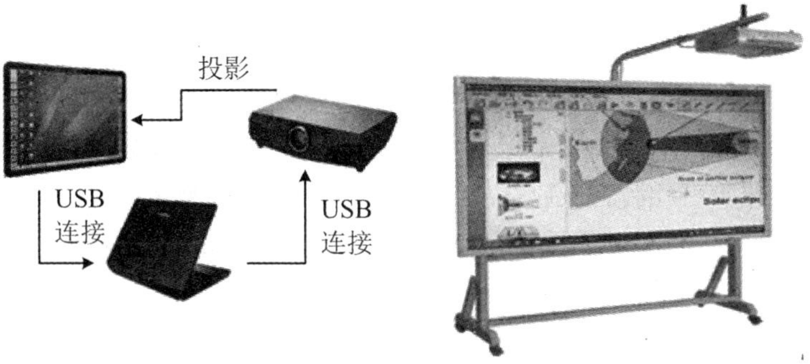

图 2.11 交互式电子白板

交互式电子白板借助白板软件,可以实现在白板上书写、批注重点、画图、新建页面、录制与保存页面等各种功能。交互式电子白板在教学中的作用表现在以下四个方面:

(1) 教学信息的高度集成

交互式电子白板可以作为一块不断翻页的“黑板”,老师能像利用传统的黑板一样在上面进行书画。同时,交互式电子白板还可以有效地将文字、图片、视频等多种数字化信息资源进行综合运用,并兼容诸如 PPT、几何画板等常用教学软件。

(2) 灵活地控制教学资源

使用交互式电子白板可以随意调用、调整、修改、标注教学内容,根据课堂实际情况进行灵活处理,能即时方便、灵活地引入多种类型的数字化信息资源,并进行灵活的编辑组织、展示和控制,解决了过去多媒体投影环境下,使用课件时内容高度固化、不可灵活处理的问题。

(3) 方便地保存生成性资源

在多媒体投影环境下,教学资源零散,教师难以保留生成性资源。使用交互式电子白板能实现板书内容即时存储,白板上的文字、图形或插入的任何图片、批注、圈写、即时增删的内容、板书要点、演练过程,这些课堂教学中生成的资源都可以被保存至硬盘或移动存储设备,供下节课、下学年或其他班级使用,或与其他教师分享;也可以以电子格式或打印出来分发给学生,供学生课后温习或作为复习资料。

(4) 有效地进行师生互动

在多媒体投影环境下,教师被“困”在计算机旁的现象屡见不鲜,如果要加入师生互动,教师需要来回游走在黑板、计算机和学生之间。使用白板笔直接对交互式电子白板所呈现的内容进行操作控制,使师生、生生之间的交流可以变得更加轻松自如，有助于教师更多地关注教学内容本身。

3. 交互智能平板

交互智能平板(Interactive Intelligent Panel，IIP)是指集成了投影机、电子白板、幕布、音响、电视机、视频会议终端的多种功能，通过触控技术对显示在平板(LCD、LED、PDP)上的内容进行操控和实现人机交互操作的一体化设备。目前关于交互智能平板的名称并不统一，也有人称之为多媒体电视白板教学系统、电脑触控一体机、教学一体机或交互式智能大屏电脑一体机等，如图2.12所示。

图2.12 交互智能平板

交互智能平板发展初期，由于大尺寸的液晶面板价格昂贵，导致整个系统价格偏高，相对于传统的投影式多媒体、交互式电子白板系统而言成本偏高，远超出目前中小学购买能力。近年来，随着液晶屏价格逐渐下降，其性价比逐渐提高，使用成本降低，因此，交互智能平板大有取代传统的投影式多媒体的发展趋势。其优点表现在：

(1) 设备集成度高

将黑板、电视、电脑三合一集成一体，将电视、音响、电脑、触摸书写操作等多媒体功能集于一机，无需设中控台，大大节省教室空间，省去了投影机、白板、音箱、电脑等设备之间的连接线，使用和维护起来更加简单方便。

(2) 显示效果好

目前主流的交互智能平板已经达到80英寸，可以满足一般的教学需要，而且其液晶屏幕显示效果非常好，无须拉上窗帘，保持自然光照明亦可清晰显示。

(3) 便于管理

管理员通过管理系统即可对校内所有交互智能平板进行远程管理，无须到每个教室操作，让设备管理工作不再繁琐。通过集控管理系统平台，管理员能对区域内的终端进行设备分组、状态监控、开关机、频道切换、音量调节、触摸开关等控制，且能够设置定时操作，实现设备自动化自主管理。同时，交互智能平板一般安放方便，可以远程监控，具有实用的报表统计功能，因而极大地方便了设备管理人员的管理。

总之，交互智能平板具有大尺寸、高精度、多功能、高集成、易操作、高安全、低维护、低消耗等诸多硬件优点，同时交互智能平板还可以在很大程度上增加课堂的交互性，提升学生的课堂参与度。因此，交互智能平板在教学中的应用，将越来越受到教育研究者的关注。

2.5.2 网络教室

网络教室也称多媒体网络教室，它是在普通单机机房或计算机网络教室（一般拥有 20～50 台计算机）的基础上，增加音视频传输卡和控制网络，将学生机和教师机相连而共同构成的一种多媒体教学网络。通过这一网络，教师机和学生机可实现声音、图像的实时交互传输并同时具有多种教学管理的功能。

网络教室的组成比较简单，用多个集线器（Hub）或交换机（Switch）和网线把教室里的所有计算机连接在一起。可以选择一台配置较好的计算机做服务器，用来存放教学资源库，供各个客户机共享资源及进行用户管理等。服务器也可以兼做教师机使用。典型的多媒体网络教室组成如图 2.13 所示。计算机网络教室是信息技术教育、各学科计算机辅助教学以及学科整合教学、综合实践活动的场所。同时，网络教室经过简单改造，即可实现电子阅览室、语言实验室的功能，避免了重复建设。

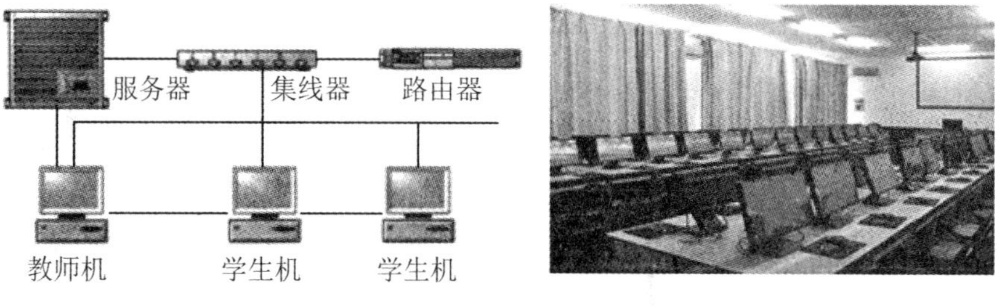

图 2.13 网络教室

1. 网络教室的功能

(1) 广播功能

通过教师机可将各种媒体播放设备的信号发送到指定的或全部的学生机上，

进行个别化或全班性的教学演示。

(2) 监视、监听功能

为随时了解学生的学习情况，教师可以监视、监听任何一台学生机的屏幕画面及声音，并可根据需要设定间隔时间，在教师机上轮流监视、监听多台甚至所有学生机的情况。

(3) 控制功能

在教师机上可以实现对任何一台学生机的操作，控制该计算机的一切功能，以实现个别辅导与教学管理。

(4) 电子举手

学生可以随时“举手”，等教师机响应后即可与教师进行对话，提出或回答问题。

(5) 双向对讲功能

教师机可在任何时候与一台学生机进行双向语音信息传输，进行交互对话。

(6) 学生示范功能

在学生提出或回答问题时，教师可利用此功能将该学生的屏幕画面及声音信号切换到所有其他学生机上。

(7) 电子点名与警告

可在教师机上扫描学生机的开机及上网情况，必要时教师还可以对部分或个别学生使用黑屏等手段以示警告。

2. 网络教室的应用

在网络教室中，教师可根据教学需要，通过鼠标、键盘来演示教学内容，或命令学生机发送屏幕信息。学生可以以电子举手的形式请求帮助、提出问题。教师可以巡视每个学生的屏幕了解学生的学习情况，并实时反馈对学生练习、回答的意见。这样既有利于调动学生学习的主动性，又能充分发挥教师的作用，适用于多媒体课堂教学(特别是计算机教学)、计算机培训、计算机考试、多媒体课件交流、演示等。

(1) 多媒体课堂教学

在网络教室中，可以方便地将多媒体教学信息集成在一起，开展多媒体课堂教学。在教学过程中，通过文本、声音、动画、图像和视频等多媒体信息表达教学信息，可以激发学生的学习兴趣，提高教学效率和质量，甚至可以把其他学校的直播课堂或网上学习资源引入课堂，极大地丰富教学的资源，同时还有利于教师对学生进行个别辅导,因材施教。

(2) 电子备课

教师开发电子课件经常遇到相关资料不足和文件较大不容易移动等问题,如果在网络教室备课这些问题就可以轻松解决:网络教室中资源库可以为教师提供丰富的资源,教师还可以把做好的课件存入资源库供上课时调用,解决了磁盘装不下和不便于移动的问题。在网络教室备课还有一个好处就是可以实现资源的共享,例如学校购买的教学资源可以存入服务器或教师机,同时供多个教师使用。

(3) 利用网络教室资源进行自学

学生可以利用网络教室服务器提供的学习资源进行自学,如知识库查询、视频点播、浏览图书馆服务器上的信息,这时的网络教室相当于电子阅览室。如果网络教室连入互联网或校园网,还可为学生自学提供一个更加开放的、资源共享的学习环境。

(4) 网络练习和测试

多媒体网络教学系统的同步通信功能,使得教学课件的网络化设计能够更好地实现即时反馈。教师可以通过网络教室为学生提供课堂练习或进行考试,既避免了打印、发放试卷的麻烦,又可以及时了解学生答题情况,甚至可以当场完成试卷评判,提高教学效率。

2.5.3 智慧教室

2009 年 8 月,时任国务院总理温家宝在无锡考察时提出要建设“感知中国中心”,这之后物联网产业迅速被列入国家战略性新兴产业的重点领域。此后,智慧城市、智慧交通、智慧社区、智慧家居、智慧校园、智慧教室等新兴概念不断涌现。智慧教室(图 2.14)是指为教学活动提供智慧应用服务的教室空间及其软硬件装备的总和,它是在物联网、云计算、大数据等新兴信息技术推动下的教室信息化建设的新形态。智慧教室作为一种典型的智慧学习环境,是学校信息化发展到一定阶段的内在诉求,是当今智慧学习时代的必然选择。目前,我国智慧教室的研究正处于初级阶段。

智慧教室关注并利用新兴技术创建教与学的环境,促进资源个性化呈现、教学交互多元化,实现学习者的学习和相关技能的提高。智慧教室应用了许多信息技术,包括无线接入、多点触控、泛在计算、情境感知、物联网、云计算等技术,如何运用技术使传统教室充满智慧、促进学生学习、提高学习效果,是计算机和教育技术学领域研究者重点关注的问题。

1. 智慧教室的功能

(1) 在物理环境、人际环境、资源环境上的功能

在物理环境上能根据温度、湿度、学生数自动调节教室的温度、湿度、照明和色彩,适合学生学习;在人际环境上强调和谐、平等,促进师生、生生交流和共享;在资源环境上,实现个性化推送和资源共享,消除信息孤岛。

(2) 在工具上的功能

提供丰富和智能的学习工具,开发学生潜力和增强学习效果。

(3) 在交互上的功能

实现简单、自然、友好的人机交互,为学习者提供高效的信息获取及交流的工作空间,提高学习、讨论和协作效率。

(4) 在学习支持上的功能

提供方便、快捷的学习支持服务,实现线上和线下相结合、正式学习和非正式学习相结合,为每个学习者实现个性化学习提供可能。

2. 智慧教室的系统构成

目前,人们提出了很多智慧教室的系统模型,其中比较具有代表性的是"iSMART"系统模型。在该模型中,智慧教室由基础设施(Infrastructure)、网络感知(Network Sensor)、可视管理(Visual Management)、增强现实(Augmented Reality)、实时记录(Real-time Recording)、泛在技术(Ubiquitous Technology)六大系统组成。

图 2.14 智慧教室

(1) 基础设施系统

包括物理空间、桌椅装置、供配电、通风空调、灯光照明等子系统。布局合理的

物理空间和符合人体工程学的课桌椅构成智慧教室的空间环境，安全可靠、健康节能的供配电、通风空调和灯光照明也是必备的设施条件。

（2）网络感知系统

包括网络接入、射频识别、人体识别等子系统。网络接入既可以是有线的也可以是无线的。射频识别（RFID）、人体识别系统（HRS）等传感装置，按约定的协议，把各种设备相连并进行信息交换，即可实现智能化识别和感知。

（3）可视管理系统

包括中控、能耗、监控等子系统。智慧教室中软硬件装备、运行能耗、教室现场等都可以被实时监控，并基于大数据进行智能化分析，管理员可以通过可视化界面查看运行状况和进行管理操作。

（4）增强现实系统

包括交互演示、视频会议、穿戴设备等子系统。交互演示子系统代表着智慧教室的教学信息呈现能力；视频会议子系统支持异地同步互动教学；借助穿戴设备子系统，物理环境与虚拟环境的无缝融合更为便捷。

（5）实时记录系统

包括课程录播、电子学档、课堂应答等子系统。课程录播子系统用于记录教学全过程；电子学档子系统为教师教学决策和学生自主学习提供有效数据支持；课堂应答子系统支持课堂教学的及时反馈、深度互动。

（6）泛在技术系统

包括云端服务和移动终端等子系统。泛在技术强调信息技术和环境融为一体。智慧教室中的泛在技术既包括处于云端的海量教育资源和教育应用服务，也包括本地的笔记本、平板、智能手机等移动终端。

3. 智慧教室的主要技术

（1）多屏交互显示设备

智慧教室拥有多个显示终端，既便于大班教学和小组合作学习，也利于学习资源的多角度显示。交互白板等交互设备作为显示设备，除了能够显示信息外，教学者、学习者还能与之产生多元形式的互动。

（2）手持终端设备

手持终端设备一般具有触摸输入功能，方便学习者获取资源，以及与教学者或其他学习者进行互动交流。如在教学中，学生可通过计算机或手持设备以电子投票、问题反馈的方式给予反馈。教师也可以借助平板电脑看到学生电脑屏幕上显示的内容，根据学生的需要及时协助学生完成课程，学生在校园里分组讨论也可及时与教师沟通讨论结果。

（3）智能课堂实录系统

使用高清摄像机可以对课堂中学习者的学习过程，包括自我学习和小组协作学习等过程进行记录，并储存于云端资源服务平台中，可供学习者课后进行学习过程的回放，支持教学反思。

（4）无线技术

在智慧教室中，无线技术在各方面都得到了应用。例如，借助快速的无线访问，小组协作得以方便地开展，可以快速地获取网络资源和工具。在无线投影技术的支持下，学生学习的结果可以快速投射到大屏幕上。

（5）智能环境控制系统

基于 RFID 的物联网技术，可根据学习者学习的需要对课堂内的光、电、声、温进行控制，还可以根据课堂外的光照条件调节照明，根据季节气候的不同调节温度，根据课堂内的声场环境调节声音系统等，确保学习者在一个舒适的环境中学习。

第3章 信息化教学设计

学 习 目 标

通过对本章的学习，学习者将掌握教学、教学设计、教学系统等相关概念，了解信息环境下教学设计的基本流程、方法，能进行科学合理的教学设计，并对教学设计的效果进行评价。

3.1 教学设计概述

3.1.1 相关概念

1. 教学与教学系统

(1) 教学

教学是一项有明确目的的社会活动，根本目的在于促进学生的学习，使学生掌握一定的知识和技能，并使身心获得较好的发展，形成一定的思想品质。为达到学习目标，教师必须依据一定的教学思想或理念，结合自己对教学过程的理解和认识，以各种方式、方法对师生活动进行周密的思考和精心的设计。

(2) 教学系统

教学系统(Instruction System)是纵横交错的架构体系，随着教学设计的发展，教学系统横的要素也在不断地完善。一般认为，教师、学生、教学媒体和教学内容构成了教学系统的基本要素。

教学系统纵向活动程序从大的方面来说分为：教学的设计、教学的实施和教学的评价三个环节，如图3.1所示。在教学设计领域，我们更为关心的是教学的设计和教学的评价。

由于教学中涉及的因素是多方面的、变化的，因而教学系统是一个复杂的、动

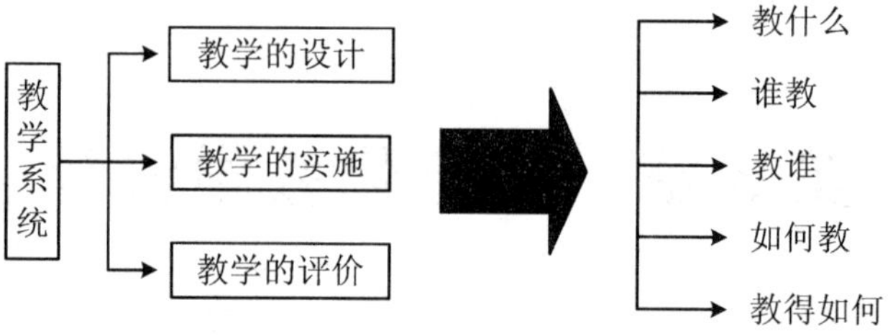

图 3.1　教学系统的活动过程

态的系统。教师只凭经验作出判断是不科学的，往往不能获得有效的教学效果。如何依照教育教学理论，系统、全面地安排和设计教学活动、调整教学角色，以达到教学最优化，教学系统设计理论为教育工作者的教学准备及解决各类教学问题提供了一个科学的系统方法和程序。

2. 教学设计

(1) 教学设计的定义

教学系统设计（Instructional System Design，简称 ISD）也称作教学设计（Instructional Design，简称 ID），是指以学习理论、教学理论、传播理论和系统理论为理论基础，运用系统方法分析教学问题，确定学习目标，建立解决问题的策略方案，试行解决方案，评价试行结果和修改方案的过程。

(2) 教学设计的基本内涵

从概念的表述上，可归纳出教学设计的基本内涵：

① 教学设计的目的和研究对象。教学设计以优化教学效果为目的，从而促进学生更有效地学习。教学设计的研究对象是教学。

② 教学设计以系统方法为指导。教学设计把教学过程各要素看成一个系统，探索教与学系统中各要素间、要素与整体之间的本质联系，分析教学问题和需求，确立解决的程序纲要，使教学效果最优化。

③ 教学设计重视对学生的分析，把学生具体情况作为设计的出发点。

④ 教学设计是对教学活动的过程和操作程序的设计。教学设计是连接教学理论与教学实践的桥梁。将教学理论运用于教学实践是教学设计研究的核心问题。教学设计主要就是研究解决教学问题的方案及程序，各种具体的教学方法、教学策略、教学媒体的运用，教学效果的评价方法等。简言之，教学设计就是研究教师怎样教、学生怎样学、师生如何互动的过程。

⑤ 教学设计以学习理论、教学理论、传播理论和系统理论为理论基础，现已形成了自己的理论体系。它以系统方法为指导，将其应用于解决教学实际问题，形成

经过验证、能实现预期功能的教与学系统，也可以直接使用于教学过程。

⑥ 教学设计十分重视教学效果的评价。

3.1.2　教学设计过程模式

教学设计过程模式是一套程序化的步骤，一个教学设计过程模式具有许多阶段。但是，所有的教学设计过程模式都有一些基本要素。设计不同的教学需要不同的教学设计过程模式，在不同的教学条件下应该有不同的教学设计过程模式。

1. 教学设计过程模式的概念

模式是再现现实的一种理论性的简约形式，教学设计过程模式就是在教学设计的实践当中逐渐形成的、运用系统方法进行教学设计的理论简约形式。它是在教学设计的实践当中逐渐形成的一套程序化的步骤，其实质是说明做什么、怎样去做，而不是说明为什么要这样做。教学设计过程模式指出了以什么样的步骤和方法进行教学的设计，是关于设计过程的理论。它包含三个要点：① 教学设计过程的模式是对教学设计实践的再现；② 它是理论性的，代表着教学设计的理论内容；③ 它是简约的形式，是教学设计理论的简约体现。

2. 教学设计模式的分类

从国内外范围看，目前教学设计领域可谓流派纷呈，从教学系统设计的理论基础和实施方法看，不外乎分为三大类：① 以“教”为主的教学设计模式；② 以“学”为主的教学设计模式；③ 以“教师为主导、学生为主体”的教学设计模式（双主教学设计模式）。

对教学设计过程模式进行分类有助于设计人员抓住繁多的模式中的基本结构和主要特点，在此基础上检验其设计的假设条件，分析所要解决的教学问题的层次，确定适合具体情况的模式。

3. 教学设计过程的一般模式

考虑到中小学教师的教学需要，下面我们主要介绍在国内比较流行的教学设计过程的一般模式，它属于以“教”为主的教学设计模式。

教学设计过程的一般模式基本组成如图 3.2 所示。该模式包含学习需要分析、学习内容分析、学习者特征分析、学习目标的阐明、教学策略的制定、教学媒体的选择和教学设计成果评价等诸多要素。其中学习者、目标、策略和评价构成教学设计的四大基本要素。学习需要分析、学习内容分析、学习者特征分析是教学设计前期十分重要的工作，又称为教学设计的前期分析。

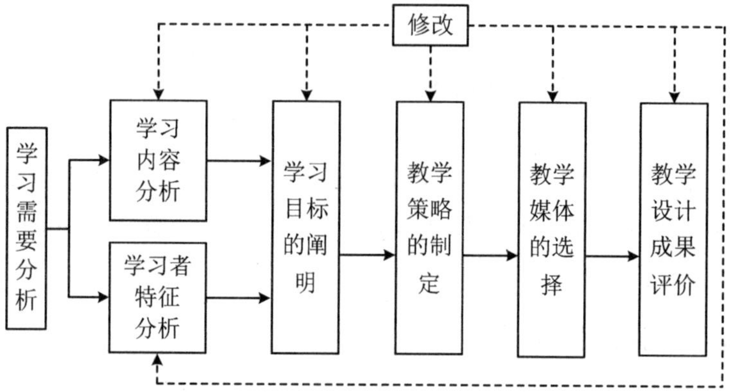

图 3.2 以“教”为主的教学系统设计模式

3.2 教学设计的前期分析

教学设计的前期分析包括学习需要分析、学习内容分析和学习者特征分析。其中学习需要分析是教学设计的第一步，分析以后将得到总的学习目标，这个总目标规定了学生经过学习后能够达到的能力水平，表明学生将获得的终点能力；学习内容分析和学习者特征分析之间虽然没有先后顺序，但有内在的联系，通过对学习者特征分析，可以明确学习者的初始能力，进而确定学习起点，并为选择教学策略提供依据；学习内容分析就需要根据前面两项分析的结果确定学习内容，促使学生从起始能力向终点能力转化，确保总的学习目标能够实现。

3.2.1 学习需要分析

1. 学习需要的概念

学习需要是指学生学习方面目前的状况与所期望达到的状况之间的差距，也就是学生目前水平与所期望达到的水平之间的差距。用公式可表示为

期望水平－目前水平＝学习需要

2. 学习需要分析

(1) 什么是学习需要分析

要找到学习需要，就必须分别了解期望学生达到的学习状况和他们目前的学习状况，找出其差距，这个分析过程就是学习需要分析。学习需要分析是教学设计的第一步，分析以后将得到总的学习目标，这个总目标规定了学生经过学习以后能够达到的能力水平，表明学生将获得的终点能力。对中小学来说，期望学生达到的学习状况一般是由各学科教学大纲或教育有关部门事先规定好的，所以学习需要分析的重要工作在于对学生目前的学习状况进行分析。

(2) 学习需要分析的方法

从内、外部环境来说，学习需要分析的基本方法有内部参照分析方法和外部参照分析方法，两者的区别主要在于目标及标准不同。

3. 学习需要分析中应注意的问题

在进行学习需要分析时需要注意以下几个方面的问题：

(1) 应按学生的具体要求设定目标

不同的学生群体或个体，他们的学习状况是不同的，要经常进行学习需要分析，以保证所得到的学习需要是有效的。学习需要反映的仅仅是学生在学习方面的需要，并不包括其他需要，比如说对教学媒体或教学方式等方面的需要。因此，一定要以学生的学习状况为分析对象，切实按照学生的具体要求设定学习目标。

(2) 应考虑学科目标的要求

不同的学科，其知识体系和课程结构各不相同，因此，学科目标也就不同。在进行学习需要分析时，要考虑学科的本身特点，考虑学科目标的要求。

(3) 应考虑社会的需求

应该在学习需要中不断地反映社会发展和变化所带来的新要求。通常，课程标准、教材等要定期进行修订。

(4) 数据应真实可靠

一定要深入实际，获得真实、可靠的信息。千万不要把自己的想象错当成学生的学习需要。

(5) 过程应永无止境

学习需要分析的作用仅仅是确定教学问题，而不是解决问题。在分析的时候，不要急于寻求解决的方法，那样会对全面、准确地鉴别问题形成干扰。学习需要分析是一个永无止境的工作。

3.2.2 学习内容分析

1. 学习内容

学习内容是指为实现学习目标，要求学生系统学习的知识、技能、行为和态度的总和。

美国当代著名教育心理学和教学设计专家加涅把学习内容按学习结果分为言语信息、智力技能、认知策略、动作技能、态度五大类。

(1) 言语信息

言语信息是指学生通过学习以后能记忆一些具体的事实，并且能够在需要时将这些事实陈述出来。例如事物的名称、符号、地点、时间、定义以及对事物的描述等。

(2) 智力技能

智力技能是指学生通过学习获得的对外界环境做出反应，并与他人进行交流的能力。言语信息与知道"什么"有关，而智力技能与知道"怎样"有关。智力技能可以分为辨别技能、形式概念、使用规则、解决问题四小类，这四小类依次形成递进的层级关系。

(3) 认知策略

认知策略是指学生内部组织起来的，以调节他们自己的注意、学习、记忆和思维等内部过程的技能，是处理内部世界的能力。

(4) 动作技能

动作技能是一种习得能力，表现在身体运动的迅速、精确、有力量或连贯等方面，如乐器演奏、绘图、实验操作、打球、唱歌等。

(5) 态度

态度是个人习得的、影响个人对特定对象做出行为选择的有组织的内部准备状态。特定对象包括事物、人和活动。

2. 学习内容分析

学习内容分析以总的学习目标为目标，旨在规定学习内容的范围和深度，并揭示出学习内容中各个组成部分之间的联系，以实现教学效果的最优化。学习内容分析要解决的核心问题是安排什么样的学习内容才能够实现学习需要分析所确定的总的学习目标，根据总的学习目标去规定学习内容范围和深度，并决定学习内容中各个组成部分之间的联系，以实现教学效果的最优化。即解决“学什么”和“怎样学”的问题。

范围：指学生必须掌握的知识和能力的广度。

深度：指规定学生必须掌握的知识深浅程度和能力的质量水平。

联系：明确学习内容各组成部分之间的联系，可为教学顺序的安排奠定基础。

学习内容分析以学生的学习结果为起点，并以学习起点为终点，是一个逆向分析过程。即学习内容分析从学习需要分析所确定的总的学习目标开始，通过反复提出“学生要掌握这一水平的技能，需要预先获得哪些更简单的技能?”这样的问题，并一一回答，一直分析到学生已具有的初始能力为止。

3. 学习内容分析的层面

对学习内容分析可从以下四个方面进行：一是建构教材内容的知识体系，二是确定知识点，三是确定内容的重点和难点，四是学生学习该内容的方法。完成这四项工作，就为学习目标的具体确定打下了良好的基础。

4. 学习内容分析的主要步骤

(1) 确定学习目标的学习类型

根据学习目标的表述，按照言语信息、智力技能、认知策略、动作技能和态度五大学习结果的分类，区别学习任务的性质。不同的学习任务在要求学生学习的努力程度上有本质的不同，而且测试的要求也不相同。

(2) 对学习目标进行信息加工分析

将学生在完成学习目标时对信息进行加工的所有心理的或操作的过程揭示出来，通过对目标进行信息加工分析，可以确定教学中包括什么、不包括什么。

(3) 进行先决技能的分析

对信息加工分析的每一步都做分析(分解)，找出“要完成这一步，学生必须具备怎样的先决知识和技能? 学生是否已掌握这些先决知识和技能?”如果已经掌握，分析可终止，否则继续分析这个先决技能的上一步先决技能。

(4) 学习内容的组织

主要遵循的原则是从简单到复杂、从已知到未知、注重知识自身的结构。

(5) 对学习内容的选择及其组织进行初步评价

主要从三个方面考察，即所选定的学习内容是否为实现学习目标所必需，还需补充或删除什么？内容顺序安排是否符合有关学科的逻辑序列结构？是否反映出基本的知识结构？学习内容的选择和结构安排是否符合学生的学习实际和学生的认知结构？

目前，在学习内容分析方面，有几种具有代表性的方法：归类分析法、图解分析法、层阶分析法、信息加工分析法、使用卡片的方法、解释结构模型法（ISM）等。

3.2.3 学习者特征分析

1. 学习者特征分析的含义

（1）学习者特征

学习者特征主要是指学生的年龄、兴趣、动机、认知风格和认知技能等。我们用图3.3来说明学习者特征所包含的内容：

- 学习者特征
  - 学习准备
    - 一般特征
    - 初始能力
      - 态度
      - 知识（预备知识、目标知识）
      - 技能（预备技能、目标技能）
  - 学习风格

图3.3 学习者特征分析内容

（2）学习者特征分析

学习者特征分析就是要了解学生的学习准备状态和学习风格，学习准备包括初始能力和一般特征两个方面。

2. 学习准备分析

学习准备是指学生在从事新的学习时，原有的知识水平或原有心理发展水平对新的学习的适应性。学习者的学习准备包括学习者的初始能力和一般特征。学习准备分析就是分析学习者的初始能力和一般特征情况，如图3.4所示。

（1）学生的初始能力和教学起点

初始能力是指学生在学习某一特定的课程内容时，已经具备的有关知识、技能和行为的基础以及他们对这些学习内容的认识和态度。学生的初始能力相对于教学过程就叫作教学起点。初始能力分析主要包括：先决知识和技能的分析、目标技能的分析、学生对所学内容的态度的分析。初始能力和教学起点的确定方法主要是一般性了解和预测等。

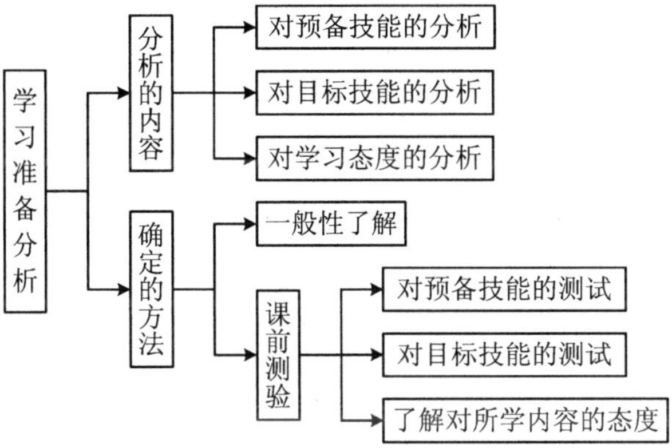

图 3.4　学习准备分析内容

（2）学生的一般特征

学生的一般特征指的是在学习过程中影响学生的心理、生理和社会的特点，包括年龄、性别、体征、智力、才能、学习动机、个人对学习的期望、生活经验以及文化、社会、经济、家庭等背景性因素。获得学生一般特征的方法有访谈、观察、问卷调查、查阅文献。

3. 学生的学习风格分析

（1）学生的学习风格

学生的学习风格是指对学生感知不同刺激，并对不同刺激作出反应这两个方面产生影响的所有心理特征。学生的学习风格可以体现在以下几方面：感觉的通道、心理的和社会的特性、学生的认知方式、大脑半球功能和学生的人格因素。

（2）学习风格分析的方法

不同类型的学习风格适合不同性质的学习任务，因此，学生的学习风格会直接影响其学习效果。反过来，根据学生的学习风格安排学习内容、选择教学策略又可以进一步促进学生的有效学习。那么，怎样才能测定出学生的学习风格呢？一般有两种做法：第一种是按照学习风格的具体内容，设计一个学习风格调查量表，这样可以给平时还没有注意到自己学习风格的学生提供一些线索，使他们能够从中选择答案；第二种是设计一个征答表，让学生陈述意见，以表明自己的学习风格。通常是将两种方法结合起来使用，即前半部分是调查量表，启发学生选择适合自己的答案，后半部分则采用征答表的形式，让学生适当补充调查表中没有提及的内容。

(3) 学习风格分析的内容

学习风格的研究结果可以为教学设计提供指导和依据。下面从信息加工方式、学习的条件、认知风格、个性意识倾向因素、生理因素等方面介绍学习风格及其对教学设计的影响。

① 信息加工方式。在实际教学中,我们发现有的学生喜欢通过实际操作来学习;有的学生喜欢通过大量做练习题,去深刻领会定理或公式的含义;有的学生喜欢自己安排学习进度;有的学生记忆学习内容时,如果能读出声音或写在纸上,记忆的速度会大大提高;等等。这些都属于学生的信息加工方式。教师可以根据学生的信息加工方式编制学习或训练的材料,选择教学方法和策略。

② 学习的条件。学习的条件是影响学生注意力以及接受、记忆信息能力的一组内外因素,包括感知或接受外界刺激时所用的感官。例如,喜欢通过看电影或录像来获取知识,因为这样可同时利用耳和眼来接受信息;听课的学习效果比自学好,因为有的学生对听到的信息比看到的理解得更深刻,而且记得更清楚;喜欢在多媒体条件下学习,这样可以同时调动多种感官参与学习活动。

在学习的条件方面,比较典型地表现为情感的需求、社会性需求和环境、情绪的需求。像有的学生在学习中经常期望得到鼓励或安慰,有的学生能自觉激发学习动机,有的学生能够坚持不懈地学习,有的学生表现出很强的责任心等,这都属于情感的需求。又比如有的学生喜欢与比自己年龄大的学生一起学习,有的学生在做练习或复习时喜欢与同学一起讨论,这些就是学生学习的社会性需求。还有,有的学生喜欢在非常安静的环境中学习,有的学生喜欢一边听音乐一边看书,有的学生在某一个特定的时间段内学习效率最高等,这些就是环境和情绪方面的需求。

了解学生对学习条件的需求,对于选择教学媒体、开展教学活动和确定教学组织形式等都有一定的参考价值,尤其在设计个别化教学的学习材料和学习系统时,就显得更加重要了。

③ 认知风格。认知风格指的是学生在感知、记忆和思维的过程中所偏爱的态度和风格。它有两个特点:第一,它的种类很多,每个学生都同时具有多种不同的认知风格,并且以组合的形式加以运用。第二,每一种认知风格都带有两极性,比如场独立性和场依存性就是一种认知风格的两极。每个学生在各种认知风格中都具有自己的倾向性,这种倾向性并没有好坏之分,而是各有所长。

④ 个性意识倾向性因素。个性意识倾向性因素对于学生的学习成绩有直接影响,这一点已引起教育心理学家的普遍重视。

⑤ 生理因素。人的生理类型存在着差异,表现在许多方面。脑科学研究结果表明,虽然大脑左右半球在结构上几乎完全相同,但是在功能上却有所不同,主要

表现为：左半球是处理言语，进行抽象逻辑思维、集中思维、分析思维的中枢，它主管人的说话、阅读、书写、计算、分类、言语回忆和时间感觉，具有连续性、有序性、分析性等机能；右半球是处理表象，进行具体形象思维、发散思维、直觉思维的中枢，它主管人的视觉、形象记忆、认识空间关系、识别几何图形、想象、模仿、态度、情感等，具有不连续性、弥漫性、整体性等机能。由于生理类型的差异，有的人在心理能力上表现为左脑半球优势，有的是右脑半球优势，有的则是两个半球的脑功能和谐发展。但对于每一个大脑功能健全的人来说，在完成任何一个认知任务的时候都是两个半球同时参与工作，只是由于任务的要求和被加工信息的特点不同，左半球或右半球所起的作用大小不完全相同。因此，在教学设计过程中，一方面要注意适合学生的特征，另一方面也应注意对学生处于弱势的半脑进行训练，以促进学生全面发展。分析学生左、右脑功能优势，对教学内容、方法、媒体、评价等方面的设计具有明显的意义。

3.3　学习目标的阐明

3.3.1　学习目标概述

学习目标是师生活动的重要依据。教学是一个受多种因素影响的复杂活动，需要有一系列明确、具体的学习目标作为教学活动的参照点，指明教学活动运行的方向。它让教师知道学习者应学习哪些内容，学到何种程度；它还能引导学生的活动，使他们明确要掌握的内容，减少学习中的盲目性。

1. 学习目标

(1) 学习目标的定义

学习目标是对完成教学后，学生应达到的行为状态的详细描述。学习目标有时也称教学目标，粗略地讲，它们只是使用对象不同，但就其内涵来说还是有一定差别的。

(2) 学习目标表述的要求

第一，学习目标表达的是学生的预期学习结果，不是教师在教学过程中自己打算要做的事。

第二，教学目标的表述应力求明确、具体，可以观察和测量。在表述中尽量避免使用含糊不清或不切实际的语言，像了解、理解、掌握，或加上程度状语：深刻理解、熟练掌握等，应做到对一个具体的目标不会产生多种解释；学习目标的表述要可以观察和测量，这样做一方面可以方便课堂教学操作，另一方面可为后来的学习评价提供依据。

第三，不要把学习目标写成教学任务、教学过程或教学程序，例如，“阅读课文”，这只是教学过程的一部分，并没有表现出学生学习后的最终行为。在描述条件时，应注意不要把教学方法或教学顺序当成了行为的条件。例如，“阅读完参考资料以后，学生能够……”这只是教学顺序，而不是行为的条件。

第四，标准是用来衡量每一个学生完成所规定的行为的最低要求，而不是对教师教学效果的最低要求。例如“学生能以 90％的准确率，从一组自然数中找出质数”是一个学习目标中的标准，而“60％的男学生能在 13 秒以内跑完 100 米”则是对教师教学效果的最低要求。此外还应注意标准要规定得恰如其分，真正体现学习目标的要求。

一般而言，长期目标的陈述可以笼统一些，近期目标的陈述就要具体和精确；课程目标的陈述可以笼统一些，单元、课时目标的陈述就要具体和准确。教学大纲中规定的学习目标均属长期目标，它只是大致提出了教学的范围和方向，不足以指导具体的教学活动。所以教师要在长期目标的基础上，制定出具体的、可操作的目标，这对教学的组织、实施和评价是极为重要的。

2. 学习目标的分类

在编写学习目标之前，必须了解学习目标的分类体系。布卢姆等人把学习目标分为认知、动作技能和情感三个领域，然后再把每个领域按照从低级到高级的顺序分成不同的层次，从而形成了一个完整的目标分类体系。

(1) 认知领域

认知学习领域包括有关信息、知识的回忆和再现以及智力技能和认知策略的形成。按智力特性的复杂程度可以将学习目标分为知道、领会、运用、分析、综合、评价六个等级。

(2) 动作技能领域

动作技能涉及骨骼和肌肉的使用、协调与发展，在课程技能类教学中这是常用的学习目标。动作技能学习领域的目标被分成七个等级，即知觉、准备、有指导的反应、机械动作、复杂的外显反应、适应、创新。

(3) 情感态度领域

情感学习与培养兴趣、形成或改变态度、提高鉴赏能力、更新价值观念、建立感情等有关，是教育的一个重要方面。情感学习领域的目标依照价值标准内化的程度可以分为五个等级，即接受（注意）、反应、价值判断、组织、价值与价值体系的性格化。

在这三个领域的分类中，目标从简单到复杂逐级递增，每个目标都建立在已经达到的前一个目标的基础之上。大多数的学习都是同时包含了三个领域的目标成分，只不过具体到某一门课程或某一节课，其中某一个领域的目标成分略多一些罢了。

3.3.2 学习目标的编写

对学习目标的编写，行为主义强调用可观察、可测量的行为来表述，而认知主义则强调用内部心理过程来描述，尽管两种观点有所不同，但学习目标编写的重点在于说明学生行为的变化这一点是被大家认可的。下面介绍的学习目标编写的第一种方法——ABCD法，基本上反映了行为主义的观点，比较适于编写认知领域和动作技能领域的学习目标；第二种方法——内外结合的表述方法，结合了认知主义和行为主义的观点，适于编写情感态度领域的学习目标，原因在于其学习结果主要是内在的心理变化，比较难以测量，所以适合用后一种方法来编写。

1. ABCD法

ABCD是教学对象（Audience）、行为（Behavior）、条件（Condition）和标准（Degree）四个要素的简称。

（1）教学对象

在表述学习目标时，要注明特定的教学对象，例如，写明是“高中二年级学生”“参加在职培训的教育技术人员”等。

（2）行为

学习目标中，行为的表述是最基本的成分。描述行为的基本方法是使用一个动宾结构的短语，行为动词用来说明学习的类型，宾语用来说明学习内容。例如，学生学习结束后，（能）记住本课的几个单词。

在动宾结构中，宾语部分与学科内容有关，学科教师都能很好把握，所以学习目标中的行为是编写的关键，应具有可观察性的特点，表3.1、表3.2、表3.3分别列出了编写认知、动作技能和情感态度领域的学习目标时可选用的动词，供编写学习目标时参考。

表 3.1 编写认知领域教学目标可供选用的行为动词

目标层次	目标特征	可供选用的行为动词
知道	对信息的回忆	为……下定义、列举、说出(写出)……的名称、复述、排列、背诵、辨认、回忆、选择、描述、了解、指明……
领会	用自己的语言解释信息	分类、叙述、解释、鉴别、选择、转换、区别、估计、引申、归纳、理解、举例说明、猜测、摘要、改写
运用	将知识应用于新的情境	运用、计算、示范、改变、阐述、解释、说明、修改、制定计划、制定……方案、解答……
分析	将知识分解,找出各部分之间的联系	分析、分类、比较、对照、图示、区别、检查、指出、评价……
综合	将知识的各部分重新组合,形成一个新的整体	编写、写作、创造、设计、提出、组织、计划、综合、归纳、总结……
评价	根据一定标准进行判断	鉴别、比较、评定、判断、总结、证明、说出……价值……

表 3.2 编写动作技能领域教学目标可供选用的行为动词

目标层次	目标特征	可供选用的行为动词
知觉	指运用感官获得信息以指导动作	认识、识别、辨认、了解、熟悉、观察、获得、列举、看(说、写、读)出、复述、描述、指明、默记、明白、记住……
准备	指对固定的动作的准备	准备、预备、注意、知道、思考、愿意、接受、调节、建立、分析、集中、放松
有指导的反应	指复杂动作技能学习的早期阶段	模(效)仿、依照、指(引)导、尝试、演示、示范、帮助、试试看、根据……会做……
机械动作	指学生反应已成习惯	能+(独立、单独、自己、分步、逐节……)+(打、投、玩、掷、踢……)……
外显反应	指包含复杂动作模式的熟练动作操作	能+(熟练、迅速、连贯、整齐、自如……)+(打、投、玩、掷、踢……)……
适应	指学生能修正自己的动作模式以满足具体情境的需要	适应(合)、协调、检测、对照、顺应修改、纠(改、更、修)正、完善、强化、调节……
创新	指创造新的动作模式以适合具体情境	设计、编制、扩充、改进、建立、引申、发明、创造(新)、改(自、创)编……

表 3.3　编写情感态度领域教学目标可供选用的行为动词

目标层次	目标特征	可供选用的行为动词
接受(或注意)	愿意注意某事件或活动	听讲、知道、看出、注意、接受、赞同、容忍……
反应	乐意以某种方式加入某事,以示作出反应	陈述、回答、完成、选择、列举、遵守、纪录、听从、称赞、欢呼、表现、帮助……
价值判断	对现象或行为作价值判断,从而表示接受、追求某事,表现出一定的坚定性	接受、承认、参加、完成、决定、影响、支持、辩论、论证、判别、区别、解释、评价、继续……
组织化	把许多不同的价值标准组成一个体系,并确定它们之间的相互关系,建立重要的和一般的价值	讨论、组织、判断、使联系、确定、建立、选择、比较、下定义、系统阐述、权衡、制定计划、决定……
价值与价值体系的性格化	具有长期控制自己的行为以致发展了性格化生活方式的价值体系	修正、改变、接受、判断、拒绝、相信、继续、解决、贯彻、要求、抵制、认为……一致、正规……

(3) 条件

学习目标的条件表示学习者实现目标所规定的行为时所处的情境。同样的行为表述,若是条件不同,行为的性质也将有所改变。例如,“借助字典翻译这篇短文”。

虽然条件只是帮助行为发生的一种辅助手段,但是它却直接影响到目标能否实现。条件一般包括下列因素:

① 环境因素(空间、光线、气温、室内/外、噪声等)。

② 人的因素(个人单独完成、小组集体进行、个人在集体的环境中完成、在老师指导下进行等)。

③ 设备因素(工具、设备、图纸、说明书、计算器等)。

④ 信息因素(资料、手册、教科书、笔记、图表、词典等)。

⑤ 时间因素(速度、时间限制等)。

⑥ 问题明确性的因素(为产生某种行为应提供什么刺激、刺激量如何等)。

(4) 标准

标准是行为完成后可接受的最低质量衡量依据。标准的设立使教师评估学生完成行为的好坏有了依据;对学生的帮助也很大,使其能够根据标准对自己的学习作出判断。标准一般从行为的速度、准确性和质量三个方面来描述,可以用定量、定性或定量与定性结合的方法来表示。例如,“能背诵这篇课文,语言流畅”“用卡尺测量书本的厚度,误差在0.3毫米以内”。

下面介绍一个典型的包含了四个要素的学习目标的例子：

小学一年级学生(A)，能解一位加法的题(B)，

用心算(C)，一分钟内10道题中能答对8道(D)。

在实际运用中往往不需要也不可能完全机械地按照上述要求去编写学习目标。在有些学习目标中，条件与标准是很难区分清楚的。例如在上例中，“在一分钟内”既可以理解为表明行为速度的标准，又可以看成是表明时间限制的条件。这确实给编写学习目标带来了一些麻烦，不过问题并不严重，因为编写出的学习目标如果真的能够用来指导教学、评价学习结果，那么如何区分条件与标准就显得不那么重要了。可以说，一个好的学习目标应该是既表明了编写者的意图，又能用来指导教学及其评价。

2. 内外结合的表述方法

行为目标虽然避免了传统目标中陈述含糊的不足，但它本身也存在缺陷。因为行为目标是根据行为心理学的观点提出的，它在很大程度上忽视了学习者内在的认知和情感的变化。这样，将内部过程和外显行为相结合的教学目标阐明方法便应运而生。

采用内外结合法编写学习目标的具体做法是：先用描述学生内部心理过程的术语表明学习目标，这个目标作为一级目标，以反映学生理解、应用、分析、欣赏、尊重等内在的心理变化，然后再列举出一些能够反映上述内在变化的行为，使得学生内在的心理变化也能够观察与测量，这个目标作为二级目标。在列举行为的变化时，仍然要采用前面所讲的ABCD法。

例如：

一级目标：能理解描述人物的课文是怎样围绕中心思想取材的。

二级目标：① 能用自己的话概述课文中的主人公是一个怎样的人；② 能从课文中找出作者描述主人公时表露自己感情的句子；③ 能指出课文所叙述的事件中哪些采取了略写的方式，哪些进行了详写以及它们对表现中心思想所起的作用。

应该注意，在这个例子中，总的学习目标是“理解”，而不是那些用来表明“理解”的具体行为。因为在这里所列举的每一个具体行为，都仅仅是为了表明“理解”的一个侧面，属于二级目标。

3.4　教学策略的制定

在明确了学习目标、确定了教学内容之后，为了实现学习目标，就要从系统观点出发，考虑教与学的各方面因素和相互影响，制定出合理的教学策略。

3.4.1　教学策略概述

1. 教学策略的定义

教学策略是对完成特定的教学目标而采用的教学顺序、教学活动程序和教学媒体等因素的总体考虑。教学策略主要是解决教师"如何教"和学生"如何学"的问题，是教学设计研究的重点。教学策略的制定就是系统考虑教学要素，针对不同的教学环境，选择最有效的教学方案，以实现教学的最优化。本节重点对教学顺序的确定、教学媒体的选择和教学活动程序的安排加以论述，关于教学方法和教学组织形式的选择可参阅教育学的有关内容。

2. 制定教学策略的依据

(1) 从教学目标出发

不同的教学目标与教学任务，需要不同的教学策略去实现。教学目标不同，所需采取的教学策略也不同，即使是同一学科的教学也如此。如果不问目标和任务，一概选择某一种策略，那么这种策略不一定是最有效的。

(2) 依据教学内容的特点

内容决定形式，教学策略是实现教学内容的方式，不同的教学内容、不同的学科，应采用不同的教学策略。

(3) 符合学生的实际情况

教师的教是为了学生的学，教学策略要适应学生的基础条件和个性特征，针对不同的学生，采用不同的教学策略。制定和选择教学策略，要考虑学生对某种策略在智力、能力、学习态度、班级学习氛围诸方面的准备水平，要能调动学生积极的学习兴趣和态度。

(4) 考虑教师本身的素养

教学策略的运用是要通过教师来实现的，每个教师在制定和选择教学策略时，都要考虑自身的学识、能力、性格及身体等诸方面条件，尽量能扬长避短，选择那种最能表现自己才华、施展自己聪明才智的教学策略。

(5) 适合使用范围和条件

每种教学策略都有各自的适用范围和使用条件，同时又有各自的优点和局限。某种教学策略对于某种学科或某一课题是有效的，但对另一课题或另一种形式的教学可能是完全无用的。因此，制定和选择教学策略必须认真分析各种教学策略的应用范围和条件。

3.4.2 教学顺序的确定

教学顺序指教学内容的各组成部分的排列次序。它决定"先教什么、后教什么"。每次教学活动不可能只有一条教学目标，若干条教学目标不可能一下子全部完成，先学哪条、后学哪条便是教学顺序设计的核心问题。不同类型的教学目标，其教学顺序设计方法也不同，因此需要分别讨论。

1. 智力技能的教学顺序

关于智力技能的教学顺序设计，主要有三种理论做指导：加涅的层级法及序列化教学，布鲁纳的螺旋式课程及发现教学法，奥苏贝尔的渐进分化理论及"先行组织者"教学结构模式。

(1) 加涅的从简单到复杂的教学顺序

加涅关于智力技能教学顺序的安排是建立在他所提出的层级法基础之上的，他把智力技能按从简单到复杂的顺序分成鉴别、概念、规则和高级规则。加涅认为教学应从最简单的技能开始，以此为基础理论，学习更复杂的技能，他主张的教学顺序是自下而上的思路。

(2) 布鲁纳的发现教学法

布鲁纳提出了发现学习的策略。这种策略的做法是：教师不把教学内容直接告诉学生，而是向他们提供问题的情境，引导学生对问题进行研究，并由学生自己搜集证据，让学生从中有所发现。布鲁纳认为："发现不限于寻求人类尚未知晓的事物，确切地说，它包括用自己的头脑亲自获得知识的一切方法。"发现学习的策略，实际上就是从具体到抽象的教学顺序，它的一般步骤是：

① 创设问题的情境，使学生在这个情境中产生矛盾，提出要求解决的问题。

② 学生利用教师和教材所提供的某些材料，对问题提出解答的假设。

③ 从理论上或从实践上检查自己的假设，学生有不同观点可开展讨论或

辩论。

④ 对争论作出总结，得出结论。

(3) 奥苏贝尔的“先行组织者”理论

奥苏贝尔根据学校的实际情况，认为学校课堂教学的基本形式以有意义的接受为主，由此他提出了先行组织者教学策略。所谓先行组织者，是在教学中首先呈现的一种引导性材料，这个材料具有较高的抽象、概括和综合水平，设计先行组织者的目的是为新的学习任务提供观念上的固定点，增加新旧的联系，为学习者已知的东西与需要知道的东西之间架设一道桥梁，使学习者更有效地学习新的学习内容。奥苏贝尔认为教学顺序的起点应确定在学习层次的较高点，即先呈示一般的、有较大包容性的、较抽象的概念和原理，然后再学习一些具体的学习内容。这种教学顺序自上而下、由抽象到具体，与加涅的由简单到复杂、自下而上的教学顺序相反。它的一般步骤是：

① 呈现“先行组织者”。

② 呈现下位内容。

③ 提供论证。

④ 帮助学生融会贯通。

2. 言语信息的教学顺序

言语信息的学习目标可分为两类。一类是一项言语信息与另一项之间几乎不存在学习迁移的联系。例如，要记住两个完全不同的电话号码，在教学顺序上，先学什么，后学什么，似乎关系不大。另一类是言语信息的学习，需按一定的逻辑联系安排教学顺序。例如教学目标是辨认三角形，那么必须对三角形的特征，各种先决概念如直线、闭合曲线、角，对体现不同特点的图形的分辨等依次进行教学。

一般认为，在有意义的言语信息的教学中，需要强调使用奥苏贝尔的先行组织者的技术，即用引介等方法，简明扼要、高度概括地向学生提示本课内容的结构。这样，学生在接受教材时，就不仅仅是被动地听、看或读，而是主动地把所学的具体知识与引介的概念加以联系，使用他已有的认知结构来组织教材，还可能使新知识与原有知识产生有机联系，使新知识的学习具有意义。言语信息的教学顺序设计要点可归纳为：① 提供先行组织者；② 用逻辑的顺序或根据有意义的上下文组织言语信息。

3. 情感态度的教学顺序

加涅认为，建立和改变态度的主要方法是运用人的榜样，情感态度的教学步骤由此确定如下：① 学习者观察榜样人物在做合理选择时的动作，即让学习者了解与相信榜样人物。例如教师帮助一个儿童,一个杰出的运动员拒绝有害药物等。② 看到榜样人物从自己的行动中或取得的成功中得到快乐。例如,看到垒球运动员在球场上保持警觉,因而成功地胜了两局;画家捐赠建了希望小学,使失学儿童得到复学。③ 通过观看表演,使学习者在产生"共鸣"中得到强化。这就增加了他会选择与他所见过的榜样人物采用过的类似行动的可能性。

加涅认为,态度改变的过程受到学习者环境等外部事件的强烈影响,这就为媒体的选择提供了依据。建立一种期望是态度学习的重要特征,必须创设条件激发学习者的期望。从行动选择产生的执行操作是态度学习的重要部分,这就需要展示或描述这样选择的榜样行为。学习反馈的强化对建立态度或改变态度是极其重要的,这就必须使学习者看到榜样人物受到奖励或实现自己满意的目标。

4. 动作技能的教学顺序

加涅和布里格斯提出的动作技能教学顺序安排的主要原则是先教局部技能,通过大量练习,掌握关键要领后,再进行全套程序的学习。根据这一原则,动作技能的教学顺序一般可分为三个阶段:① 认知阶段。认知的内容包括知识和动作两个方面。应先呈现学生需要了解的与某种技能有关的知识、性质、功用;然后是动作的难度、要领、注意事项及动作进程,包括讲解和示范两个环节。② 分解阶段。把整套动作分解成若干局部孤立动作呈现给学生,以便逐个学习。分解后的动作较简单、容易掌握。③ 定位阶段。在完成对分解动作呈现的基础上,将整套动作按顺序呈现给学生。在呈现顺序的指导下,学生再通过一定的练习,就能达到动作技能学习的最高境界——自动化。

3.4.3 教学媒体的选择

为了达到预期的教学目标,在丰富多彩、功能各异的教学媒体中选择哪些媒体并如何组合才是最合适、最有效的呢?大多数的研究者对这个问题都没有肯定的结论。而且,同一种媒体使用在不同教学目标的教学中,效果可能完全不同。因此,每一次教学设计都应考虑媒体的选择,教学媒体的选择是教学策略的一个重要组成部分。

1. 影响教学媒体选择的因素

对教学媒体的选择一般考虑各种教学媒体的功能特性和教学的实际需要,将两个方面结合起来加以分析,决定取舍。根据教学媒体对促进完成教学目的或教学目标所具有的特性和教学功能来选择和利用媒体，是选择教学媒体的基本原则。

(1) 考虑学习目标、教学任务和教学内容的要求

在教学中，不同的学习目标常需使用不同的媒体去传输教学信息，不同的任务要求教师采用不同的媒体和方法去完成，不同性质的教学内容对教学媒体也有不同的要求。

(2) 要考虑学生的需要和水平

不同年龄阶段学生的兴趣爱好和学习动机都不完全一样，认知技能也不一样。例如，中学生的抽象概括能力要比小学生强，感知的经验也比较丰富，持续集中注意力的时间相对延长，所以在为他们选择媒体时要注意，媒体传递的内容中所包含的分析、综合、抽象、概括和理性认识的分量可相应增加，重点应放在揭示事物的内在规律上。再如小学生的认知特点是以直观形象思维为主，对学习内容主要采用机械记忆方式，注意力不容易持久集中。这个阶段可以较多地使用幻灯、电影和录像。这些媒体表达信息的特点是内容生动形象，符合小学生的认知特点。

(3) 考虑教学媒体的功能

每种教学媒体都有自己的长处和短处，它们之间可以互补。没有一种教学媒体可以适应所有的教学目标，也就是说，世界上不存在"万能媒体"。因此，不要迷信某一种媒体而忽略了其他的媒体，要注意扬长避短，做到物尽其用，充分发挥它们各自的优势。

(4) 考虑媒体使用的环境与实际效果

教学媒体只有在具体的教学环境中使用才能发挥出它的作用，而其中的环境因素对于媒体的选择和使用往往有限制作用。师生对媒体的熟悉程度、教育经费、教学软件的质量及数量、对环境的特殊要求及管理水平等，都会对媒体的选择和使用产生影响。

2. 教学媒体选择的方法

为了在选择教学媒体时做到客观、准确，我们要借助一些教学媒体的选择方法。下面我们介绍几种常用的方法，为了使得媒体的选择更为行之有效，最好几种方法结合使用。

(1) 流程图程序

这是一种较为常用的方法，此方法是在问卷程序基础上建立起来的。它把选择过程分解成一系列有序排列的步骤，每一步骤就是一个问题，每一个问题都紧跟前一个问题，排列成流程图的形式。媒体选择者对每个问题都回答"是"或"否"而

进入不同的选择分支，每一次回答都将排除一部分媒体，回答完最后一个问题，剩下的一种或一组媒体就被认为是最适合于某种教学情境的媒体，从而最终完成对教学媒体的选择，如图 3.5 所示。

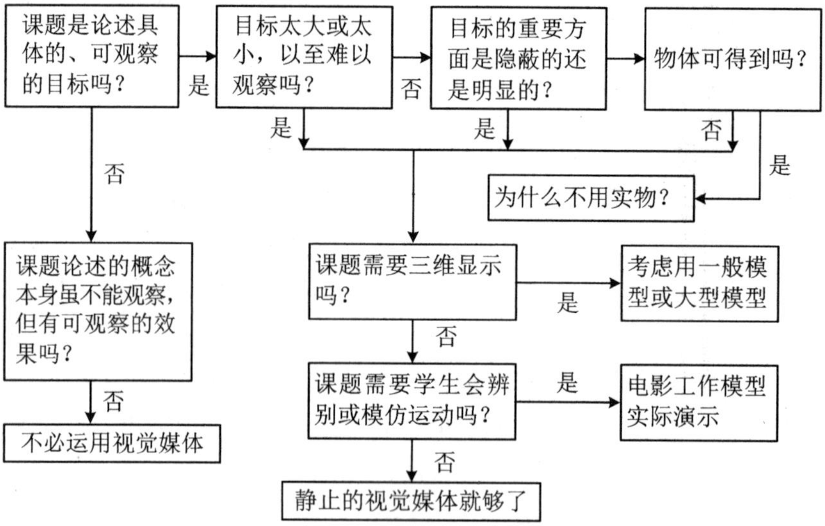

图 3.5　选择视觉媒体的决策

(2) 效益/成本计算法

这种方法基于最小代价律原则，是在媒体成本与所得到的教学效益之间，通过模糊数值计算来决定对媒体的选择。美国传播学家施拉姆提出了媒体选择的公式：

$$\text{媒体选择的概率}(P)=\frac{\text{产出的效率}(V)}{\text{媒体的成本}(C)}$$

(3) 矩阵图程序

此种程序是把各种教学媒体和选择媒体所要参照的主要指标（如学习目标、教学功能、学习类型等）进行二维排列，建立一个矩阵式的表格。常见的矩阵一般以媒体的种类为一维，以学习目标或媒体的教学功能或媒体的特性为另一维，然后用某种评判尺度（如效能的低、中、高）反映两者之间的关系。对照矩阵图就足以选择出所需要的媒体。

3.4.4　教学活动的一般过程

教学活动是教学的实施过程。教学活动过程的基本因素由教师、学生、教学目标、教学内容、教学媒体、教学环境等构成。教学活动过程的每一个因素都在教学活动系统中发挥重要的作用。正是这些因素以不同的方式相互联系、相互作用、相互制约，形成了不同的动态的教学活动过程结构，由此产生了诸多教学模式，不同的教学模式具有不同的教学功能。

1. 教学模式

(1) 教学模式的定义

教学模式是教学活动过程结构，包括教学活动过程的基本因素之间的横向结构，学生学习活动过程的学习纵向程序和老师引导、调控学习活动过程的教学纵向程序。

教学模式是在某种教学理论的指导下设计的教学过程结构，是某种教学理论框架的具体化，即把某种教学理论具体化为可以操作的教与学的横向组合方式和纵向活动程序。不同教学模式的表述从形式上看是纵向的教学环节，实质上是一个纵横交错的结构。

(2) 常见的教学模式

教学模式的形式多种多样，依据教学设计模式的不同，教学模式可分为以教为主的模式、以学为主的模式和教学结合的模式。

较早传入我国的以教为主的教学模式是苏联教育学家的"六环节"教学模式，并成为我国各级各类教学实践中早期普遍采用的一种教学模式。这种模式为：复习提问、引入新课、新课教学、巩固小结、布置作业。由于这种模式不能较好地发挥学生的主体作用，被老师运用得愈来愈少，但它揭示的教学活动过程的环节仍具有指导意义。

改革开放后我国的教育教学工作者探索使用了一些教、学结合的教学模式，常用的有如下几种：① 传递接受式：激发动机、复习旧课、讲授新课、巩固运用、检查练习；② 引导发现式：问题假设、推理验证、总结；③ 自学辅导式：自学讨论、启发练习、总结；④ 情境陶冶式：创设情境、参与活动、启发总结、觉悟提高；⑤ 示范模仿式：定向示范、参与性练习、自主练习、迁移；⑥ 目标教学式：前提诊测、认定目标、导学达标、达标测评。

在建构主义的教学模式下，目前已开发出的比较成熟的以学为主的教学模式主要有以下几种：

① 支架式教学(Scaffolding Instruction)。支架式教学由以下几个环节组成：

Ⅰ 搭脚手架——围绕当前学习主题，按"最邻近发展区"的要求建立概念框架。

Ⅱ 进入情境——将学生引入一定的问题情境。

Ⅲ 独立探索——让学生独立探索。探索内容包括：确定与给定与概念有关的各种属性，并将各种属性按其重要性大小顺序排列。探索开始时先由教师启发引导，然后让学生自己去分析；探索过程中教师要适时提示，帮助学生沿概念框架逐步攀升。

Ⅳ 协作学习——进行小组协商、讨论。讨论的结果有可能使原来确定的、与当前所学概念有关的属性增加或减少，各种属性的排列次序也可能有所调整，并使原来多种意见相互矛盾且态度纷呈的复杂局面逐渐变得明朗、一致起来。在共享集体思维成果的基础上达到对当前所学概念比较全面、正确的理解，即最终完成对所学知识的意义建构。

Ⅴ 效果评价——对学习效果的评价包括学生个人的自我评价和学习小组对个人的学习评价，评价内容包括：自主学习能力，对小组协作学习所作出的贡献，是否完成对所学知识的意义建构。

② 抛锚式教学(Anchored Instruction)。抛锚式教学由这样几个环节组成：

Ⅰ 创设情境——使学习能在和现实情况基本一致或相类似的情境中发生。

Ⅱ 确定问题——在上述情境下，选出与当前学习主题密切相关的真实性事件或问题作为学习的中心内容。选出的事件或问题就是“锚”，这一环节的作用就是“抛锚”。

Ⅲ 自主学习——不是由教师直接告诉学生应当如何去解决面临的问题，而是由教师向学生提供解决该问题的有关线索，并特别注意发展学生的“自主学习”能力。

Ⅳ 协作学习——讨论、交流，通过不同观点的交锋，补充、修正、加深每个学生对当前问题的理解。

Ⅴ 效果评价——由于抛锚式教学的学习过程就是解决问题的过程，由该过程可以直接反映出学生的学习效果。因此对这种教学效果的评价不需要进行独立于教学过程的专门测验，只需在学习过程中随时观察并记录学生的表现即可。

③ 随机进入教学(Random Access Instruction)。随机进入教学主要包括以下几个环节：

Ⅰ 呈现基本情境——向学生呈现与当前学习主题的基本内容相关的情境。

Ⅱ 随机进入学习——取决于学生“随机进入”学习所选择的内容，在此过程中教师应注意发展学生的自主学习能力，使学生逐步学会自己学习。

Ⅲ 思维发展训练——由于随机进入学习的内容通常比较复杂，所研究的问题往往涉及许多方面，因此在这类学习中，教师还应特别注意发展学生的思维能力。

Ⅳ 小组协作学习——围绕呈现不同侧面的情境所获得的认识展开小组讨论。在讨论中，每个学生的观点在和其他学生以及教师一起建立的社会协商环境中受到考察、评论，同时每个学生也对别人的观点、看法进行思考并作出反应。

Ⅴ 学习效果评价——包括自我评价与小组评价，评价内容包括：自主学习能力，对小组协作学习所作出的贡献，是否完成对所学知识的意义建构。

新课程改革后，我国教育教学工作者又在建构主义理论基础上探索了一些新的教学模式，在中小学教学中被广泛应用。

④ 探究性学习模式(Inquiry Learning Mode)。探究性学习主要包括以下几个环节：

Ⅰ 创设情境——通过对教材内容、学生所处的水平以及学生的接受能力等实际情况进行认真分析后，在教学过程中，教师通过刻意设“疑”，创设发现问题的情境。创设情境的问题要有一定的坡度和难度，同时也应该具有一定的探究价值和较强的可实施性的特点，通过一系列问题来创设探究情境，营造氛围，激发起学生对问题的探究兴趣和渴求知识的欲望。

Ⅱ 做出假设——探究问题提出后，再进一步引导和鼓励，鼓励学生勇敢地提出自己的假设，然后恰当地进行引导，鼓励他们设计探究实验去证明自己的假设。

Ⅲ 探究活动——实施探究活动，首先要设计出切实可行的探究验证或实验方案，然后全班以小组为单位进行设计方案的交流，最后由全体同学一同进行评价和筛选，选出简单可行的探究活动方案。

Ⅳ 学生通过对资料进行组织分析和概括，或者通过实验验证，并结合自己已有的知识和经验，得出结论。

Ⅴ 归纳总结——这个阶段的进行，要求教师必须能准确把握课本内容的重点和难点，根据课本要求，及时引导学生循序渐进，揭示事物的本质和因果关系，推导出正确的结论，将学生从探究实验所获得的感性认识上升为理性知识，使该探究活动的结果及意义自然而然地从实践阶段升华到理论阶段。

Ⅵ 评价结果——学生能通过参与对话比较各自的研究结果，或把他们的结果与教师或教材提出的结果相比较来评价各种可能的解释。与科学探究不同的是，学生只要将他们的结果和适应他们的发展水平的科学知识相结合，就达到了探究性学习的目的。

⑤ 协作学习教学模式(Collaborative Learning Teaching Mode)。协作性学习主要包括以下几个环节：

Ⅰ 异质分组——建立学习的“多元世界”。小组成员在性别、学业能力、学习步调和其他品质上必须是不同的、异质的，这样才能够共同发展、接纳他人，使学业困难者获得更好的发展目标。

Ⅱ 分工合作——根据小组成员的特点，合理分配任务，保证每个成员都承担一定的任务，在任务驱动下积极主动地学习探究。建立小组成员的行为规则要求，强调个人责任感、义务以及对其他成员的鼓励和支持。

Ⅲ 执行计划、实施协作——在小组成员相互协作、共同努力下完成学习任务。结果可以是形成小组认为满意的作品或者完成老师要求的一个操作等。

Ⅳ 资源共享——小组成员必须人人参与，互相帮助，相互之间协作交流，共同学习，完成任务。这一步是协作学习的关键，要根据具体的学习内容调整小组的协作关系，以期达到较好的学习效果。

Ⅴ 学习成果的评价——学习成果的形式是多样化的，成果的评价也应该有多种形式。教学中应灵活运用各种评价方式：自我评价、他人评价和教师评价相结合，组内评价和组际评价结合，过程性评价和总结性评价相结合。让每个学生都感到学习的成功，都享受成功的愉悦。

此外还有研究性学习模式、计算机支持的学习模式、基于 Web 背景下的学习模式等，在这里就不一一介绍了。

2. 教学活动的一般过程

加涅将认知学习理论应用于教学过程，提出了“九段教学模式”。加涅认为，教学活动是一种旨在影响学习者内部心理过程的外部刺激，因此，教学活动程序应当与学习活动中学习内部心理活动相吻合。根据这种观点，他把学习活动中学习者的内部心理活动分为九个阶段，相应地，为学习者提供外部条件的教学活动程序也就包含九个环节，实际上是九个教学阶段，如图 3.6 所示。

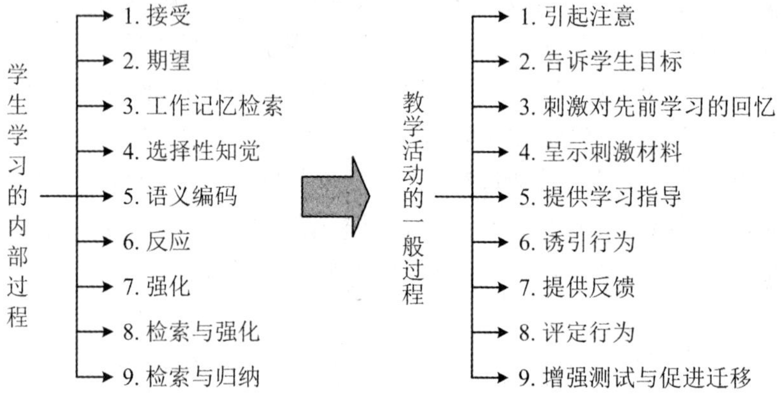

图 3.6 教学活动与学习内部过程的关系

3. 教案的编制

对一线教师来说，教学设计的成果形式一般是教学方案，简称教案。通过以上教学设计工作的实施，我们在进行课堂教学之前，对各个环节及影响因素有了全面、深刻的认识，为我们编制高质量的教案创造了有利条件。编写教案的过程，就是对前一阶段各项设计工作的总结过程，也是将各项分析工作具体落实的过程。

（1）教案的构成要素

依据教学设计的模式不同，教案的形式各不相同，教案的构成要素也不相同。教案的构成要素主要包括课题、教学目标、教学内容、教师、学生、教学媒体、教学方法、课堂教学过程结构（教学模式）、板书设计、教学评价等方面。

（2）教案的基本形式

教案的基本形式主要有：讲稿（讲义）式、记叙式、表格式和流程图式等。其中讲稿（讲义）式一般在大学课堂教学中用得较多，在中小学主要运用的形式多为记叙式、表格式。

3.5　教学评价设计

教学评价是教学设计中一个极其重要的部分。通过客观、科学的评价，教学设计工作将不断得以检验、修正和完善。教学评价已经形成一门独立的学科，有它自己专门的研究领域。教学评价的内容主要有教学设计成果的评价和教学效果的评价。教学设计成果评价的实质是从成果和影响两个方面对教学设计活动给予价值上的确认，使教学设计工作沿着预定的方向进展；教学效果的评价一般包括教学过程和教学结果的评价，前者主要是教学的过程性状态，后者则是教学的结果，前者是后者实现的基础。

3.5.1　教学评价概述

1. 教学评价的概念

教学评价是指教学活动中按照一定的标准或预期目标，对学习者的发展变化及构成其变化的诸因素进行价值判断的过程。

教学是教学设计成果趋向完善的重要环节。教学评价的作用从确定教学目标时已经开始，并贯穿在整个设计过程中。它可以起到激励和监督的作用，使教师和学生在评价中受到鼓舞和鞭策，促进教师提高教学技能，激发学生的学习动力。没有评价环节，教学设计过程就会缺少一种重要的内部动力，教学设计也难以达到真正的完美。

2. 教学评价的种类

（1）按评价的基准划分

按教学评价的标准可分为相对评价、绝对评价和自身评价。

相对评价是指在被评价对象的群体或集合中建立基准，然后把各个对象逐一与基准进行比较，来判断群体中每一位成员的相对优劣。对学习成绩的评定通常是以群体的平均水平为基准，以个人成绩在这个群体中所处的位置来判断。它的优点是：可以了解学生的总体表现和学生之间的差异，比较群体学习成绩的优劣。它的缺点是：标准会随着群体的不同而发生变化，因而易使评价标准偏离教学目标；不能充分反映教学上的优缺点和为改进教学提供依据。

绝对评价是指将教学评价的基准建立在被评价对象的群体或集合之外，把群体中每一位成员的某种指标逐一与基准进行对照，从而判断其优劣。它的优点是：评价标准比较客观，如果使用恰当，可使每个被评价者都能看到自己与客观标准之间的差距，以便不断向标准靠近；教学管理部门通过这种评价，可以直接鉴别各项教学目标的完成情况，明确今后的工作重点。它的缺点是：在制定和掌握评价标准时，容易受评价者的原有经验和主观意愿的影响，不易分析出学生之间的学习差异。

自身评价既不是在被评价群体之内确立基准，也不是在被评价群体之外确立基准，而是对被评价的个体的过去和现在进行比较，或者是对他的若干侧面进行比较。它的优点是：尊重个性特点，照顾个别差异，通过对个体内部的各个方面进行纵横比较，判断其学习的现状和趋势。它的缺点是：由于被评价者没有经过与其他学生作比较，难以判断他的实际水平和差距，激励功能不明显。

在实践中，经常把自身评价和相对评价结合起来使用。

（2）按功能和时间划分

按评价功能的不同，可以分为诊断性评价、形成性评价和总结性评价。

诊断性评价也称教学前评价或前置评价，是指在正常的教学活动之前，对学生的知识、技能、智力、体力及情感等方面进行的“摸底”。目的是设计出可以满足不同起点水平和不同学习风格的学生所需的教学方案。

形成性评价是指在某项教学活动的过程中，为使活动效果更好而不断进行的评价。它能及时了解阶段教学的结果和学生学习的进展情况、存在问题等，以便及时反馈，及时调整和改进教学工作。

总结性评价也称事后评价，一般是指在教学活动告一段落时，为把握活动最终效果而进行的评价，如期末考试等。总结性评价注重教与学的结果，借以对被评价者所取得的较大成果作出全面鉴定、区分等级和对整个教学方案的有效性作出评定。

它们之间的比较如表3.4所示。

表3.4　诊断性评价、形成性评价和总结性评价的比较

评价项目	诊断性评价	形成性评价	总结性评价
评价目的	确认必备的技能具备与否以便安排学习	了解学习进程调整教学方案	检查学习结果,评定成绩
评价时机	在教学之前实施	在教学展开的过程中实施	在教学结束后实施
评价作用	认知能力、情意及技能、生理因素、心理因素、环境因素	了解认知能力确定学习效果	一般侧重认知能力,有的学科则强调技能和情意能力
评价方法	观察、调查、作业分析和测验等方法	经常性测验、作业和日常观察等	期末测验或总结性测验

(3) 按评价的性质划分

按评价分析方法的不同,教学评价可以分为定性评价和定量评价。

定性评价是对评价作“质”的分析,是运用分析和综合、比较和分类、归纳和演绎等逻辑分析的方法,对评价所获取的数据资料进行思维加工。

定量评价是从量的角度运用统计分析、多元分析等数学方法,从复杂纷乱的评价数据中总结出具有规律性的结论。

可以说,定性评价和定量评价是密不可分的,二者互为基础、互相补充,切不可片面强调一方面而偏废另一方面。这两种评价在统计学和心理学中应用较广。

(4) 按评价内容划分

按评价内容的不同,可分为过程评价和成果评价。这两种评价通常是根据评价内容的焦点来区分的。

过程评价主要关心和检查用于达到目标的方法和手段如何。例如,完成某一教学目标,用录像教材好还是用程序化教材好。因此,过程评价往往是在教学过程或教学设计过程进行的。它倾向于形成性评价的功能,但同时也对目标完成过程中时间、费用、学生接受情况等方面进行总结评价。

成果评价(或称产品评价)关心和检查计划实施后的结构或产品使用中的情况。例如,某录像教材的教学效果或某教学设计方案的实施效果。它倾向于完成总结性评价的功能,但也可提供形成性评价的信息。

3.5.2　教学设计成果的形成性评价

教学设计成果的评价一般也包括形成性评价和总结性评价,但主要以形成性评价为主。形成性评价是指在教学进行过程中,为引导教学前进或使教学更为完善而进行的对学生学习结果的确定。它能及时了解阶段教学的结果和学生学习的进展情况、存在问题等,以便及时反馈,及时调整和改进教学工作。

1. 教学设计成果评价的步骤

主要步骤通常包括制定评价计划、试用设计成果和收集资料、归纳和分析资料、报告评价结果等几项工作。

(1) 制定评价计划

① 确定评价目标、指标体系和标准。

② 确定收集资料的类型和方法及处理统计数据的技术手段。

③ 选择被试用的设计成果并阐明试用设计成果的背景条件。

(2) 试用设计成果和收集资料

① 试用前的准备工作。

② 试行并观察教学。

③ 后置测验和问卷调查。

(3) 归纳和分析资料

通过采用观察、测验和问卷等方法,评价者收集到一系列所需的资料。为了便于分析,可以根据需要,将测量的数据资料进行统计处理,制成图表,然后对资料做一次初步分析,拿各类数据与评价标准作比较,考察各种现象的相互关系。经过分析,可能会发现一些重要问题,应随即对它们加以解释,并通过恰当的途径证实自己的解释。最后作进一步的深入分析,并在此基础上酝酿修改设计成果的方案。

(4) 报告评价结果

由于修改设计成果的工作不一定马上就进行,也不一定由原设计者来做,因此需要把试用和评价的有关情况和结论形成书面报告。报告可以是正式的,也可以是非正式的;可以是描述性的,也可以是数据分析式的。

2. 教学设计成果评价的具体方法

为了在教学实践中有效地对教学设计的成果进行评价和考查,了解我们所设计的教学方案是否具有科学性,除需掌握前面介绍的有关教学评价的一般理论之外,还要对评价的具体方法和手段进行深入的研究,才能解决教学设计成果评价的实际问题。

(1) 观察的方法

观察法是指为了达到某种评价的目标,教师专注于学生的行为和所处环境,并记录所观察的内容，获得必要的资料的方法。观察法是教师在教学过程中常用的一种收集反馈信息的方法。如果连续地对学生进行观察记录，就会得到像医生的病例那样珍贵的教学信息，从而可以发现教学方案的不足之处，进而加以修改。

观察法可以全面地观察和了解包括教学现场气氛、偶发事件等在内的各种教学情况和问题。它还可以不依赖被观察者的语言能力，比较客观地了解各类学生的反应。另外，它也可以创造性地处理和分析从教学现场中获得的各种信息，可以把无规律且不成体系的大量信息按照一定的规律和顺序加以分类和整理，找出问题的产生原因和对策。

观察法的基本操作过程为：

① 在观察前准备一些小卡片，并组成观察小组。

② 在观察过程中，将所需记录的信息尽量简明地写在卡片上。

③ 进行事后讨论，将卡片分类，把内容相似的卡片汇集在一起，组成卡片小组。

④ 确定每一个卡片小组的名称，根据每一小组的内容，将属于同一小组的卡片内容，用抽象度较高的概念加以综合，大体上确定卡片的分类。

⑤ 研究各卡片组之间的关系，主要是从原因和结果、顺序性关系、相互矛盾这三个方面去分析。

在观察时，使用录像机、录音机把观察现场的情况记录下来是十分重要的。因为这种记录是客观的，当观察者们的记忆或评价表发生问题时，录像资料就可以提供方便，可以反复地观看和监听，使分析更加深入。对教师进行自我评价，也是大有益处的。

(2) 调查的方法

调查法又可分为问卷调查法和访谈法。作为教学数据的收集方法，问卷法更具有工具性质，因此，我们主要讨论问卷法。

问卷法是通过书面形式，向问答者提出问题，从答案中获取数据的方法。问卷法没有预先确定的标准答案或正确答案，一般采用无记名式。它不受时间和空间的限制，在短时间内可获得较多的真实的信息，并且比较容易处理。

问卷法的问答形式一般有三种：选择一个答案的单一回答法、选择几个答案的多重回答法、随意书写短文的自由记述法。

下面介绍一个简单而十分有效的用多重回答法设计的问卷。

关于你的学习情况，请在适当的号码上面画○：

① 你能理解老师的讲解吗？

② 你对教学内容有兴趣吗？

③ 做预习和复习吗？

④ 你的学习态度是积极的吗?

将问卷收回后,就应对所得到的数据进行处理和分析。首先应制作一张数据分布表,然后算出每个问题项的平均数,并将平均值用虚线连接起来,这样就可以了解学生整体的情况。同时,可用数据分布表很容易地比较某一学生与平均值的差别,也可以比较学生与学生之间的差别。

这里需要注意的是调查结果最终不应是数字的简单罗列,应该用容易理解的表示方式加以描述,这样有亲切、易懂和易记的优点。近年来随着计算机不断普及,我们可以应用计算机很轻松地绘制出十分直观而又科学准确的图表。

(3) 考试的方法

这是我们十分熟悉的一种评价工具。教师可以通过考试,有计划地对教学方案、教学过程等一系列教学措施进行检查和研究,这是教师改善教学方案的重要依据。首先,应该注意的是考试的题目应该充分地反映出教学目标的要求,并根据评价的目的,区分用于评价学生的和用于评价教师的考试。其次,应该注意考试的时间和次数,合理地安排和确定什么时候考试以及考几次等问题。

3.5.3 教学效果的评价

教学效果的评价理论研究发展很快,已从一般性评价研究发展成学科型研究,评价的主体也从以教师为主体的评价研究发展到多元化的评价研究。在有效的教学过程中,学生不再是被动的知识接受者,而是加工知识的主体,这需要学生有积极的情感投入。学生对学习的投入程度通常是指多少学生在多大程度上参与到教学活动过程中,即既要考察全体学生的参与情况,是部分参与还是全体参与,还要考查学生个体在教学活动中的参与程度,是被动参与还是主动参与,是表面的、形式的参与还是深层的、实质的参与。只有学生能够积极参与教学活动,教学过程才能真正成为主动认知、主动建构知识意义并获得成就感的过程。

1. 课堂教学评价的过程

一般而言,课堂教学评价可以分为三个阶段。

(1) 准备阶段

准备阶段主要就为什么要评价、谁来评价和评价什么等问题做充分准备。这一阶段的主要工作包括组织准备、人员准备、方案准备以及评价者和被评价者的心理准备。

(2) 实施阶段

实施阶段是教学评价活动的中心环节,这个阶段的主要任务是,运用各种评价方法和技术收集各种评价信息，并在整理评价信息的基础上作出价值判断，同时对评价者和被评价者的心理进行调控，以保证评价工作的顺利进行。

(3) 评价结果的处理与反馈阶段

评价结果的处理和反馈通常包括以下几方面的内容：

① 评价结果的检验。评价结果的检验一方面要检查评价程序的每个步骤，看其是否全面、准确地实施了评价方案；另一方面要运用统计检验方法，对评价结果进行统计检验。

② 分析诊断问题。评价的目的不是简单地对被评价者进行等级分类，而是为了有效地促进课堂中的教与学，因此需要对所收集的资料进行细致分析，并对被评价者的优劣状况进行系统评论，帮助被评价对象找出存在的问题以及问题的症结所在。

③ 撰写评价报告。评价报告一般包括三大部分，即封面、正文和附件。封面应提供下列信息：评价方案的题目、评价者的姓名、评价报告接受者的姓名、评价方案实施和完成的时间、完成报告的日期。

④ 反馈评价结果。反馈评价结果是指把评价结果返回给被评价对象或上级主管部门，以引导、激励评价对象不断改进、完善自己，同时为教师或教育管理机构提供决策依据。反馈评价结果的方式有多种，如个别交谈、汇报会、座谈会、书面报告等。

2. 课堂教学评价的方法

课堂教学评价的方法很多，主要有以下几种：

(1) 随堂听课

这是获取课堂教学信息的重要途径。采用随堂听课这种方法，通常要做好以下几方面的工作：

① 事先准备。事先准备一方面是评价者与被评价者之间就时间、地点、方式、观察重点等事项进行事先约定；另一方面，评价者需要在听课之前了解所听课的教学内容和教学目标、教学设计等，合理确定听课的重点。此外，事先的沟通也有助于消除被评价者的焦虑，让其能够尽量保持教学的自然状态，减少人为表演的成分。

② 课堂观察。在课堂观察中可以进行全过程观察和有重点观察。全过程观察是指评价者全方位地观察课堂教学过程。在观察过程中，评价者应不放过任何一个细节，对一些特殊行为保持高度的敏感，并对这些行为进行及时的记录和分析。通常这一类观察的难度较大，要求观察者有熟练的观察技能和丰富的观察经验。有重点观察则是指根据事先确定的观察重点，有针对性地进行观察和记录。在观察过程中，观察者往往会借助一些事先准备的观察工具。有重点观察还包括评价者事先与教师拟定评价重点，如重点学生、重点事件等，在随堂听课中有意识

地围绕这些重点内容进行观察。

③ 课堂记录。课堂记录是伴随课堂观察进行的，通常有两种方式：一是利用事先选择或研制的观察工具进行记录，如弗兰德斯的相互作用分析系统等；二是描述记录法，它需要对课堂中的语言和非语言都进行记录，描述记录法要求记录时应尽可能把看到的和听到的所有内容都完整地记录下来，即进行课堂教学实录。当然也可以有重点地进行记录。在记录过程中还要注意对一些非预期事件的记录，这些事件及其处理过程往往能够更清楚地反映评价者的行为动因。

④ 课堂快速调查。常用的快速调查主要有两类：一是简单测试题，这可以了解学生的学习接受情况；二是微型问卷调查，向学生询问一些简单的问题，如“你今天上课举了几次手?”“你愿意在课堂上进行小组学习吗?”“老师讲的课都能听懂吗?”“你对这堂课满意吗?”等。

⑤ 评价结果的反馈。对教师的评价结果的反馈往往以课后讨论的形式出现，其主要方法就是评价面谈。一般来说，评价面谈包括下面几个步骤：明确评价面谈的目的，这有助于消除被评价者的顾虑，让其能够畅所欲言；让被评价者阐述本节课的总体安排、设想及其实现的程度，并对照评价标准进行自我评价；评价者根据听课记录指出这节课的优势和不足，依据评价标准进行初步评价，提出改进意见；在被评价者对评价者所作的评价和建议充分理解的基础上，两者就双方存在分歧的问题展开讨论；双方达成共识后，提出对以后课堂教学的要求。

(2) 量表评价法

量表评价法是指通过编制评价量表来对课堂教学进行评价的方法。在课堂教学评价中使用量表评价法时，量表中的指标或指标体系是评价的基础。指标是指具体的、行为化的、可测量或可观察的评价内容，即根据可测或可观察的要求而确定的评价内容。

(3) 标准化测验

这是进行学业测试的传统方式，也是一种非常有效的方式。标准化测验要经历一系列的基本程序。

① 明确测验目标。只有明确测验目标，才能保证有效性，避免盲目性。通常测验目标就是教育目标，它是教、学、评、督、考的共同依据。前面我们已经详细描述了现代教学评价中所依据的一些主要教育目标，这里不再赘述。

② 确定测验内容。这通常是在内容抽样和测验目标的基础上形成的。一般而言，这个过程由双向细目表来确定测验内容中所涉及的每一项内容范围的相对比例、测验目标中每一层次目标的相对比重、每一测验目标层次在每一项测验内容范围上的相对比重。双向细目表通常由测验目标、测验内容和权重构成。

③ 测验设计。测验设计主要包括以下几方面的工作：测验形式的确定，即测

验采用何种形式的问题;测验题目形式的确定,主要有主观题和客观题两种类型;测验具体题型的确定与题目编制,即确定主观题和客观题的具体形式并进行相应的题目编制;测验题目的确定;测验时间的确定;测验题目的编排。

④ 测验的技术分析与鉴定。测验的技术分析与鉴定主要包括以下三个程序:

编写复本与进行预测,前者是重要考试的必要步骤,后者则希望获取考生的信息,作为测验定量分析的依据。

测验的质量分析,主要包括定量和定性两类分析。定量分析包括题目的难度分析、区分度分析、信度分析和效度分析。

测验的标准化,在标准化测验中,不同的题型有不同的应用和设计技巧,后面有专门的叙述,这里不再赘述。

(4) 课堂观察与调查

课堂观察是研究者带着明确的目的,凭借自身感官及有关辅助工具(观察表、录音录像设备),直接(或间接)从课堂上收集资料,并依据资料作相应研究。课堂观察是搜集资料、分析教学实施的有效性、了解教学与学习行为的基本途径。

课堂观察的内容包括:师生交往的方式;教师提问的次数和问题类型,以及学生对问题的反应;教学过程的开放性和探索性;教室的空间布局、班级规模等因素对学生认知、情感、态度和行为的影响。课堂观察的技术方法和手段主要有:课堂教学录像、录音,以时间标识进行选择性课堂实录,座位表法,提问技巧水平检核表,弗兰德斯语言互动分类表,学习动机问卷调查和访谈,学习效果的测试、分析等。

调查也是一种非常重要的获取课堂教学评价信息的手段。调查是一类方法的总称,根据不同的标准有不同的调查方法,而不同的调查方法所适于收集的评价资料也是不同的,即不同的评价内容需要用不同的调查方法。

3.6　信息化教学设计

在知识化、信息化的今天,以计算机技术、多媒体技术和网络技术为核心的新技术迅速发展,并在教育领域得到了越来越广泛的应用。从而逐步形成了多种信息化教学环境,产生了多种新型的信息化教学形式和模式。这是科技发展、社会进步推动教育信息化的必然结果。实际上,教育信息化是教育现代化的重要内容,以教育信息化带动教育现代化是当今世界教育改革与发展的共同趋势。所谓教育信息化就是将信息技术整合于教育的过程,其结果是导致信息化教育的产生。也就是说,信息化教育是现代信息技术与教育整合后的表现形态。

信息化教学是信息化教育的具体形式，它是在现代教育教学理论指导下，充分利用各种信息化教学资源（如教育网站、CAI课件等）、信息化教学环境（如多媒体教室、交互式网络教室等），合理运用信息技术手段，整合学科教学的新型教学形式。信息化教学虽然也属于运用媒体的教学，但与传统的媒体教学又有很多不同。信息化教学从20世纪90年代才刚刚起步，其构成形态还在不断发展中。如某些基于Internet的教学模式尚未定型，而且有些新的模式还在不断探索和形成中，等等。这些因素决定着信息化教学具有独特性和多样性。

3.6.1 信息化教学的组织形式与基本原则

1. 信息化教学的组织形式

本章曾介绍过有关教学组织形式和模式的概念与种类，它们都是非常经典的，不仅适用于传统教学和媒体教学，也适用于现在的信息化教学。不过这些模式运用在信息化教学中会发生一定的变化，呈现新的特征，主要表现在对信息化教学资源、教学环境的利用上，表现在教学过程基本要素的关系上。信息化教学主要以计算机及其各类网络为核心依托，以各类多媒体教学资源为支持条件。在信息化教学中教师不再是教学信息的唯一提供者和控制者，相反，学生有充分获取、选择教学信息的自主权和主动权，教师不仅是学生的指导者、促进者，也是学生的学习伙伴。信息化教学的主要组织形式见表3.5。

表3.5 信息化教学的主要组织形式

类别	组织形式	资源与环境	特点
集体教学类	多媒体课堂教学	多媒体综合教室	在课堂教学中综合运用多媒体信息，教学效果好、效益高
	交互式网络教学	交互式网络教室	学生的个别化要求容易得到满足，学生的主动性易于发挥
	虚拟课堂	Internet	突破时空限制，教学效益高
个别化教学类	个别授导	计算机与其网络	根据学生个别情况，确定学习内容、难度、进度和步骤等
	操作与练习	计算机与其网络	有助于学生形成和巩固问题求解的技能
	智能辅导	计算机智能系统	智能辅导系统代替教师
小组学习类（合作学习）	计算机支持合作学习	Internet/Intranet	学生可共享学习资源与成果，有利于培养团队精神和合作精神
	协同实验	Internet/Intranet	学会合作

2. 信息化教学的基本原则

信息化教学有以下基本原则：

① 以学为中心，注重学习者学习能力的培养，教师作为学习的促进者，引导、监控和评价学生的学习进程。

② 充分利用各种信息资源来支持学习。

③ 以“任务驱动”和“问题解决”作为学习和研究活动的主线，在相关的有具体意义的情境中确定和教授学习策略与技能。

④ 强调“协作学习”，这种协作学习不仅指学生之间、师生之间的协作，也包括教师之间的协作，如实施跨年级和跨学科的基于资源的学习等。

⑤ 强调针对学习过程和学习资源的评价。

3.6.2 信息化教学设计的过程模型

信息化教学设计是对信息化教学过程、资源所涉及的诸要素的整体考虑。它是经典教学设计理论、方法在信息化教学中的应用与发展，其基本理论和方法与经典教学设计大体相仿，但也有新的内容和特点。目前，虽然教育界对信息化教学设计做了大量的理论和实践探索，但其理论体系的架构还不成熟。这里以我国教育技术专家祝智庭教授提出的信息化教学设计的过程模型，来简要说明信息化教学设计的步骤及其基本内容。

祝智庭教授将信息化教学设计的过程划分为单元教学目标分析、教学任务与问题设计、信息资源查找与设计、教学过程设计、学生作品范例设计、评价量规设计、单元实施方案设计、评价修改八个步骤，如图 3.7 所示。

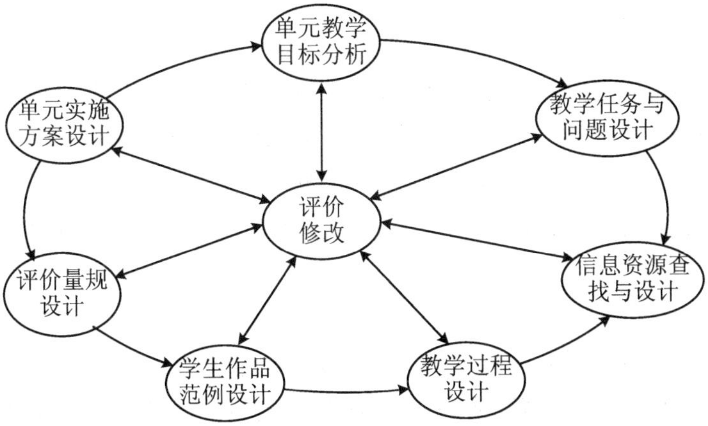

图 3.7　信息化教学设计的过程模型

在这个教学设计过程模型中，对各个步骤的分析和操作通常是按照顺时针方向进行的，必要时也可以跳过某些步骤或重新排序。评价修改贯穿于信息化教学设计的每一个环节中，是随时进行的，伴随设计过程的始终。

① 首先对单元的教学目标进行分析，确定学生通过此教学应该达到的水平、获得的能力和形成的态度。

② 根据单元教学目标，设计真实的任务和有针对性的问题。

③ 根据任务和问题以及学生的学习水平，确定提供资源的方式，可以要求学生按照学习目标自己查找资源，也可以由教师提供现成的资源给学生。如果是前者，教师要设计好要求，避免学生无目的地查找；如果是后者，教师要寻找相关的资源，并对资源进行认真的评价，确保学生可以得到真实、可靠的信息。如果需要，教师还要制作相关的资源列表，以方便学生查阅，提高学习效率。

④ 教学活动安排的设计主要是要对整个教学过程进行梳理，使之合理、有序，一般情况下应落实成文字呈现的信息化教案。此教案将是开展信息化教学活动的指南。

⑤ 在信息化教学中，如果要求学生以完成电子作品的方式进行学习，教师应事先制作出电子作品的范例，当然这个范例是从学生角度出发，以学生应该达到的制作水平进行设计的。

⑥ 在评价信息化学习特别是其产生的电子作品时，结构化的评价工具——量规，提供了较为科学的方法，对其进行认真设计将提高评价的可操作性和准确性。

⑦ 最后，还要对教学的具体实施方案进行设计，包括实施时间表、分组方法、上机时间分配、实施过程中可能用到的软硬件以及其他必要资源和条件的准备等。

3.6.3 信息化教学设计的重点

1. 教学目标分析

分析教学目标是为了确定学生学习的主题，即与基本概念、基本原理、基本方法或基本过程有关的知识内容，对教学活动展开后需要达到的目标作出一个整体描述，可以包括学生通过这节课的学习将学会什么知识和提高什么能力、会完成哪些创造性产品以及潜在的学习结果。教学目标一般包括知识目标、能力目标、情感目标。

2. 学习问题与学习情境设计

学习问题（包括疑问、项目、分歧等），这是整个信息化教学设计的关键，学习者的目标是要阐明和解决问题（或是回答提问、完成项目、解决分歧），信息化学习就是要通过解决具体情境中的真实问题来达到学习的目标。

3. 学习环境与学习资源的设计

从设计的角度看，学习环境是学习资源和学习工具的组合，这种组合实际上旨在实现某种目标的有机整合。在学习活动发生时，学习环境又被称为学习情境(Learning Context)，其中必然包含人际关系要素。学习环境的设计主要表现为学习资源和学习工具的整合活动。在设计时也应考虑人际支持的实施方案，但人际支持通常表现为一种观念而不是具有严格操作步骤的实施法则。由于学习环境对学习活动起着支撑作用，学习环境的设计必须在学习活动设计的基础上进行。不同的学习活动可能需要不同的学习资源和学习工具。学习环境的设计者必须清醒地认识到所设计的学习环境能支持哪些学习活动以及支持的程度如何。

4. 教学活动、学习活动过程的设计

按照建构主义思想，学习者学习和发展的动力来源于学习者与环境的相互作用。学习者认知机能的发展、情感态度的变化都应归因于这种相互作用。站在学习者的角度看，这种相互作用便是学习活动。因此，学习活动的设计必须作为教学设计的核心设计内容来看待。学习活动可以是个体的，也可以是群体协作的。群体协作的学习活动表现为协作个体之间的学习活动的相互作用。学习活动的设计最终表现为学习任务的设计，通过规定学习者所要完成的任务目标、成果形式、活动内容、活动策略和方法来引发学习者内部的认知加工和思维，从而达到发展学习者心理机能的目的。

3.6.4　信息化教学设计成果的形式

信息化教学设计的具体成果形式不仅仅是一篇传统意义上的教案，而是包括多项内容的教学设计单元包(Instructional Unit Design Package)，主要由教学情景问题定义、教学活动设计规划、教学课件以及可以链接与嵌入的多媒体网络资源组成。

教学设计单元包的内容：

① 教学设计方案。

② 多媒体教学课件。

③ 学生作品规范、范例。

④ 学习参考资源。

⑤ 活动过程模板(如实验报告模板、信息调查模板)。

⑥ 活动过程评价量表。

第4章　网络教育资源的应用

学习目标

通过对本章的学习，学习者将了解网络教育资源的概念及特点，掌握网络教育资源的检索方法和下载方法。

4.1　网络教育资源概述

千百年来，教育资源伴随着教育实践，不断积累着、扩展着、丰富着自身精神的和物质的内涵，成为今天教育事业得以生存和发展的基础和土壤。教育史学家认为，自有人生，便有教育。历朝历代的圣贤们，基于对各种各样的与教育有关的资源的认识、利用和积累，使得教育资源逐步形成了今天这样内涵丰富、理念纷繁、结构庞杂、产业兴盛、自成一体的资源系统，成为源远流长的人类文明的精华和重要组成部分。从本质上来说，教育本身没有高低、上下、公私、贵贱和内外之分，有教无类。由于教育的客观性赋予了教育公共性和产业性的双重属性，在实践中，教育资源便呈现出类型的多样性。

广义的教学资源是指在教学活动和学习活动中进行服务的各种人力和物力，它包括非生命的实物和信息，也包括具有能动性的有生命的人力资源，如教师的言语、动作表情、电视等。

狭义的教学资源是指在教与学的过程当中所使用的各种硬件媒体以及承载信息的各种软件媒体，如图书、投影仪、视频展台、VCD、录像机、教学挂图、教学模型以及网络上的各种音频、视频、动画等。

在当今中国教育界，运用网络资源进行教学已是一件非常普遍的事情。在以多媒体技术和网络技术为核心的信息技术迅速走进各个领域和千家万户的今天，课堂上单凭“三尺讲台、一块黑板”这一多年沿用下来的教学模式已不能适应时代的要求，所以需紧跟时代的步伐。丰富的网络资源把枯燥、单调的教学内容和平面型的教学方式转化成图、音、像、影、文字等相结合的多媒体动态形式和立体式教学，以教育传播手段的现代化、传播信息的多样化以及传播过程的自动化，为现代教育展开了更为广阔的天地。

目前，教育资源随着信息化的发展与网络平台进行了有机的结合，新兴的网络教育社区、教育博客、校园网等平台，已将教育资源在网上进行了共享，这样打破了传统意义上的时间与地域的概念。

网络教学资源是指基于数字化技术、数据库技术、信息存储技术、网络通信技术、超文本与超媒体技术的信息资源。其功能在于利用计算机网络通信进行资源共享，并服务于同一个目标，构成信息资源系统。

4.2　网络教育资源的分类及特点

4.2.1　网络教育资源的分类

网络教育资源发展迅速，丰富多样，分类依据不同，结果也不相同。

① 按技术格式分：文本类、图形图像类、音频类、视频类、动画类和应用软件类。

② 按表现形式分：教学模板、电子教案、学生作品、课件、课程内容、讲演稿、文献、评价量规、教学课例、资源索引。

③ 按使用对象分：学生、教师、家长、管理者。

④ 按应用领域分：学前教育、基础教育、高等教育、职业教育、成人教育、企业培训。

⑤ 按教育过程分：备课、讲授、实验、课外扩展、练习、测试、作业、讨论、答疑、游戏等。

⑥ 按教育目标分：言语知识、智力技能、认知策略、态度、动作技能。

⑦ 按结构分：原子、集合、网状、层次、线性。

⑧ 按学科分：语文、数学、英语等。

4.2.2　网络教育资源的特点

以电子媒介代替纸媒体呈现知识信息是网络教育资源区别于传统教育资源的突出特点。由于承载媒体与传递方式的不同，网络教育资源具有区别于传统教育资源的明显优势，这些优势也是其特点，主要包括以下几个方面：

1. 信息分布的网络性

Internet已经成为全球最大的信息资源库。强大的信息资源库为教育的新观念、新理论、新手段提供了理论和实践上的支持，为教育的新问题提供了解决的方法和途径，并创造了自由搜索的空间。

2. 信息形式的多样性

Internet信息内容以多媒体、多语种的形式表现，极大地丰富了信息内容的表现力。如网上的各种报纸杂志、教学软件等多具有文字、图片、音频、视频等媒体形式。信息形式的多样性有助于人们知识结构的更新和重构，有助于学习者保持较高的学习兴奋度和较好的学习效果。

3. 信息加工的统一性

Internet信息——文字、图形、图像、声音、动画、音频、视频等，都是采用0、1二进制编码方式进行编码。Internet信息都是电子信息和数字信息。

4. 信息获取的便捷性

通过网络终端可随时随地获取Internet信息，这就避免了查找其他媒体信息时所受的时间、空间等因素的限制。

5. 信息的共享性

Internet信息除了具备一般意义上的信息资源的共享性外，还表现为一个Internet网页可供所有的Internet用户随时访问，不存在传统媒体信息由于副本数量的限制所产生的不能获取信息的现象。

6. 信息的时效性

网络信息的时效性远远超过其他任何一种信息，网络媒体的信息传播速度及影响范围使得信息的时效性增强。同时，网络信息增长速度快、更新频率高，这些也是其他媒体信息所不能企及的。

7. 信息的互动性

互动性是网络的主要特点之一。网络信息一改以往书籍、报刊等印刷信息以及广播、电视等电子信息的单向传递方式，也不同于电话的必须同步的双向交流方式，它一般具备双向传递功能，即用户在接收到相关的网络信息后可针对该信息随时向该信源提供反馈，一般表现为在网页上提供相关的 E-mail（电子邮件）地址。网络用户既是网络信息的使用者，也是网络信息的发布者。

8. 信息的唯一识别标志

Internet 信息都是以网页的形式呈现的，所有的信息都有相应的通用的 URL（统一资源定位）地址或 IP 地址作为其区别于其他网上信息的标志。这一特点不同于其他数字或电子信息以及传统的印刷信息。

4.3　网络教育资源的检索与下载

互联网的迅速发展，导致了网上信息的爆炸式增长。网络的信息高速流动和广泛共享的特点，可以使任何人在任何时间、任何地点访问到最新的海量信息，这将从根本上改变教和学资源贫乏的格局，并将孕育全新的教学资源建设和应用的模式。但是，网络信息的急速增长，也带来一系列的问题。比如网上信息泛滥，要找到有价值的信息非常困难。

教师在进行教学和科研过程中，面对互联网上众多的信息资源，为了检索出适合的教学资源，要综合运用多种检索方法，争取高效地检索到最大范围的、最有用的教学资源。

这里我们着重介绍两种教学资源搜索方法：利用专业网站或专题网站进行检索和利用搜索引擎进行搜索。

4.3.1　利用专业网站或专题网站进行检索

一般大型的综合性教育网站和搜索引擎都提供分类目录检索服务，如中国教育科研网、搜狐、Yahoo、AltaVista 等，而且还提供了诸如“教育技术”“远程教育”等分类目录。通过这些专业网站和目录检索，可以找到需要的各个学科的教学资源。图 4.1 所示为中国中小学教育教学网（http://www.k12.com.cn）的资源列表。

活动：在中国中小学教育教学网中搜索找到北师大课标版小学三年级语文《金色的草地》的课文截图

① 打开 IE 浏览器，输入网址 www.k12.com.cn，如图 4.2 所示。

② 将鼠标移至左边的分类列表上的“语文”分类，出现子菜单，如图 4.3 所示。

③ 点击“三年级语文”，选择教材版本为“北师大课标”，如图 4.4 所示。

图 4.1 中国中小学教育教学网资源列表

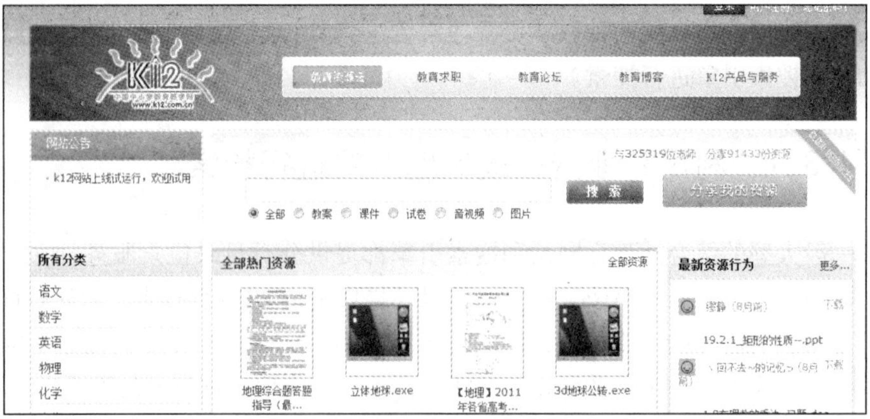

图 4.2 中国中小学教育教学网首页

图 4.3　子菜单

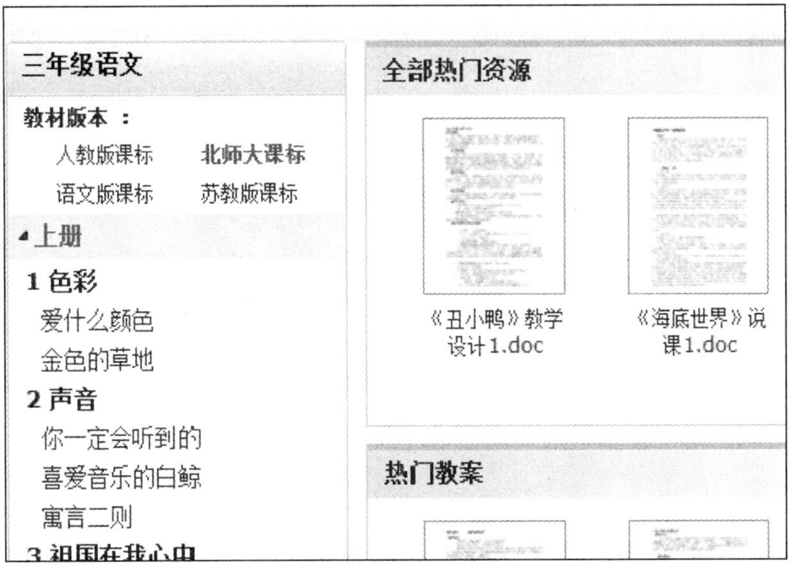

图 4.4　选择教材版本

④ 在列表中选择“金色的草地”,右边的资源列表中出现相应的资源,如图 4.5 所示。

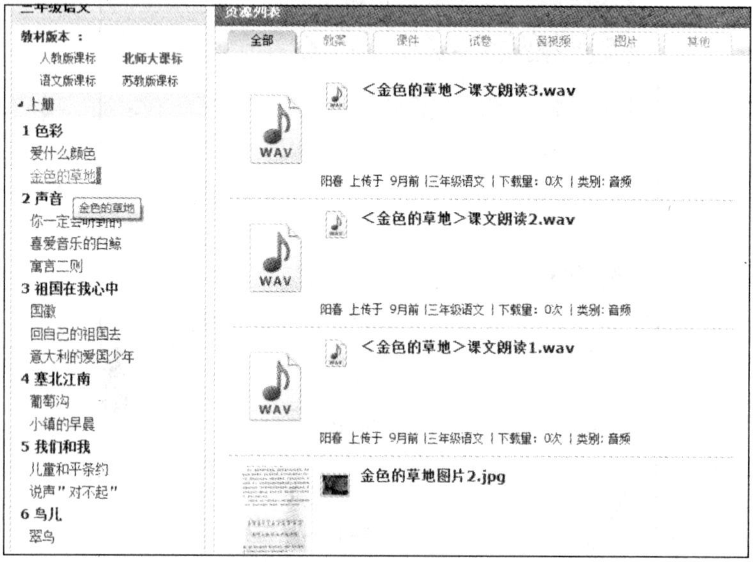

图 4.5 选择课文

⑤ 选择点击“金色的草地图片 2.jpg”,打开相应的资源,如图 4.6 所示。

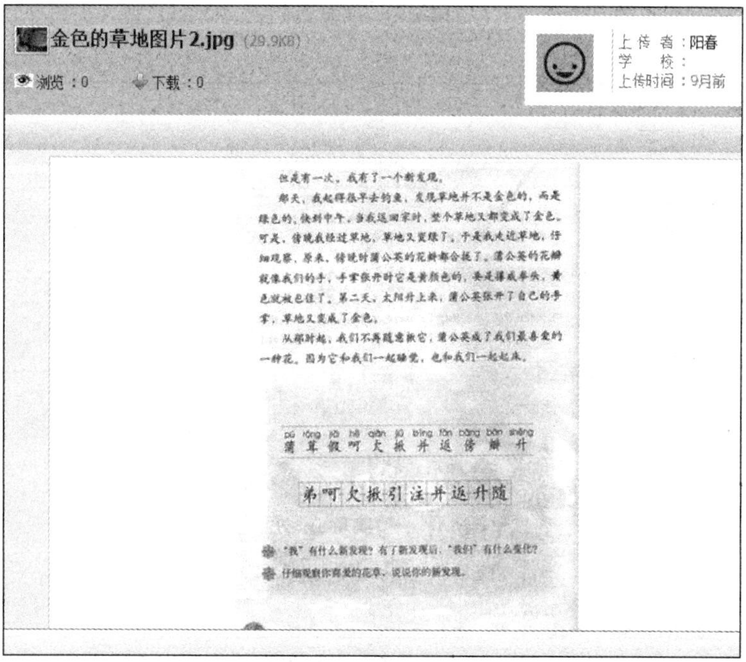

图 4.6 找到的资源

4.3.2　利用搜索引擎进行搜索

如果希望得到特定的信息，并且知道相应的标题或短语，可以使用搜索引擎。搜索引擎使用自动索引软件来发现、收集、标引网页并建立数据库，以 Web 形式提供给用户一个检索界面，供用户输入检索关键词进行检索，以发现所需网页。

搜索引擎（Search Engine）是为解决用户的查询问题而出现的。如果说 Internet 上的信息浩如烟海，那么搜索引擎就是海洋中的导航灯。只有通过搜索引擎的查询，用户才会知道信息所处的地点，再去该网站获得详细资料。

搜索引擎是 Internet 上的一个网站，它的主要任务是在 Internet 上主动搜索 Web 服务器信息并将其自动索引，其索引内容存储于可供查询的大型数据库中。当用户输入关键字（Key Word）查询时，该网站会告诉用户包含该关键字信息的所有网址，并提供通向该网站的链接。

搜索引擎的工作过程如下：

首先，"派出""网页搜索程序"在网上搜寻所有信息，并将它们带回搜索引擎。

其次，将信息进行分类整理，建立搜索引擎数据库。

最后，通过 Web 服务器端软件，为用户提供浏览器界面下的信息查询。

常用中文搜索引擎有：

- 百度搜索引擎（http://www.baidu.com/）
- 360 搜索引擎（http://www.so.com）
- 搜狐（http://www.sohu.com）

常用英文搜索引擎有：

- Yahoo!（http://www.yahoo.com）
- InfoSeek（http://guide.infoseek.com）
- AltaVista（altavista.digital.com）

由于搜索引擎设计时的目的、方向和技术的不同，有时往往同一关键字在不同的搜索引擎上所查到的结果不同，所以我们在使用搜索引擎前要选择较为合适的引擎站点；同一个搜索引擎，关键字的不同也可能获得不一样的结果。可见掌握一定的网上搜索方法和技巧对高效率地利用网络信息资源有着重要的意义。

1. 关键词的选择

关键词要能够表达查找资源的主题，不要选用没有实质意义的词（介词、连词、虚词)作为关键词。同时,还要注意利用同义词来约束该关键词,才能保证检索结果的全面性和准确性。确定了使用哪个搜索引擎后,最好先使用含义较广的词开始搜索,然后再逐步缩小范围。

2. 使用双引号进行精确匹配

如果查找的是一个确切的词组或短语,那么我们可以通过双引号把整个短语作为一个关键词,如“教师培训”。若不用引号,则凡是网页中包含“教师”和“培训”这两个关键词之一的网页都会呈现给用户,反之则只呈现包含该短语的网页,检索精确度将大幅度提高。

3. 使用逻辑操作符

使用 AND(与)、OR(或)、NOT(非)等逻辑操作符。用减号“—”表示逻辑“非”操作。比如搜索所有包含“专题讲座”而不含“计算机”的中文网页,则输入“专题讲座—计算机”。

4. 利用选项界定查询

目前越来越多的搜索引擎开始提供更多的查询选项,利用这些选项可以轻松地构造比较复杂的搜索模式,进行更为精确的查询,更好地控制查询结果的显示。

活动:以百度搜索引擎为例,为语文教学搜集一段有关《金色的草地》的课文朗诵音频素材

① 打开 IE 浏览器,输入网址 www. baidu. com,如图 4.7 所示。

图 4.7 百度搜索引擎首页

② 选择百度搜索中的 MP3 搜索,在文本输入框中输入“金色的草地”,点击“百度搜索”按钮。如图 4.8 所示,搜索结果如图 4.9 所示。

图 4.8　关键词搜索

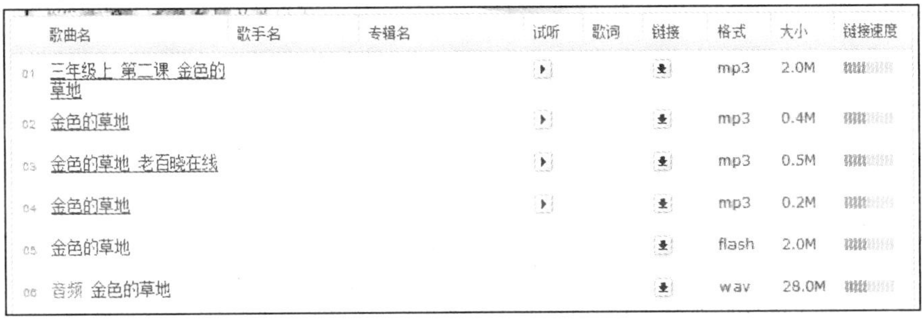

	歌曲名	歌手名	专辑名	试听	歌词	链接	格式	大小	链接速度
01	三年级上 第二课 金色的草地						mp3	2.0M	
02	金色的草地						mp3	0.4M	
03	金色的草地 老百晓在线						mp3	0.5M	
04	金色的草地						mp3	0.2M	
05	金色的草地						flash	2.0M	
06	音频 金色的草地						wav	28.0M	

图 4.9　关键词搜索结果

4.3.3　网络教学资源的下载

当我们学习和掌握了网络教学资源检索的一些知识后，通常需要将检索到的教学资源下载并保存，从而更方便地为教学服务。网络教学资源下载就是将网络上的教学资源保存到本地计算机上的一种网络活动。

在网络上下载文件的时候，有时会出现这样或那样的问题，比如不知道如何进行下载，在相同的网络速度下如何提高下载速度，网络中断或断电使得下载不能完成，下载的暂停和重新下载，等等。这些都需要了解和掌握一些网络教学资源的下载方法。

网络资源下载内容有文字、图片、音频、视频、动画等，它们因文件类型不同，也有着不同的下载方式。

1. IE浏览器下载

IE浏览器仍然是使用最广的浏览器，用它来下载网上的资源，如文本、图片、软件、视频等称为IE浏览器下载。这是一种非断点续传、非多点下载的下载方式，因此存在着下载速度慢、下载卡壳、网络中断或机器断电后无法续传的缺陷，但有些时候，比如服务器禁止多点续传、下载文件很小、不需要启动专门的下载工具的情况下，还是可以使用IE浏览器下载方式下载的。

2. 专用下载工具下载

相对于浏览器下载来说，下载工具支持多线程下载，所以下载速度快；支持断点传输，所以能避免因网络中断或停电等原因造成的下载中断，因此下载工具受到人们的钟爱。

下载工具有很多种，每个人的使用习惯、使用目的不同，可能会选择使用不同的下载工具，不同的下载工具会存在具体操作上的差异，但也存在许多的共性，所以当掌握了一个下载工具后，就能够很快地掌握其他下载工具的使用方法。相关示例如下。

活动 1：使用浏览器直接下载通过百度搜索到的一段有关《金色的草地》的课文朗诵音频素材

① 打开百度搜索中的 MP3 搜索，搜索到《金色的草地》的课文朗诵。

② 点击歌曲名进入百度音乐盒播放，确定是否是需要的素材，如图 4.10 所示。

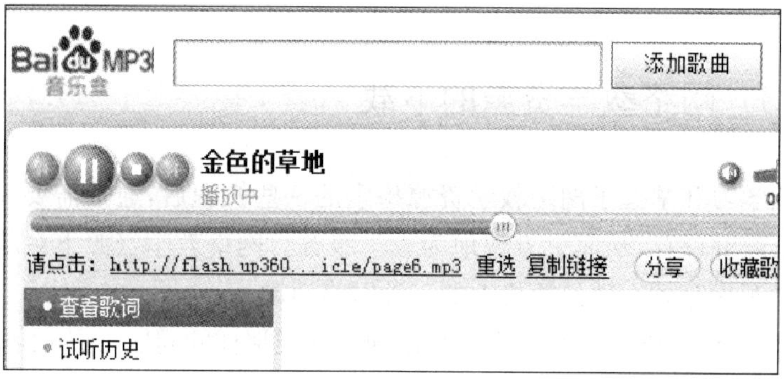

图 4.10 百度音乐盒播放界面

③ 右键点击链接处，选择“目标另存为”，进行素材下载，如图 4.11 所示。

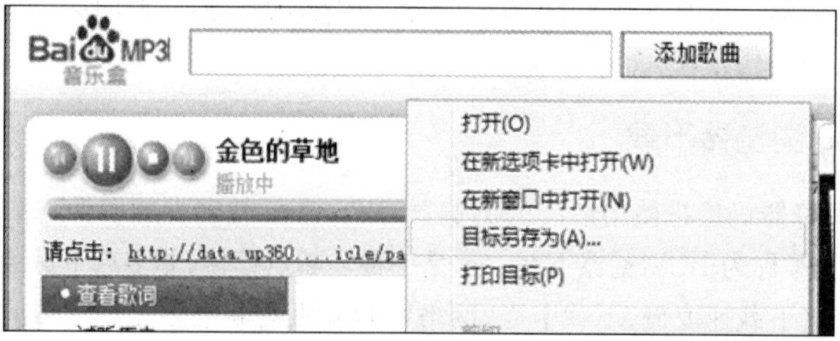

图 4.11 右键菜单

④ 选择合适的路径，进行保存，如图 4.12 所示。

图 4.12　保存

⑤ 下载完成，如图 4.13 所示。

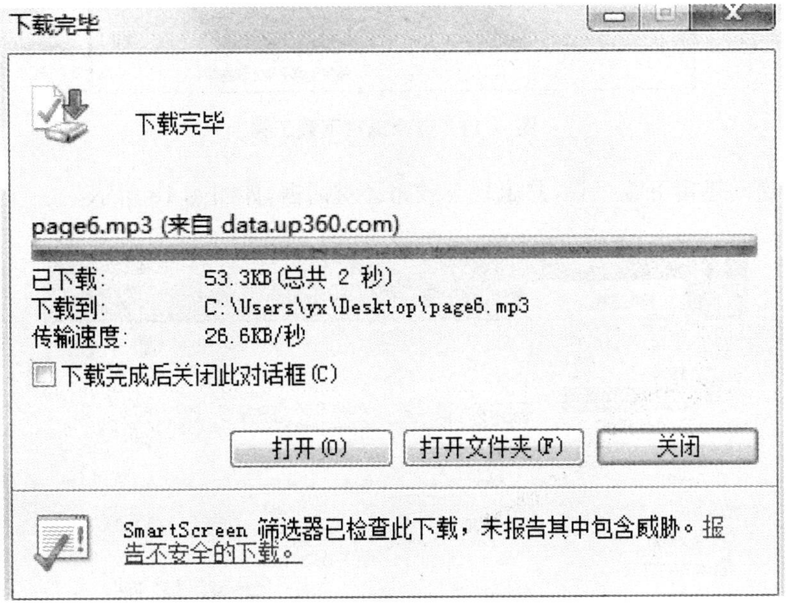

图 4.13　下载完成

活动2：使用迅雷下载工具下载通过百度搜索到的一段有关《金色的草地》的课文朗诵音频素材

① 打开百度搜索中的MP3搜索，搜索到《金色的草地》的课文朗诵。

② 点击歌曲名进入百度音乐盒播放，确定是否是需要的素材。

③ 右键点击链接处，选择“使用迅雷下载”进行素材下载（在电脑已装有迅雷下载软件的前提下），如图4.14所示。

图4.14　选择迅雷下载工具

④ 启动迅雷下载工具，并出现下载路径对话框，如图4.15所示。

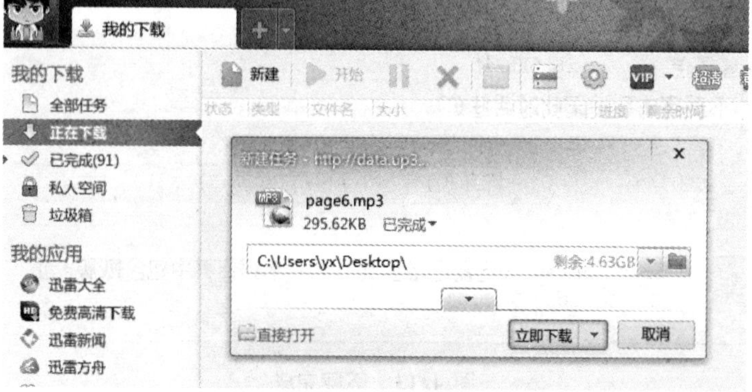

图4.15　迅雷路径选择

⑤ 迅雷下载进程如图 4.16 所示。

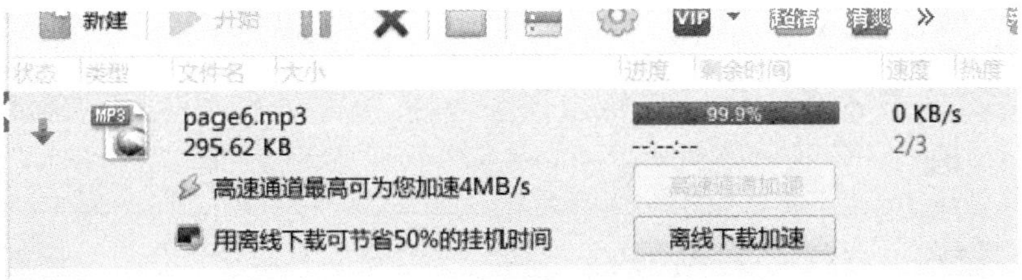

图 4.16　迅雷下载进程

4.3.4　网页的下载

网页的下载应是所有资源下载中最简单的，只需选取“文件”菜单中的“另存为”，就可以将当前所看到的网页保存下来。保存类型为 htm 格式，会产生一个同名的文件夹，占用空间大。我们可以将保存类型改为 mht 格式，这样可以变为单一文件，使用起来很方便。但有些网页设有加密，无法进行保存。

活动：保存一个网页

① 打开 IE 浏览器，输入网址。

② 点击菜单“文件”，选择“另存为”，如图 4.17 所示。

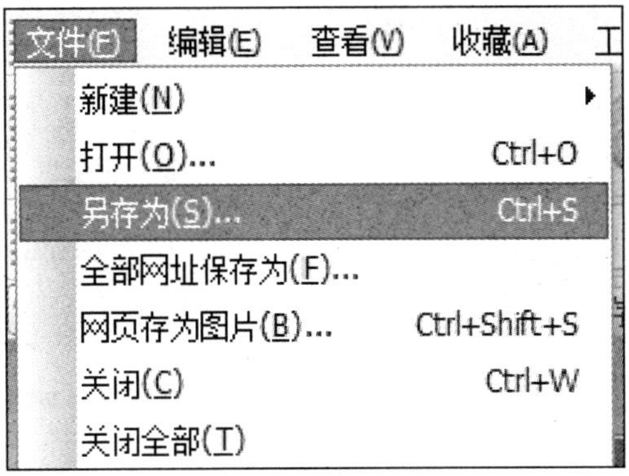

图 4.17　选择“另存为”

③ 确定保存网页的位置和文件名以及保存类型，如图 4.18 所示。图 4.19 为保存成 htm 格式和生成的文件夹。图 4.20 为保存成 mht 后生成的单个文件。

图 4.18 选择保存位置、文件名及保存类型

图 4.19 htm 格式

图 4.20 mht 格式

第 5 章　文本与图形图像资源的获取与处理

学 习 目 标

通过对本章的学习,学习者将掌握文本、图形和图像的基本知识;了解文本、图形和图像资源的获取途径和工具;学会使用汉王 OCR 对文本资源进行处理;学会使用 Photoshop 对图像资源进行编辑与处理。

5.1　文 本 概 述

文字是多媒体课件中教学信息的主要承担者,是重要的媒体元素,常见的文本格式有 txt,doc,docx,wps 等。能对文本素材进行编辑的软件有 Windows 自带的记事本、写字板、Microsoft Word 等,如表 5.1 所示。

表 5.1　常见的文本格式及编辑软件

扩展名	文件类型	编辑软件
. txt	纯文本文件	记事本
. doc/. docx	Word 文件	Microsoft Word
. wps	Wps 文件	金山 WPS
. rtf	写字板文件	写字板
. pdf	Adobe Reader 文件	Adobe Reader

5.2 文本资源的获取与处理

5.2.1 文本资源的获取

文本资源的获取一般有直接获取和间接获取两种方式。直接获取是在相关文字编辑软件中用键盘直接输入或复制。间接获取指用扫描仪或其他输入设备输入文本素材。

1. 键盘输入

这是文本输入的主要方法，常用于文本内容不多的场合，可直接输入中文及英文，并可进行直接编辑处理。

2. 手写输入

这是一种非常人性化的中英文输入法，适合于不习惯键盘操作的人群和没有标准英文键盘的场合。它将人们在手写设备上书写时产生的有序轨迹信息转化为汉字内码。手写设备如图 5.1 所示。

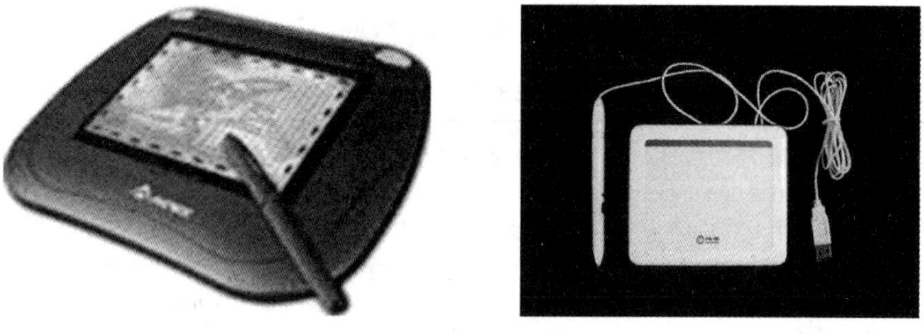

图 5.1 手写板

3. 语音输入

通过计算机中的音频处理系统（主要包括声卡和麦克风），采集处理人的语音信息，再经过语音识别处理，将说话内容转换成对应的文字完成输入。

4. 扫描输入

用扫描仪将印刷文字以图像的方式扫描到计算机中，再用光学识别器 OCR 将图像中的文字识别出来，并转换为文本格式的文件，完成文本信息的输入。扫描仪如图 4.2 所示。

5. 从网页下载

从互联网上可以搜索到许多有用的文本素材，一般情况下，网页上文本内容可以直接选择复制下来，或者直接保存为文本文件。如果遇到不能直接被选择和复制，也不能被保存为文本文件的网页，可在网页的空白处右击鼠标，在快捷菜单中选择“查看源文件”，在弹出的源文件编辑窗口选择需要的正文部分，保存为文本文件即可。

图 5.2　扫描仪

5.2.2　文字资源的下载

网页是由文字、图片、动画等多元素构成的。对于网页上的文字，通常是先选中，再复制，然后打开记事本软件或 Word 软件，粘贴即可。

在选中时，有时鼠标拖动不便，可同时使用键盘和鼠标。在文字的起始端单击鼠标左键，按住键盘上的 Shift 不松手，再在文章的末端击鼠标左键，同样能选中文字。

另外在粘贴文本到 Word 文档时，经常会出现表格框或是其他格式，我们也可以通过“编辑”菜单下的“选择性粘贴”中的“无格式文本”来完成。

如果遇到有些网页禁止使用右键，可以使用“另存为 txt 文本”的方式折中操作。

活动：打开一个网页，选择一部分文字复制、粘贴到 Word 中

① 打开一个网页，拖动鼠标选择需要的文字，如图 5.3 所示。

② 点击右键，选择“复制”，如图 5.4 所示。

③ 打开 Word 软件，将复制的文字粘贴，如图 5.5 所示。

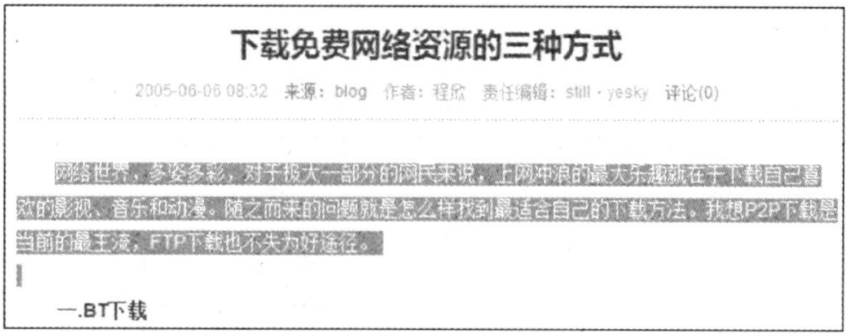

图 5.3 选中文字

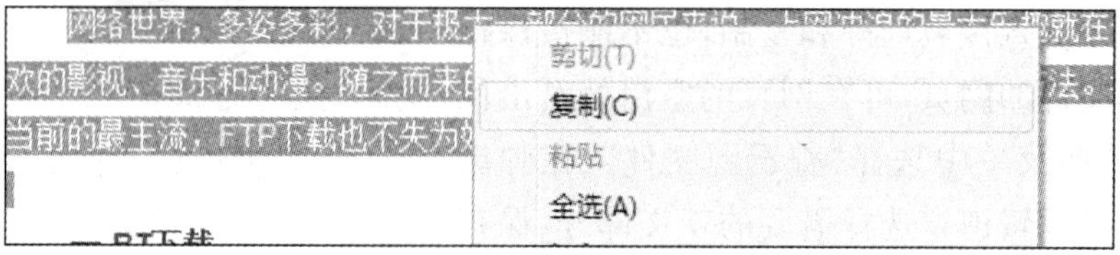

图 5.4 选择“复制”

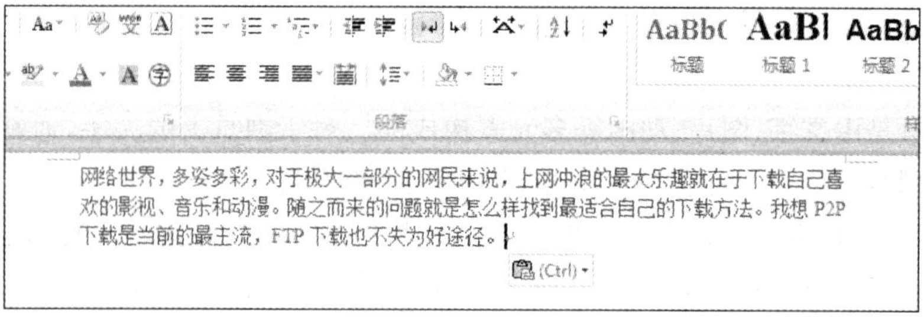

图 5.5 粘贴到 Word

5.2.3 文本资源的处理

本节着重讲述对以图像的方式存储的文本进行处理——OCR 的使用。OCR(Optical Character Recognition)，即光学字符识别，是将点阵图形的字符转换成文本的技术。用户通过 OCR 可以轻松地将图片中的文字转换为文本文件。市场上常见的 OCR 软件有尚书、汉王、方正、甲骨文等公司的产品。下面以汉王 OCR 6.0 为例来介绍如何对扫描后的图像进行文字识别及处理。

1. 图像修改

OCR 软件中的“编辑-旋转”命令，让 OCR 软件对扫描进来的图像作相应的旋转。再执行“编辑-自动倾斜校正”和“编辑-手动倾斜校正”，以保证图像中的文字呈水平排列，而非倾斜排列。因为太过倾斜的文字，将影响到 OCR 软件的识别效果。

2. 版面分析

图像修正后可以单击“识别”菜单的“版面分析”命令来执行版面分析。版面分析完毕后，用户可以看到对应的文字块都有对应的识别框，且已被选择。应注意对应的识别框的属性是否正确，识别框分别有“横栏”“竖栏”“表格”和“图像”四种属性，分别用四种不同颜色的选框来表示。

3. 识别及校对

使用“识别”菜单的“开始识别”命令，可以完成对图像文件的识别。此时实际上已经进入文字校对状态，OCR 软件将可能出错、无法识别的文字用其他颜色加以区别显示。用户手动校对该文本内容，完成后将识别文本输出到指定文件夹中。默认的输出目录是 C 盘下的 hwocr60 目录下的 image 目录。选择一个对应的文件名，就可以存盘了。

对于一些带有下划线、分隔线等符号的文本原稿，有些 OCR 软件是识别不出的，一般会出现乱码。如果必须扫描带有这些符号的原稿，要确保使用的识别软件能够识别这些符号。如果扫描后的文档中含有 OCR 软件不能识别的图像、图形和一些特殊符号，可以考虑使用“剪刀”工具，将文档中的图像、图形和一些特殊符号擦除，同时将图像上的一些杂点也一并去除，使图像中除了文字没有多余的东西，这可以大大提高识别率并减少识别后的修改工作。

对于一些图文混排的原稿，扫描成一幅图像进行全区识别会严重影响 OCR 软件的识别率，可以根据实际情况将扫描后的版面切分成多个区域后再识别。切分区域的原则是：将图形、图像排除在区域之外，尽量把文字字体、字号一致的划在一个区域内。

活动：使用 OCR 处理图片上的文字

(1) 打开图像

启动汉王 OCR6.0，执行“文件-打开图像”，弹出“打开图像文件”对话框，选中需要的图像文档，再单击“打开”按钮，如图 5.6 所示。

(2) 旋转图像

由于原图不是正常位置显示，如图 5.7 所示，因此要执行“编辑-旋转图像-右转 90 度”，使其旋转到正常位置，效果如图 5.8 所示。

图 5.6　打开需要识别的图像文件

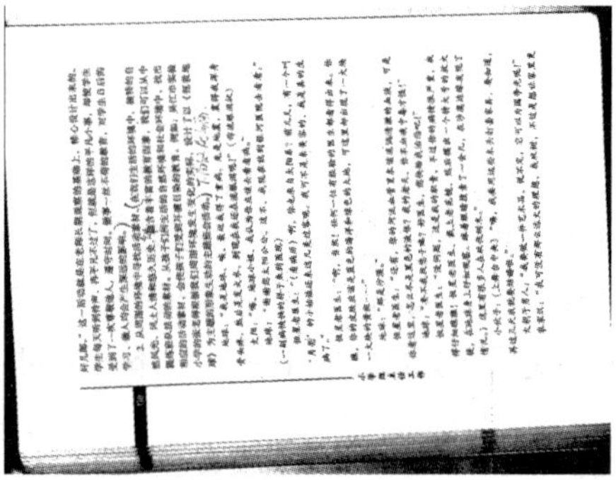

图 5.7　原图

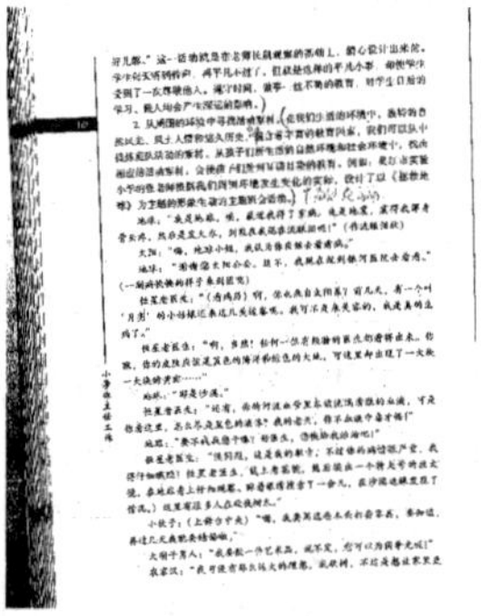

图 5.8　旋转后的效果

(3) 倾斜校正

旋转后的图有点倾斜,执行“编辑-自动倾斜校正”,系统将按测定的角度自动进行倾斜校正,如果还是有些倾斜,可以通过“编辑-手动倾斜校正”进行调整,如图5.9所示。手工调整横竖坐标,用鼠标点住图中水平红线左边的小方块,上下移动,使得水平线条与文本图像的倾斜角度一致;也可以用键盘上的上下箭头在按钮间切换,如图5.10所示,进行校正操作,即可完成图像的倾斜校正,如图5.11所示。(注:本软件只处理白底黑字的图像,若扫描得到的图像不是白底黑字,在倾斜校正前,还得执行“编辑-图像反白”命令作反白处理)

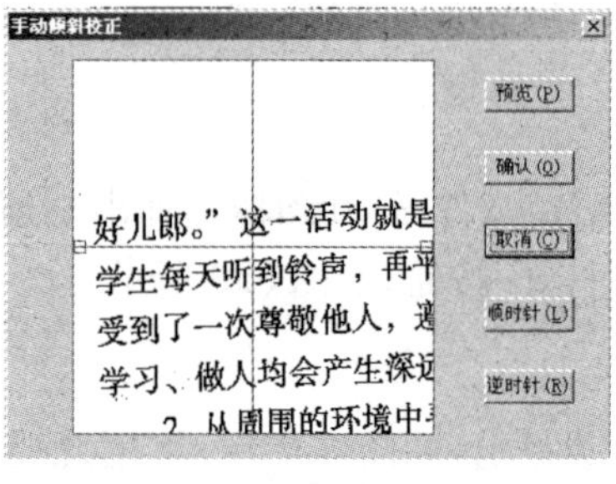

图 5.9　“手动倾斜校正”对话框的效果

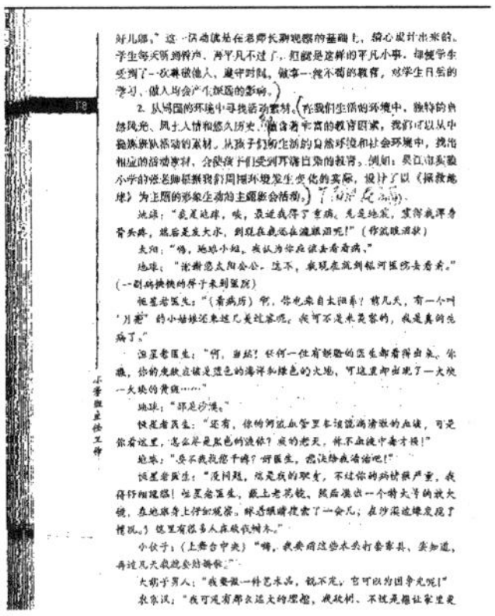

图 5.10　调整水平线

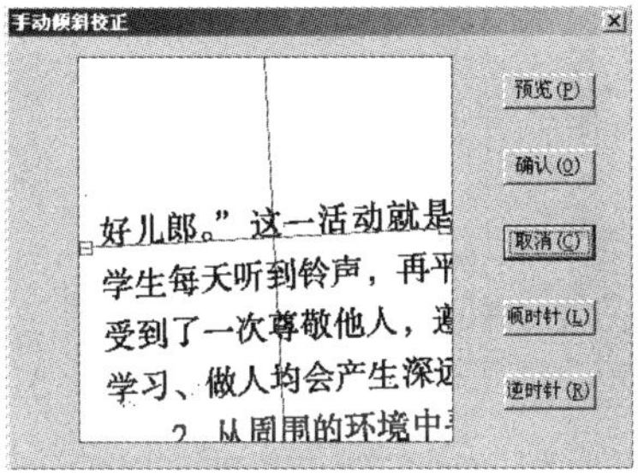

图 5.11　倾斜校正后

（4）剪切噪声

用“剪刀”工具，将图上的噪声（黑点、黑框、多余符号等）清除，如图 5.12 所示，选中，按住鼠标左键，拖动鼠标选中图像中的噪声，放开鼠标左键，就可以将噪声清除。清除噪声后的效果如图 5.13 所示。

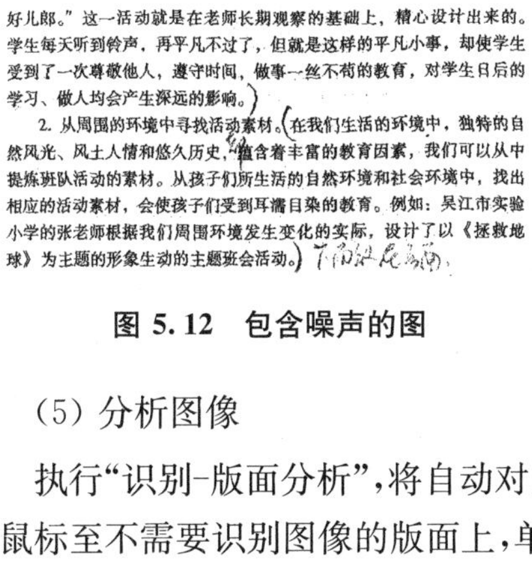

好儿郎。”这一活动就是在老师长期观察的基础上，精心设计出来的。学生每天听到铃声，再平凡不过了，但就是这样的平凡小事，却使学生受到了一次尊敬他人，遵守时间，做事一丝不苟的教育，对学生日后的学习、做人均会产生深远的影响。

2. 从周围的环境中寻找活动素材。在我们生活的环境中，独特的自然风光、风土人情和悠久历史，蕴含着丰富的教育因素，我们可以从中提炼班队活动的素材。从孩子们所生活的自然环境和社会环境中，找出相应的活动素材，会使孩子们受到耳濡目染的教育。例如：吴江市实验小学的张老师根据我们周围环境发生变化的实际，设计了以《拯救地球》为主题的形象生动的主题班会活动。

图 5.12　包含噪声的图

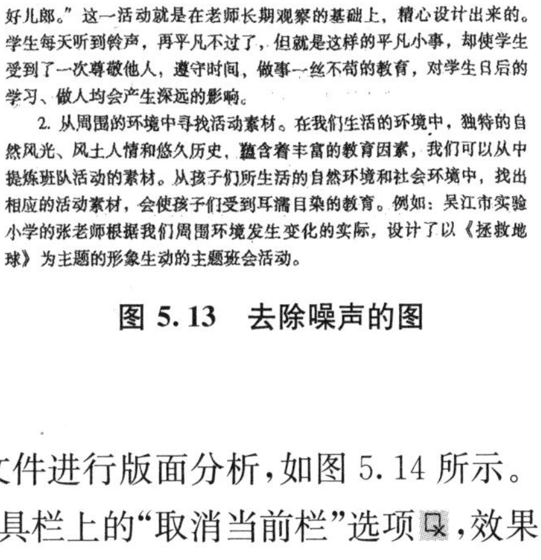

好儿郎。”这一活动就是在老师长期观察的基础上，精心设计出来的。学生每天听到铃声，再平凡不过了，但就是这样的平凡小事，却使学生受到了一次尊敬他人，遵守时间，做事一丝不苟的教育，对学生日后的学习、做人均会产生深远的影响。

2. 从周围的环境中寻找活动素材。在我们生活的环境中，独特的自然风光、风土人情和悠久历史，蕴含着丰富的教育因素，我们可以从中提炼班队活动的素材。从孩子们所生活的自然环境和社会环境中，找出相应的活动素材，会使孩子们受到耳濡目染的教育。例如：吴江市实验小学的张老师根据我们周围环境发生变化的实际，设计了以《拯救地球》为主题的形象生动的主题班会活动。

图 5.13　去除噪声的图

（5）分析图像

执行“识别-版面分析”，将自动对当前文件进行版面分析，如图 5.14 所示。移动鼠标至不需要识别图像的版面上，单击工具栏上的“取消当前栏”选项，效果如图 5.15 所示。

（6）识别图像和检查识别结果

执行“识别-开始识别”命令，对所选图像进行版面识别。识别过的图像，系统会将识别结果在识别窗口中显示出来，如图 5.16 所示。如果有没有识别的图像，识别窗口为灰色，所以识别完图像后，应该检查图像页中有没有没被识别的图像块。

图 5.14　版面分析

图 5.15　取消部分版面

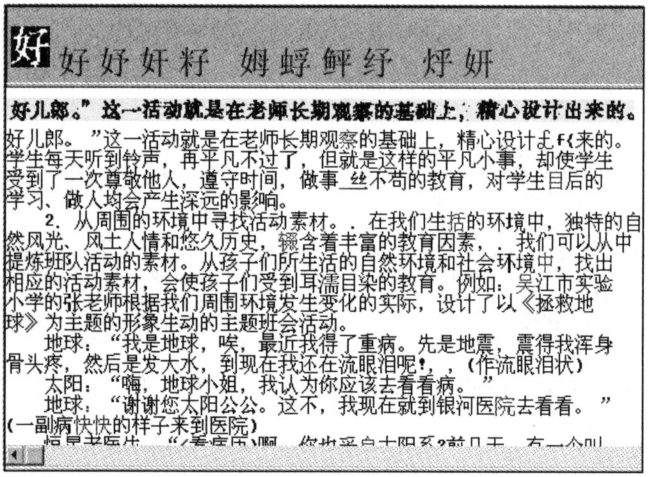

图 5.16　识别图像

(7) 字符校对

识别完毕，对照随行显示的当前字符的原始图像校正识别结果，选择当前字的候选字替换识别有误的字，也可以调出输入法输入正确的字符。

(8) 输出文本

校对完后，执行“输出-到指定格式文件”，打开“保存识别结果”对话框，输入文件名，选择“保存类型”为“txt”格式，再单击“保存”按钮，如图 5.17 所示，即可将图像上的文本保存为纯文本格式。

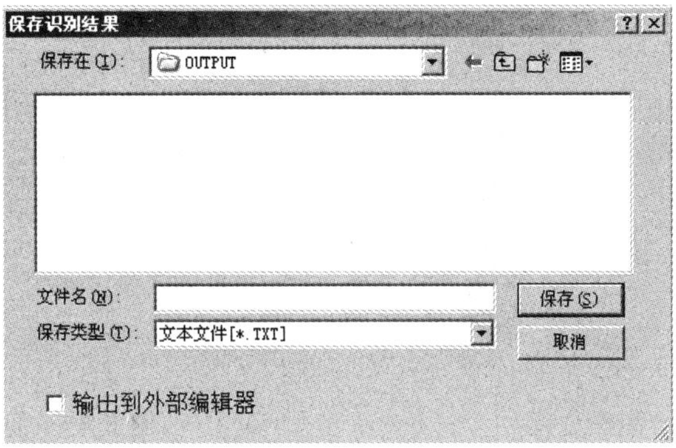

图 5.17　输出文本

5.3　图形和图像概述

多媒体课件中常使用的图片有两种形式,即矢量图形和位图图像。

5.3.1　基本概念

图形,又称矢量图,是指用一组指令来描述的几何图形的点、线、框、圆、面等元素,如 office 家族"插入"菜单中的"剪贴画"或"自选图形"等,皆为矢量图形,可直接用绘图工具进行绘制。其优点是无论放大、缩小或旋转等都不会失真,文件体积小,常用于图案、标志、工程制图、美术字等设计;缺点是难以表现色彩层次丰富的逼真图像效果。图 5.18 所示为图形部分放大后的效果。

矢量图一般用专业软件绘制获取,常用的矢量图文件有 AI(Adobe Illustrator 生成)、CDR(CorelDraw 生成)、DXF(AutoCAD 生成)、WMF(Microsoft Office 中调用)等,本书不再赘述。

图像,又称位图,指由输入设备捕捉实际场景画面产生的数字图像。位图,又称为点阵图,是由一个个像素点组成的,不同的像素点以不同的颜色构成了完整的图像。其优点是可以表达色彩丰富、过渡自然的图像效果;缺点是文件放大后,图像会失真、不清晰,边缘会出现锯齿。图 5.19 所示为图像部分放大后的效果。

图 5.18 图形放大

图 5.19 图像放大

5.3.2 图像文件格式

多媒体课件中常使用的图像文件格式有以下几种类型。

1. BMP 格式

BMP 格式是 Windows 操作系统中的标准图像文件格式，最典型的应用是 Windows 自带的画图工具。BMP 文件几乎不进行压缩，占用的空间很大，适用于对图片要求较高的场合，如广告、印刷等。

2. JPEG 格式

JPEG 格式是一种有损压缩格式，能够将图像压缩在很小的储存空间里，去除冗余的图像数据，在获得极高的压缩率的同时能展现十分丰富生动的图像，即可以用最少的磁盘空间得到较好的图像品质。

3. GIF 格式

GIF 格式是图形交换格式(Graphics Interchange Format)的缩写，是一种高压缩比的彩色图片文件格式，主要用于图片文件的网络传输。其最大的特点是能够创建具有动画效果的图像，在 Flash 尚未出现之前，GIF 文件格式曾是互联网上动画文件的霸主。除此之外，GIF 格式支持透明背景效果。

4. PNG 格式

它结合了 GIF 和 JPEG 的优点，采用无损压缩方案存储，支持透明背景。因其具有高保真性、透明性及文件体积较小等特性，被广泛应用于网页设计、平面设计中。

5. PSD 格式

PSD 格式是支持全部颜色模式的图像格式，是图像处理软件 Photoshop 生成的图像格式，可保存图层、通道和颜色模式等信息，文件占用的存储空间非常大。

6. TIFF 格式

TIFF 格式是一种通用的位图图像文件格式，几乎所有的绘画、图像编辑和页面版面应用程序均支持此图像格式，可保存通道、图层、路径，适用于在应用程序之间和计算机平台之间的交换文件，它的出现使得图像数据交换变得简单。

5.3.3　常用的图像颜色模式

人们根据实际需要，为位图定义了多种颜色模式，常使用的有灰度模式、RGB 模式、CMYK 模式等。每一种模式都有其优缺点和适用范围，且模式间可以相互转换。

1. RGB 模式

RGB 模式是用红（Red）、绿（Green）、蓝（Blue）三种颜色按不同比例和强度混合相加生成的，可以组合多达 1670 余万种不同的颜色，也被称为加色模式。

图像处理软件 Photoshop 将 RGB 图像看作由红色通道、绿色通道和蓝色通道组成，用户可以通过不同通道对图像进行处理，从而增强了图像的可编辑性。图 5.20 所示的原图即为 RGB 模式下的效果。

2. 灰度模式

用单一色调表现图像，一个像素的颜色用八位元来表示，一共可表现 256 种明度的灰色，是从黑→灰→白的过渡，只有灰度颜色而没有彩色，如图 5.21 所示。

图 5.20　原图

图 5.21　灰度模式

图 5.22　位图模式

3. 位图模式

位图模式也叫黑白模式,用两种颜色(黑和白)来表示图像中的像素。当图像要转换成位图模式时,必须要先将图像转换成灰度模式后,才能转换成位图模式,且会丢失大量原图像中的细节,如图 5.22 所示。

4. CMYK 模式

CMYK 模式是一种印刷所使用的模式,由青色(Cyan)、洋红(Magenta)、黄色(Yellow)和黑色(Black)四种颜色组成,由于它们通过组合可以吸收所有颜色的黑色,因此也被称为减色模式。

在处理图像时,一般不采用 CMYK 模式,因为该模式的图像文件占用的存储空间很大,且 Photoshop 中提供的很多滤镜都不能使用,只是在印刷时才将图像颜色模式转换成 CMYK 模式。

5.4　图像资源的获取与处理

5.4.1　图像资源的获取

在搜集图片素材的过程中,首要问题就是图像的获取,图像获取的途径有很多种,本书主要介绍捕捉屏幕图像的方法。

1. 素材光盘或教学资源库获取

可以从素材光盘或教学资源库直接找到一部分与教学内容相关的图形图像素材,供制作课件使用。

2. 网络下载

通过搜索引擎,在互联网上搜索到所需要的图片,右键选择"图片另存为"即可保存图片。如图 5.23 所示。

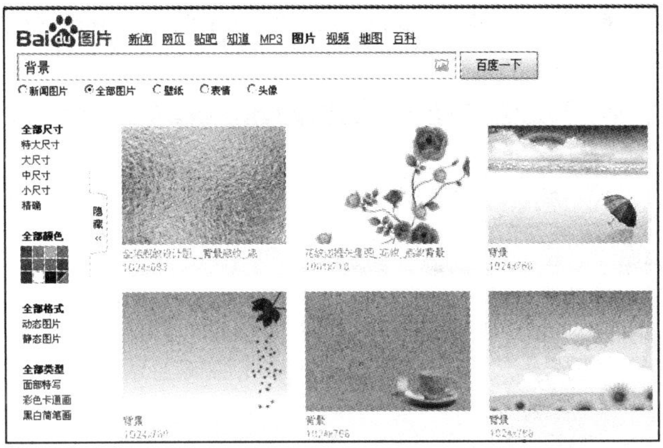

图 5.23　通过网络下载图片

3. 从数码设备获取

可使用数码相机、摄像头等数码设备拍摄所需要的图像，与计算机相连，可以对拍摄的数字图像进行即时处理或输出。

4. 用扫描仪获取

可以用扫描仪将教科书、图书、杂志、挂图、照片等传统的教学媒体资源转换成数字图像。

5. 屏幕图像捕捉

有选择地截取电脑屏幕上显示的画面，有两种方法捕捉图像：一种是利用 Windows 系统命令，另一种是使用专门的截图软件。

(1) 利用 Windows 系统命令获取屏幕图像

按键盘上的 Print Screen(PrtSc)键，可将当前屏幕上的内容复制到剪贴板上，再粘贴至图像处理软件或课件制作软件中。如果想抓取活动窗口的图像，可按 Alt+ Print Screen键。

(2) 使用截图软件获取屏幕图像

截图软件可把计算机屏幕上的内容以图片的形式抓取下来以供使用。常见的截图软件有 Snagit、HyperSnap 等。图 5.24 为 Snagit 10 中文版界面，基本捕捉方案包含区域、窗口、全屏幕和滚动窗口，捕获的快捷键为 Print Screen。

图 5.24 Snagit 10 中文版界面

活动 1：截取 Word 文档全屏幕——使用 Print Screen 键

① 启动 Word，进入主界面。

② 按键盘上的 Print Screen 键，将屏幕内容复制到系统剪贴板。

③ 执行“开始-程序-附件-画图”，打开画图程序。

④ 执行“编辑-粘贴”命令，将剪贴板的内容粘贴到画图工具中。

⑤ 保存图像文件，所得图像如图 5.25 所示。

活动 2：截取 Word 文档当前窗口内容——使用 Alt + Print Screen 键

同活动 1 步骤，并将步骤②中的 Print Screen 键换为 Alt＋Print Screen 键，所得图像如图 5.26 所示。

图 5.25 Print Screen 键截取屏幕

图 5.26 Alt＋ Print Screen 键截取屏幕

活动 3：使用 Snagit 截取区域内容

① 打开 Snagit 窗口，设置基本捕捉方案为“区域”。

② 打开 Word 文档中的“表格”菜单，将光标定位于“插入”菜单上。

③ 按键盘上的 Print Screen 键，开始捕获所需内容。

④ 在 Snagit Editor 窗口可预览截取的屏幕图像，如图 5.27 所示。

⑤ 单击“保存”按钮，可保存所需类型的图像文件。

图 5.27　Snagit 截取的菜单区域

活动 4：使用 Snagit 截取当前窗口内容

① 打开 Snagit 窗口，设置基本捕捉方案为“窗口”。

② 打开“网上邻居”窗口。

③ 单击“捕获”按钮或按 Print Screen 键开始捕获屏幕内容。

④ 在 Snagit Editor 窗口可预览截取的屏幕图像，如图 5.28 所示。

⑤ 保存图像。

活动 5：使用 Snagit 截取全屏幕内容

① 打开 Snagit 窗口，设置基本捕捉方案为“全屏幕”。

② 单击“捕获”按钮或按 Print Screen 键开始捕获屏幕内容。

③ 在 Snagit Editor 窗口可预览截取的屏幕图像。

④ 保存图像。

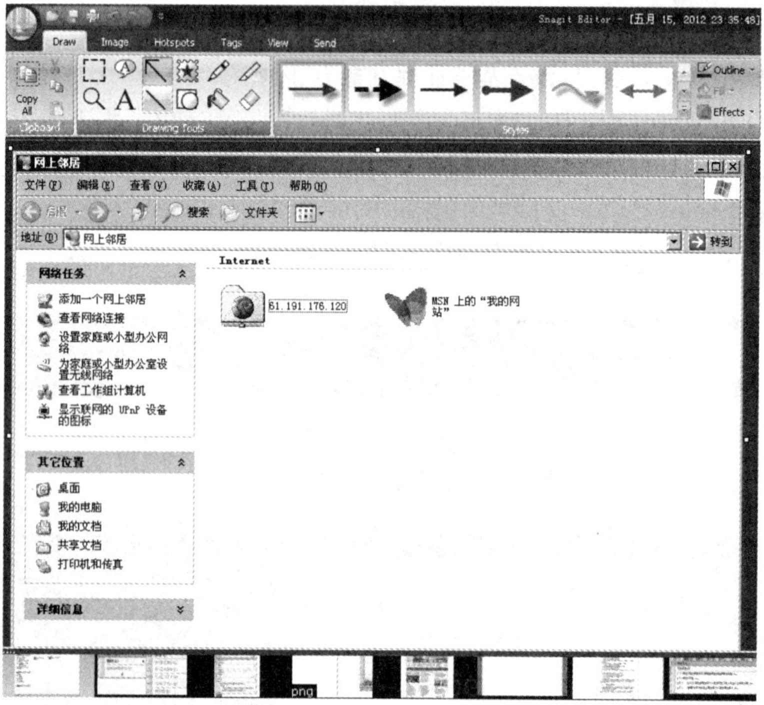

图 5.28　Snagit 截取的窗口内容

活动 6：使用 Snagit 截取滚动窗口内容

① 打开 Snagit 窗口，设置基本捕捉方案为“滚动窗口（网页）”。

② 打开任意一个网页，如 http://www.massz.edu.cn/。

③ 单击“捕获”按钮或按 Print Screen 键后，在捕捉窗口点选“捕捉垂直滚动区域”箭头选项，开始捕获屏幕内容，即可得到当前网页内容。

④ 保存图像。

5.4.2　图片资源的下载

网页中的静态图片以及背景图通常都是可以直接下载的。如果网页图片是 GIF 格式的动画，也可以通过“另存为”来下载。

图片资源的下载一般分为两种：一种是在浏览网页看到图片后直接利用“右键”选中“复制”，再执行“粘贴”来进行（注意要下载原图，而不要下载缩略图）；另一种是图片资源被压缩成一个压缩文件，并上传到网上，这时如果需要下载，就可以用下载软件把这个压缩文件下载到本地电脑，再进行解压。

活动 1：下载网页上的一张图片

① 打开一个有图的网页，在图上点击右键，选择“图片另存为”，如图 5.29 所示。

图 5.29　选择“图片另存为”

② 选择路径并保存图片，如图 5.30 所示。

图 5.30　保存图片

活动 2：下载网页背景图片

① 打开一个有背景图片的网页，如图 5.31 所示。

图 5.31 网页背景

② 在背景部分点击右键，选择“背景另存为”，如图 5.32 所示。

图 5.32 选择“背景另存为”

③ 选择路径并保存图片。

5.4.3 图像资源的处理

常用的图像处理软件是 Photoshop，它是目前最流行的平面设计软件之一，广泛应用于多媒体制作、平面设计、效果图制作中，是多媒体课件制作中不可缺少的图像素材编辑软件。

1. Photoshop 界面

启动 Photoshop，其界面如图 5.33 所示。“菜单栏”用于执行 Photoshop 的图像处理操作;“工具选项栏”用于设置工具箱中每个工具的参数;“工具箱”中包含各种常用的工具,用于绘制和执行相关的图像操作;“图像窗口”是图像的显示区域,是编辑和处理图像的窗口;“面板井”可以帮助用户组织和管理面板,里面放置了历史记录、动作、工具预设、画笔、图层复合等工具;“参数面板”是位于窗口右侧的面板,用于完成各种图像处理操作和相关参数设置,如颜色、图层、通道、路径等面板;“状态栏”位于窗口底部,提供当前操作的提示信息。

图 5.33　Photoshop 界面

2. Photoshop 基本操作

(1) 新建文件

执行“文件-新建”命令或按 Ctrl+N 快捷键,弹出“新建”按钮,即可进行各项参数设置,单击“确定”按钮或直接按 Enter 键,即新建了一个文件,如图 5.34 所示。

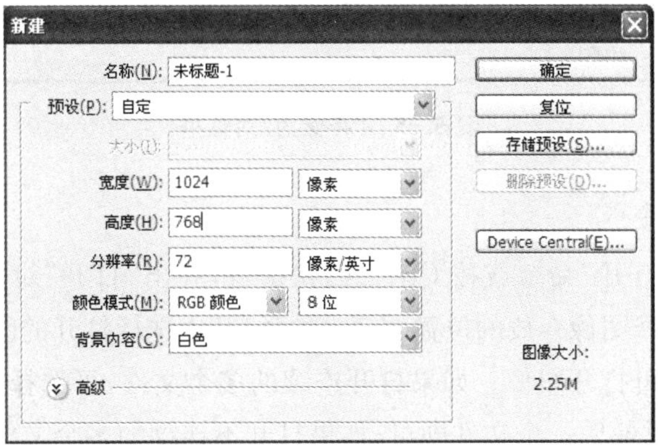

图 5.34　“新建”对话框

参数设置里，分辨率越高，图像越清晰，文件也就越大。如果仅仅是用作课件的图像素材，则只需要72像素即可；如果用于打印，只需要150像素；如果用于印刷，最小应达到300像素。

(2) 保存文件

执行“文件-存储”(保存新文件则是“存储为”)，打开对话框，Photoshop支持多种存储格式，如图5.35所示。

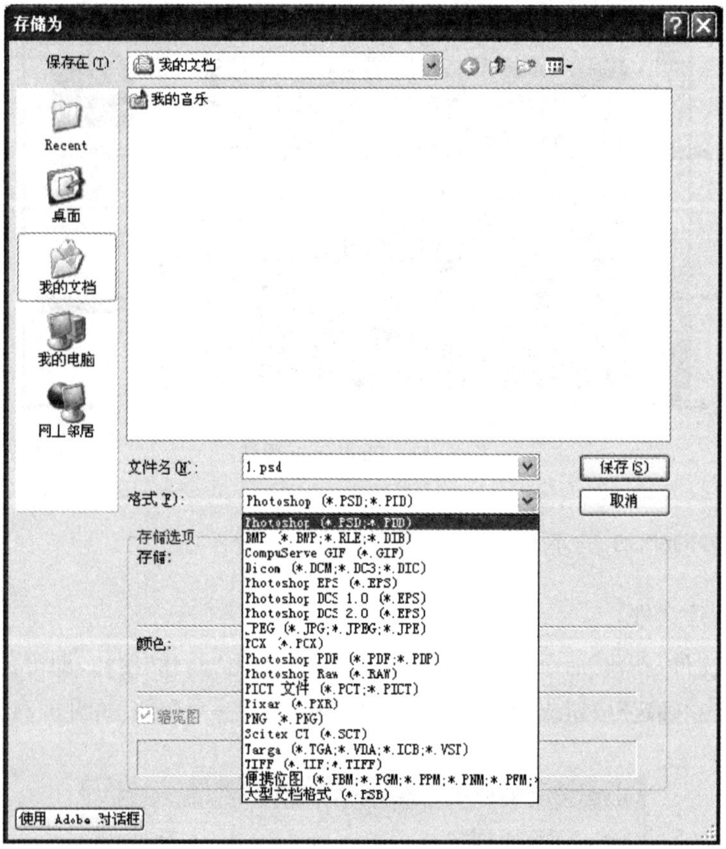

图5.35 “存储为”对话框

(3) 打开文件

执行“文件-打开”命令或按Ctrl+O快捷键，弹出“打开”对话框，在“查找范围”下拉列表，选择图像存放的位置，在“文件类型”中选择打开的图像文件格式，单击“打开”按钮即可打开图像。如果打开连续的多个文件，可选择第一个文件后按住Shift键再选择最后一个文件即可；如果打开不连续的多个文件，可在选择第一个文件后按住Ctrl键再选择其余文件即可。

(4) 关闭文件

执行“文件-关闭”命令或按 Ctrl+W 快捷键，即可关闭当前打开的文件。

3. 图像大小的调整和图像裁剪

如图 5.36 所示，执行“图像-图像大小”命令，可打开“图像大小”对话框，可以查看并修改当前图像的大小，只需在“像素大小”或“文档大小”数值框中输入相应的数值即可，如图 5.37 所示。

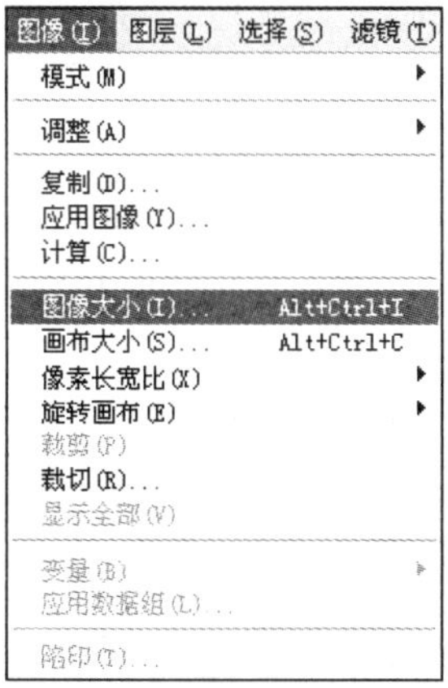

图 5.36　调整“图像大小”命令

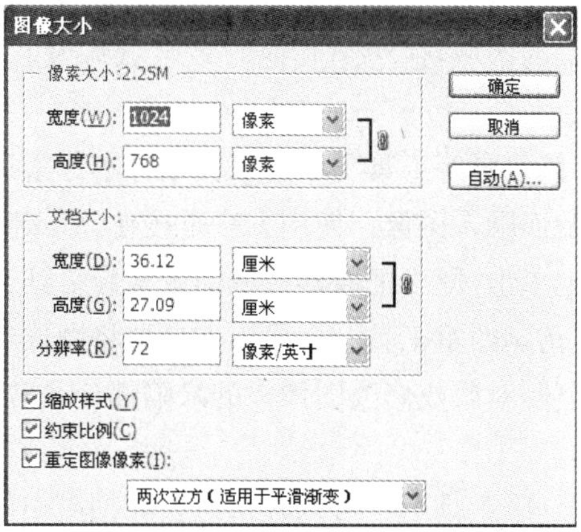

图 5.37　“图像大小”对话框

当仅需要获取图像的一部分时，可以使用“裁剪工具”来快速实现多余部分图像的删除。选中该工具后，只需在图像中拖动绘制一个矩形区域，如图 5.38 所示，矩形内的区域代表将保留的图像，按回车键即可删除多余的部分，如图 5.39 所示。

图 5.38　绘制裁剪区域

图 5.39　裁剪后的效果

4. 修饰图像

有时,采集的图像素材中存在一些干扰元素,破坏了画面的美感,这时可以通过 Photoshop 中的图像修饰工具对图像进行修饰。

(1) 修饰或修补图像

"修补工具",可以将图像自身的样本像素与源像素进行匹配,用来仿制图像的隔离区域。它具有自动匹配颜色的功能,复制出来的效果与周围的色彩较为融合。在工具选项栏中选择修补项为"源",关闭"透明"选项,用"修补工具"框选需要被覆盖的区域,拖动到其他与该区域像素相似的位置,松开鼠标即可完成像素的复制。

"修复画笔工具",可以利用样本像素进行复制绘图,使所修复的像素与其进行匹配而融入图像。使用方法是按住 Alt 键的同时,在图像某地方单击取样,再在污点上单击,即可把取样区域的像素修复到当前这个污点。

"仿制图章工具",可以方便地将图像的一部分绘制到同一图像的另一部分,对于复制对象或修改图像中的缺陷部分非常有用。其使用方法与"修复画笔工具"类似。

"红眼工具",可以轻松地去除拍摄中出现的红眼区域,恢复原始状态。可以在工具选项栏中调整瞳孔大小和变暗量的数值,在红眼处单击,即可去除红眼。

(2) 擦除图像

"橡皮擦工具",和现实中的橡皮擦的作用是一样的,用此工具在图像上涂抹时,被涂抹的区域会被擦除掉。

"背景橡皮擦工具",可在拖移时将图层上的像素擦为透明,且在前景中保留对象的边缘。

"魔术橡皮擦工具",可一次性完成使用魔术橡皮擦选择相同的颜色再将其擦去的操作。

5. 图像色彩的调整

(1) 色彩的基本知识

色彩的三要素包括色相、饱和度和亮度。色相,可以通俗地理解为颜色的种类,如红、橙、黄、绿、蓝、青、紫是指各种不同的色相;饱和度,是色彩的鲜艳程度,又称浓度或强度等,表示色相中灰色分量所占的比例,使用从 0%～100%的百分比来度量,饱和度为 0%表示无彩色,饱和度为 100%表示纯色;亮度,指色彩的明暗程度,又称明度,亮度为 0%即为黑色,亮度为 100%即为白色。

色彩的对比度指从两种或两种以上的色彩中比较出明显的差别来，表现为色相差别、饱和度差别、亮度差别等。

（2）色彩调整

“亮度/对比度”，可以在总体上改变图像的颜色或色调值。执行“图像-调整-亮度/对比度”命令，可打开如图 5.40 所示的对话框。沿“亮度”滑动条向右拖动滑块可以增加亮度，向左拖动可以降低亮度。沿“对比度”滑动条向右拖动滑块可以增加对比度，向左拖动可以降低对比度。也可以直接在数值框中输入数值。

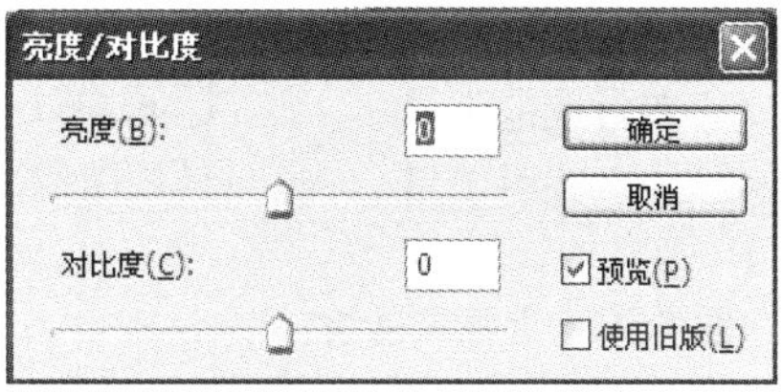

图 5.40　“亮度/对比度”对话框

“色彩平衡”，通过在图像中增减红、绿、蓝三原色和它们的补色青、洋红、黄等颜色，从而改变图像中各原色的含量，达到色彩平衡的目的。执行“图像-调整-色彩平衡”命令，可打开如图 5.41 所示的对话框。沿“青色-红色”滑动条向右拖动滑块，可以增加红色范围，减少青色范围，向左拖动则相反。“洋红-绿色”和“黄色-蓝色”滑动条调整类似。可以选择“阴影”“中间调”和“高光”中的一种选项，确定着重要更改的色调范围。“保持明度”复选框，可以保持图像的色调平衡。

“色相/饱和度”，用于调整整个图像或图像中单个颜色成分的色相、饱和度和亮度，其中的“着色”复选框可以将 RGB 图像处理成双色调图像。执行“图像-调整-色相/饱和度”命令，可打开如图 5.42 所示的对话框。分别沿着“色相”“饱和度”和“明度”滑动条拖动滑块可以改变各自的数值范围。

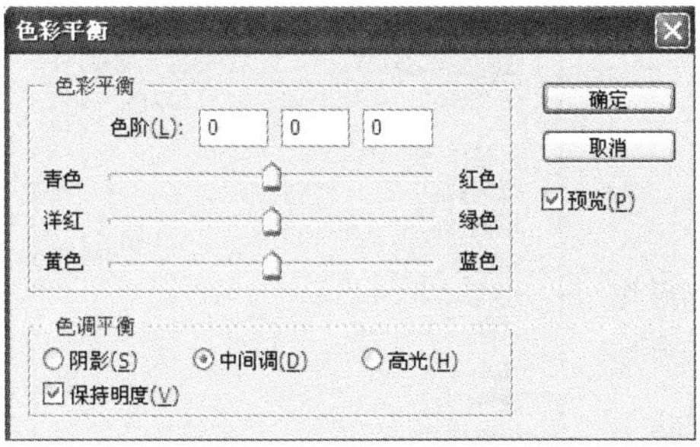

图 5.41　“色彩平衡”对话框

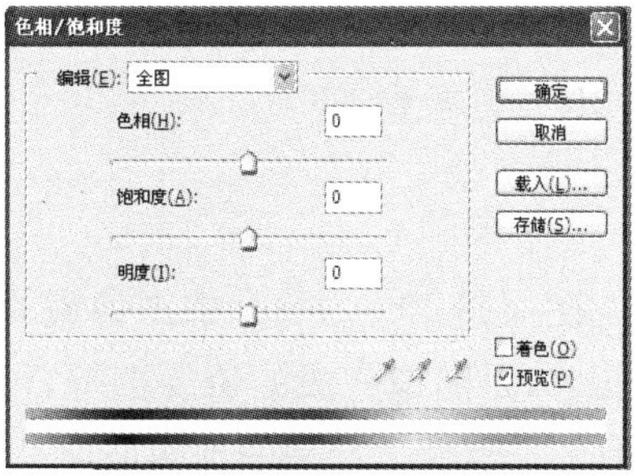

图 5.42　“色相/饱和度”对话框

6. 图像的选取

Photoshop 提供了两类选取工具：规则选区和不规则选区。

（1）规则选区

即选框工具组，包含 4 种工具，分别是矩形选框工具、椭圆选框工具、单行选框工具和单列选框工具，默认为矩形选框工具，如图 5.43 所示。

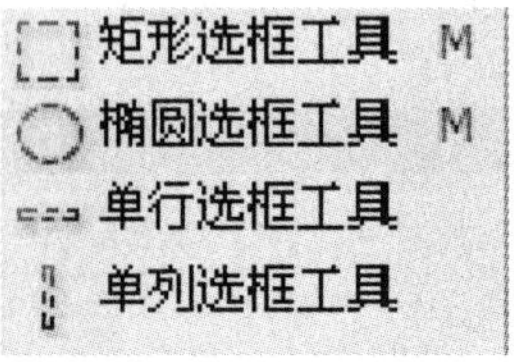

图 5.43　选框工具组

（2）不规则选区

包含套索工具组（套索工具、多边形套索工具和磁性套索工具）和魔棒工具组（快速选择工具和魔棒工具），如图 5.44 和图 5.45 所示。

其中，规则选区和不规则选区中的套索工具类可以在工具选项栏上进行“羽化”设置，如图 5.46 所示，这样在选取范围的边缘部分会产生渐变的柔和效果，但要注意，需先设定羽化值，再进行选取。

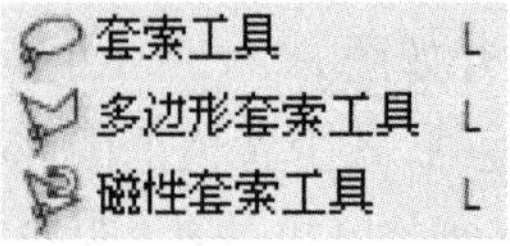

图 5.44　套索工具组

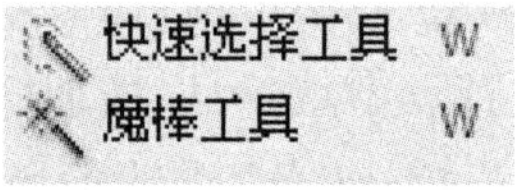

图 5.45　魔棒工具组

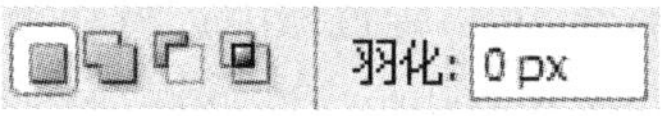

图 5.46　羽化参数设置

7. 滤镜效果

滤镜通过对原图像的活动图层或选区进行某种特殊处理，使该图层或选区产生特殊的艺术效果。“滤镜”菜单内置了多种滤镜组，其菜单如图 5.47 所示。

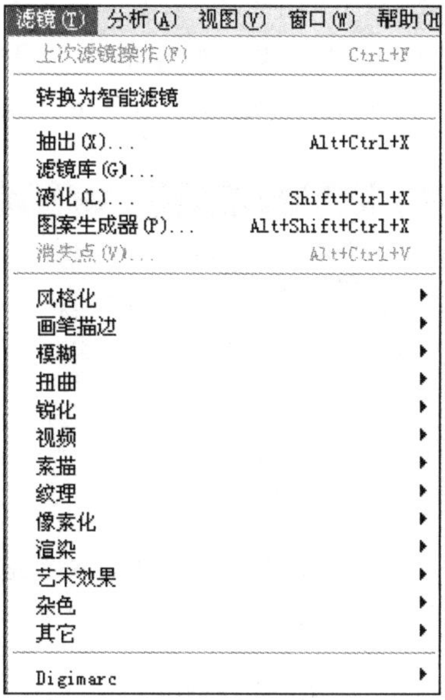

图 5.47　滤镜菜单

8. 图像合成

（1）图层

图层是 Photoshop 中图像编辑操作的重要工具，是图像合成的重要部分，可以将图层看作是一张张叠起来的透明玻璃，每块玻璃上都有不同的画面，最后将所有玻璃上的画面叠加起来便构成了整个图像。

图层可分为背景图层、普通图层、文字图层和调整图层等。每个图层是相互独立的，对一个图层上的对象进行操作时，不影响其他图层上的对象。一般而言，上面图层的不透明度会遮住下面图层相同位置上的不透明部分。

(2) 图层样式

为了使图层很好地融合，需要对图层设置一些风格化、个性化的效果，它们共同形成了图层样式。常用的图层样式是图层混合选项，包括混合模式、不透明度和填充，如图 5.48 所示。另外，Photoshop 内置了 10 多种图层样式，使用它们只需要简单设置几个参数就可以轻易制作出投影、外发光、内发光、浮雕、描边等效果，可以执行“图层-图层样式”或单击“图层”调板底部的添加图层样式按钮 ，即可弹出如图 5.49 所示的图层样式选项，任意单击其中的一个选项，便可打开如图 5.50 所示的“图层样式”对话框。

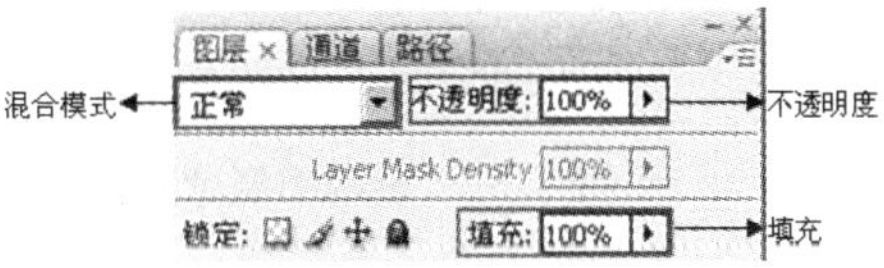

图 5.48　图层混合选项

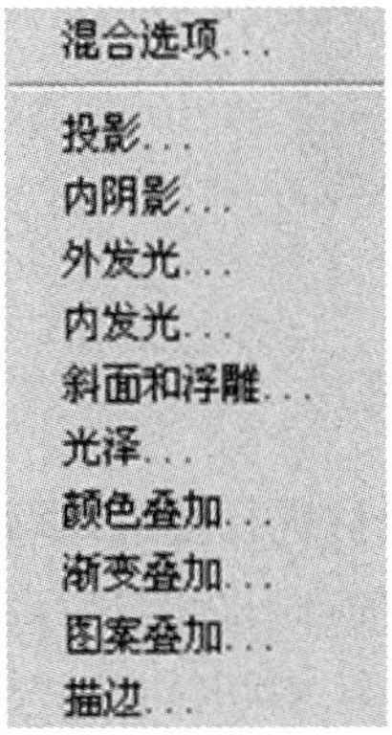

图 5.49　图层样式选项

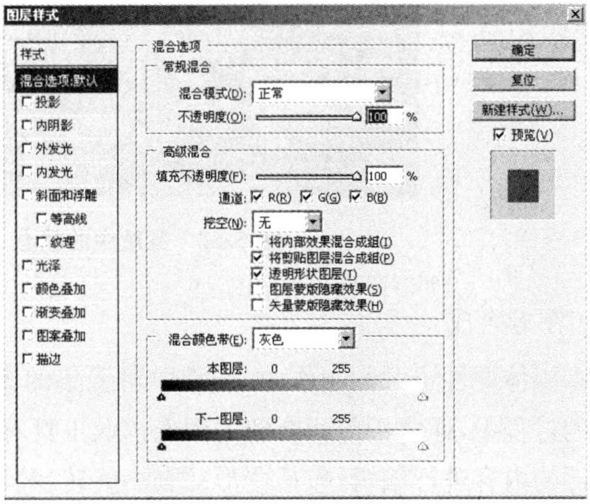

图 5.50　“图层样式”对话框

(3) 图层蒙版

用户可以通过改变图层蒙版不同区域的黑白程度，控制图像对应区域的显示或隐藏状态，而不影响图层中的像素，从而为图层增加许多特殊效果。蒙版中白色区域可显示图像对应的区域，黑色区域可隐藏图像对应的区域，灰色区域则会使图像对应的区域半隐半显。

单击“图层”调板底部的添加图层蒙版按钮 ，即可为选定的图层添加蒙版，默认创建的蒙版呈现白色，如图 5.51 所示。设置笔刷颜色为黑色，在蒙版上刷一下，如图 5.52 所示，则刷过的区域将被隐藏，如图 5.53 所示。

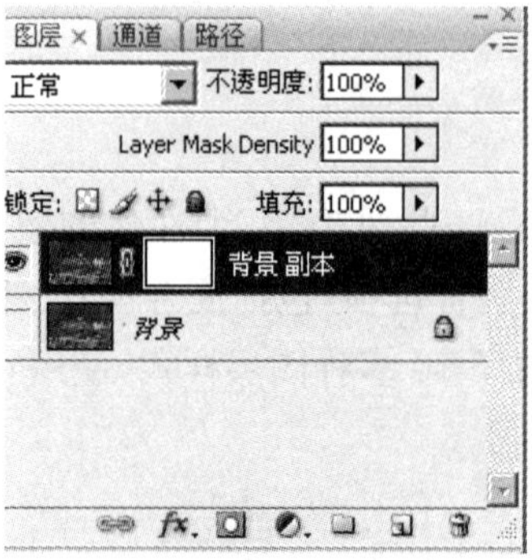

图 5.51　创建图层蒙版

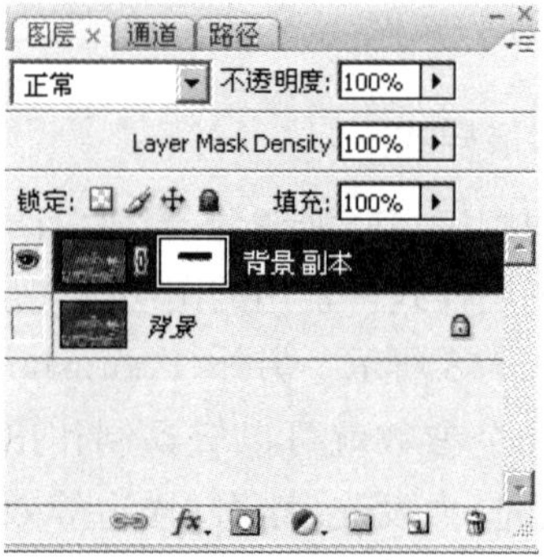

图 5.52　操作蒙版

图 5.53　蒙版中的状态

(4) 图像合成

在多媒体课件资源的制作中，经常要对采集的图像素材进行处理，重新组合，在合成的过程中，通常用前面介绍的图像选取工具对图像的部分内容进行截取，并且对局部的内容进行编辑，包括变形、缩放、旋转、翻转、透视、斜切、扭曲等操作(可通过“编辑-变换”执行相应的命令)。接着，调整图层顺序并设置图层混合选项，即可完成图像的合成。

活动 1：新建和保存文件

新建一名为“荷塘月色”，宽度为 1024 像素，高度为 768 像素，背景内容为透明的 PSD 文件，如图 5.54 所示，并保存文件。

活动 2：调整图像大小

打开现有的“荷塘.jpg”素材，如图 5.55 所示，调整图像的宽度为 1024 像素，如图 5.56 所示，按回车键确认，并保存文件为“荷塘处理.jpg”。

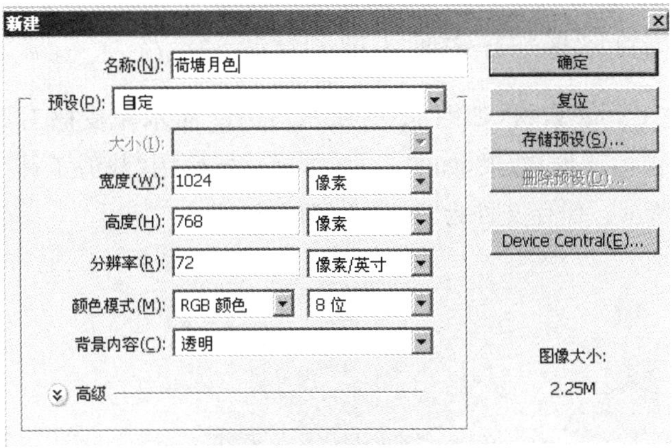

图 5.54　“新建文件”对话框

图 5.55　“荷塘”素材

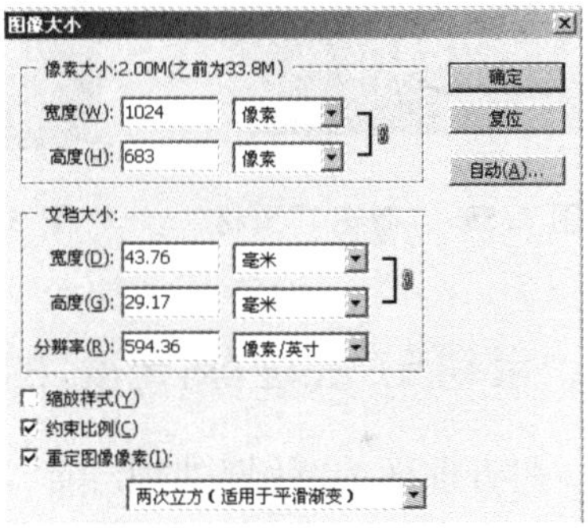

图 5.56　调整图像大小

活动3:修饰图像——去除图像中多余的部分

打开“月夜.jpg”素材,如图5.57所示,用“修补工具”或“修复画笔工具”或“仿制图章工具”去除图片左上角的“昵图网”标志,效果如图5.58所示。保存文件为“月夜处理.jpg”。

图 5.57　“月夜”素材

图 5.58　“月夜”去除图标效果图

活动4:修饰图像——擦除图像的背景

打开“荷花1.jpg”素材,如图5.59所示,选择“魔术橡皮擦工具”,设置其“容差”为25,单击白色背景,效果,如图5.60所示。最后用“裁剪工具”保留需要的部分,如图5.61所示。保存文件为“荷花1处理.jpg”。

图5.59 “荷花1”素材

图5.60 去除背景效果图

图5.61 裁剪后的效果图

活动5:“亮度/对比度”的调整

打开前面的“荷塘处理.jpg”,调整其“亮度/对比度”,参数设置如图5.62所示,调整后的效果如图5.63所示。保存文件。

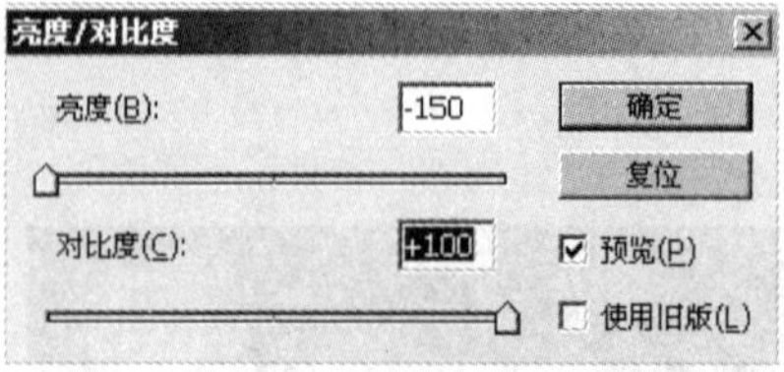

图5.62 调整“亮度/对比度”参数值

图5.63 调整“亮度/对比度”后的效果图

活动6:“磁性套索工具”抠选图像

打开“荷花2.jpg”素材,如图5.64所示,复制“背景”图层为“背景副本”图层,将“背景”图层隐藏。选择“磁性套索工具”,设置其“羽化”值为1,沿着荷花的边缘勾选出需要保留的选区，返回起点时下面有个小圆圈，单击即可将该区域选择，如图 5.65 所示。执行“选择-反向”，即可将当前选区外的区域选中，如图 5.66 所示。最后，按 Delete 键，即可将除荷花外的选区内容删除，执行“选择-取消选择”，最后的效果如图 5.67 所示。保存文件为“荷花 2 处理.jpg”

图 5.64　“荷花 2”素材

图 5.65　创建荷花选区

图 5.66　“反选”选区

图 5.67　抠选后的效果图

活动 7：滤镜效果

打开“月夜处理.jpg”，执行“滤镜-模糊-表面模糊”，设置相关参数如图 5.68 所示，按“确定”按钮后，效果如图 5.69 所示。保存文件。

活动 8：图像合成

① 打开“荷塘月色.psd”，用移动工具将以上处理的素材移至当前文档中，并适当地给予变形和旋转操作，效果如图 5.70 所示。

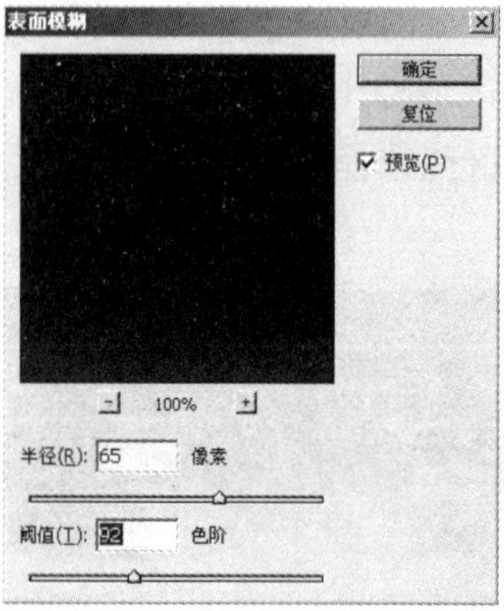

图 5.68　“滤镜”参数设置

图 5.69　“表面模糊”后的效果图

② 分别选中荷花 1 和荷花 2 所在的图层，调节其“亮度/对比度”和“色相/饱和度”，与荷塘环境相融合，效果如图 5.71 所示。

图 5.70　整合至一个文档

图 5.71　调节荷花亮度

③ 选中荷花 1、荷花 2 和荷塘所在的图层，右键选择“合并图层”。

④ 将合并的图层添加图层蒙版，选择“渐变工具”，设置其渐变色为由黑到白的渐变，其工具选项栏如图 5.72 所示。

图 5.72　渐变工具属性栏

⑤ 鼠标从当前合并图层的顶端稍向下拉一个渐变，效果如图 5.73 所示。

活动 9：添加文字效果

选中工具箱中的文本工具 T，在图像窗口适当的位置输入文字“荷塘月色”，在工具选项栏设置“文本颜色”为黄色，其余属性如图 5.74 所示的工具选项栏，再为文字图层添加“外发光”的图层样式，效果如图 5.75 所示。保存文件为“荷塘月色.jpg”。

图 5.73　蒙版效果图

图 5.74　文字属性

图 5.75　“外发光”效果

第 6 章　音频与视频资源的获取与处理

学 习 目 标

通过对本章的学习，学习者将了解音频与视频相关概念，掌握音频与视频资源的获取方法及简单处理方法。

6.1　音频资源的获取与处理

在多媒体系统中，声音是指人耳能够识别的音频信息，它与人类听觉和社会文化艺术有着密切联系，同时更涉及声波的物理传播特点和电声信号处理技术。早期的计算机是聪明的哑巴，后来利用计算机的扬声器能够产生一点音效。多媒体技术的发展使计算机处理音频信息已经达到较成熟的阶段。

计算机中的音频信号主要有三种：语音、音乐和音效。

① 语音主要用于说明、回答、叙述，也可以用作命令。

② 音乐在多媒体系统中起到提示和加强效果的作用，有时也是主体。

③ 音效是指自然界的各种声音，如雷声、掌声等。

6.1.1　音频数据的获取方法

音频数据的获取方法主要有以下几种：

① 使用声卡录制、采集声音信息，并以文件的形式存储在计算机中。

② 从互联网下载或购买音频光盘。

③ 提取网页、游戏、电影或其他文件中的音乐。

6.1.2　网页中音频的下载

网页中音频资源的来源多种多样，包括网页背景音乐、在线音乐试听、在线广播、在线电影等。如果网页中提供了音频的下载按钮或是地址链接，则可以直接从 IE 下载或是用工具下载。如果没有直接提供，则可以灵活运用多种方法，找出隐藏的可用信息。

活动 1：从 IE 缓存中提取音乐

大多数网站播放音乐采用的是先加载后播放的方式，即先将音乐下载到本机的 IE 缓存中，然后再播放已下载到 IE 缓存中的音乐文件。音乐文件会暂时保存在 IE 缓存中，在重启或关闭电脑后才会清除，所以只要将已下载到 IE 缓存中的音乐文件复制到其他文件夹即可保存下来，具体步骤如下：

① 打开 IE 浏览器，单击“工具”-“Internet 选项”-“设置”选项，如图 6.1 所示。

② 点击“设置”按钮，弹出“Internet 临时文件和历史记录设置”，如图 6.2 所示。

③ 点击“查看文件”，打开文件夹，查看文件，右键单击文件夹空白处弹出右键菜单，将“排列图标”选项设为“上次访问时间”方式，将“查看”选项设为“详细信息”方式即可，如图 6.3 所示。

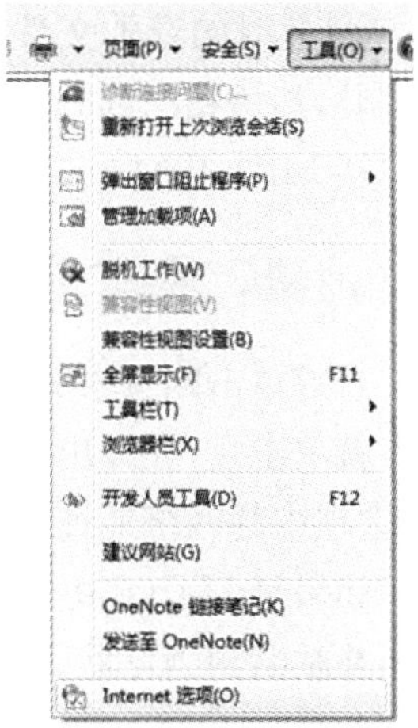

图 6.1　Internet 选项

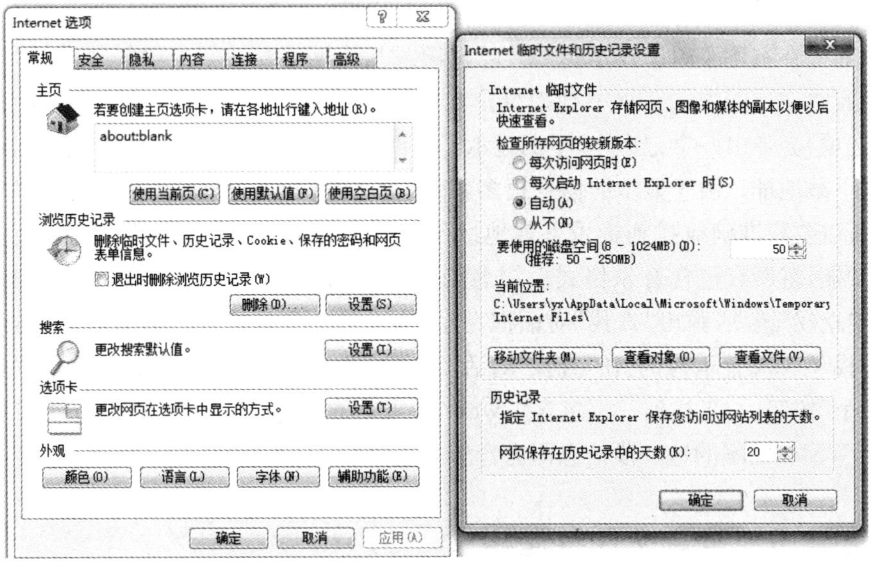

图 6.2　“设置按钮”

图 6.3 查找到的文件

④ 此时的音乐文件还不能被播放。右键单击音乐文件，在右键菜单上选择“复制”，然后粘贴到其他文件夹就可以使用了。网页音乐常用的音乐格式和后缀名包括 MP3、WMA、MIDI 和 RM。

活动 2：通过“属性”面板查找下载信息

右键单击网页中的播放器面板，在弹出的右键菜单中看是否有“属性”选项，如果有就单击它，在弹出的“属性”面板查看“文件”选项，看是否有“位置”选项，“位置”选项中的网络地址就是该音乐的下载地址。

如果是 HTTP 协议的地址链接，如：http://twice.com/1xp.mp3，可直接将它复制并粘贴到浏览器的地址栏中，按回车键后即可将音乐下载到本机中。

如果是 MMS、RTSP 等传输协议的地址链接，如：mms://windows_media_server/sample.asf，则需要用 Flashget 或影音传送带等专门软件来下载了。

活动 3：在网页源文件中查找下载信息

如果在右键菜单中找不到“属性”选项或是该网页禁止了右键操作时，可以使用查看源文件的方式获得下载地址。在播放音乐的网页单击“查看”-“查看源文件”选项，会弹出一个记事本，里面显示了该网页中的信息，其中就可能包括网页音乐的下载地址。由于显示的信息很多，而且大多数网页音乐都以英文或数字来命名，所以要想准确地找到音乐下载地址不是件容易的事。可以使用记事本的“查找”功能，将所有包含音乐格式后缀名的信息找出来，然后再进行筛选。点击“编辑”-“查找”选项，弹出“查找”对话框，分别输入常见音乐格式的后缀名进行查找。以查找 WMA 音乐为例：在“查找”对话框中输入“*.wma”(不含引号)，单击“查找下一个”按钮后，当找到一段包含“.wma”后缀名的信息时，鼠标选取以 HTTP 开头以 WMA 结尾的这一段信息即为音乐下载地址。

6.1.3 声音文件存储格式

常见的数字音频文件格式有很多，每种格式都有自己的优点、缺点及适用范围。

1. CD 格式

CD(Compact Disc)音轨文件的后缀名为:cda。

标准 CD 格式是 44.1kHz 的采样频率,速率 88k/s,16 位量化位数,近似无损。

CD 光盘可以在 CD 唱机中播放,也能用电脑里的各种播放软件来重放。一个 CD 音频文件是一个"*.cda"文件,这只是一个索引信息,并不是真正地包含声音信息,所以不论 CD 音乐的长短,在电脑上看到的"*.cda"文件都是 44 字节长。

2. WAV 格式

WAV(Windows Wave)为微软公司开发的一种声音文件格式。

标准格式化的 WAV 文件和 CD 格式文件一样,也是 44.1kHz 的取样频率,16 位量化位数,声音文件质量和 CD 格式文件相差无几。WAV 格式文件音质非常好,被大量软件所支持,适用于多媒体开发以及音乐和原始音效素材保存。

3. MP3 格式

MP3(Moving Picture Experts Group Audio Layer Ⅲ),是当今较流行的一种数字音频编码和有损压缩格式,执行 ISO 标准 MPEG1 和 MPEG2 第三层(Layer 3),采样率 16～48kHz,编码速率 8kbps～1.5Mbps。MP3 格式文件音质好,压缩比比较高,被大量软件和硬件所支持,应用广泛,适用于一般的以及较高要求的音乐欣赏。

4. FLAC 格式

FLAC 中文可解释为无损音频压缩编码。FLAC 是一套著名的自由音频压缩编码,其特点是无损压缩。不同于其他有损压缩编码如 MP3 及 AAC,它不会破坏任何原有的音频资讯,所以可以还原音乐光盘音质。2012 年以来它已被很多软件及硬件音频产品所支持。

与 MP3 不同,FLAC 是无损压缩,也就是说音频以 FLAC 编码压缩后不会丢失任何信息,将 FLAC 文件还原为 WAV 文件后,与压缩前的 WAV 文件内容相同。这种压缩与 ZIP 的方式类似,但 FLAC 的压缩比率大于 ZIP 和 RAR,因为 FLAC 是专门针对 PCM 音频的特点设计的压缩方式,而且可以使用播放器直接播放 FLAC 压缩的文件,就像通常播放 MP3 文件一样。

FLAC 是免费的并且支持大多数的操作系统,包括 Windows、基于 Unix Like 内核(Linux、BSD、Solaris、IRIX、AIX 等)而开发的系统、BeOS、OS/2、Amiga。并

且 FLAC 提供了在开发工具 Autotools、MSVC、Watcom C、Project Builder 上的"build"系统。

现各大网站都有 FLAC 音乐下载，发布者一般是购买 CD 后把". cda"音轨直接抓取成". flac"，以保证光盘的原无损质量。

5. WMA 格式

WMA (Windows Media Audio)由微软开发，音质要强于 MP3 格式，更远胜于 RA 格式，它以减少数据流量但保持音质的方法来达到比 MP3 压缩率更高的目标，WMA 的压缩率一般都可以达到 1∶18 左右。

WMA 格式内置了版权保护技术，可以限制播放时间和播放次数甚至播放机器等。

WMA 格式在录制时可以对音质进行调节。同一格式，音质好的可与 CD 媲美，压缩率较高的可用于网络广播。

6. APE 格式

APE 是一种无损压缩音频格式。庞大的 WAV 音频文件可以通过 Monkey's Audio 这个软件压缩为 APE，可以提供 50%～70%的压缩比，APE 的文件大小大概为 CD 的一半，可以节约大量的存储资源。

APE 可以做到真正的无损，而不是听起来无损，压缩比也要比类似的无损格式要好。APE 格式文件音质非常好，适用于最高品质的音乐欣赏及收藏。

6.1.4　声音处理软件 GoldWave

GoldWave 是一款相当棒的数码录音及编辑软件，除了附有许多的效果处理功能外，它还能将编辑好的文件存成 WAV、AU、SND、RAW、AFC 等格式。

GoldWave 是一个功能强大的数字音乐编辑器，它可以对音乐进行播放、录制、编辑以及转换格式等处理。以下是 GoldWave 的特性：

① 直观、可定制的用户界面，使操作更简便。

② 多文档界面可以同时打开多个文件，简化了文件之间的操作。

③ 编辑播放时间较长的音乐时，GoldWave 会自动使用硬盘，而编辑较短的音乐时，GoldWave 就会在速度较快的内存中编辑。

④ GoldWave 允许使用很多种声音效果，如倒转(Invert)、回音(Echo)、边缘(Flange)、动态(Dynamic)、增强(Strong)和扭曲(Warp)等。

⑤ 精密的过滤器(如降噪器和突变过滤器)能帮助修复声音文件。

⑥ 批转换命令可以把一组声音文件转换为不同的格式和类型。该功能可以转换立体声为单声道,转换 8 位声音到 16 位声音,或者是文件类型支持的任意属性的组合。如果安装了 MPEG 多媒体数字信号编解码器,还可以把原有的声音文件压缩为 MP3 格式,在保持出色的声音质量的前提下使声音文件的尺寸缩小为原有尺寸的 1/10 左右。

⑦ CD 音乐提取工具可以将 CD 音乐拷贝为一个声音文件。为了缩小尺寸,也可以把 CD 音乐直接提取出来并存为 MP3 格式。

⑧ 表达式求值程序在理论上可以制造任意声音,支持从简单的声调到复杂的过滤器。内置的表达式有电话拨号音的声调、波形和效果等。

GoldWave 的界面如图 6.4 所示,这是一个空白的 GoldWave 窗口。刚进入 GoldWave 时,窗口是空白的,而且 GoldWave 窗口上的大多数按钮、菜单均不能使用,需要先建立一个新的声音文件或者打开一个声音文件。GoldWave 窗口右下方的小窗口是设备控制窗口。

图 6.4　GlodWave 界面

设备控制窗口的作用是播放声音以及录制声音,窗口各部分的作用如图 6.5 所示。

值得注意的是,设备控制面板上的播放按钮和自定义播放按钮是有区别的:播放按钮是仅播放选中的那部分声音,自定义播放按钮是根据播放属性的定义来播放声音。

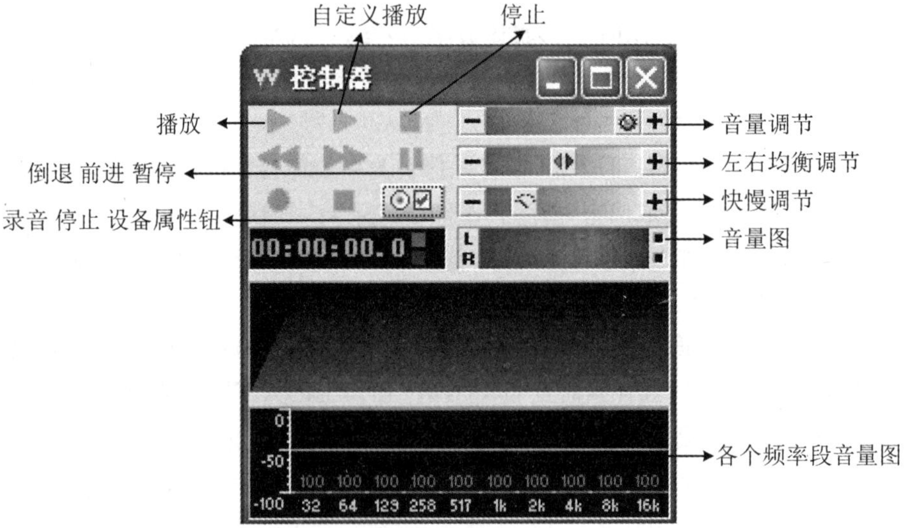

图 6.5 控制窗口

设备属性用于调整播放方式、录音方式、音量、波形图及声音设备。

活动 1:打开一个已有的声音文件

GoldWave 支持多种声音格式,可以编辑扩展名是 WAV、MP3、VOC、AU、AVI、MPEG、MOV、RAW、SDS 等格式的声音文件。

使用"文件"菜单中的"打开"命令或使用工具栏上的"打开"按钮即会弹出打开窗口,找到所要打开的声音文件后按打开按钮(或直接用鼠标双击这个声音文件)即可打开文件。

打开声音文件之后会看到 GoldWave 的窗口中显示出了声音文件的声音波形。如果是立体声,GoldWave 会分别显示两个声道的波形,绿色部分代表左声道,红色部分代表右声道。而此时设备控制面板上的按钮也变得可以使用了(即由黑白变为彩色)。点击设备控制面板上的播放按钮,GoldWave 就会播放这个波形文件。

播放波形文件的时候,在 GoldWave 窗口中会看到一条白色的指示线,指示线的位置表示正在播放的波形。与此同时,在设备控制面板上会看到音量显示以及各个频率段的声音的音量大小。

在播放波形文件的过程中可以随时暂停、停止、倒放、快放,使用方法与普通的录音机一样。在设备控制面板上还有一个录音按钮,我们可以用它录制自己的声音,甚至可以把自己的声音录制到一个已有的声音文件中与原有的声音混合，或者把原有的声音覆盖。也可以在设备控制面板上调整音量、左右均衡和播放速度。

在设备控制面板上有两个播放按钮，即播放和自定义播放按钮。使用播放按钮时，总是播放选中的波形；如果使用自定义播放按钮，就可以自己决定播放哪一段波形。还可以进行播放选中的波形、未选中的波形等操作。

通过属性按钮，可以定义自定义播放按钮的功能。用鼠标点击设备控制面板上的属性按钮，GoldWave 就会弹出设备控制属性窗口，如图 6.6 所示。

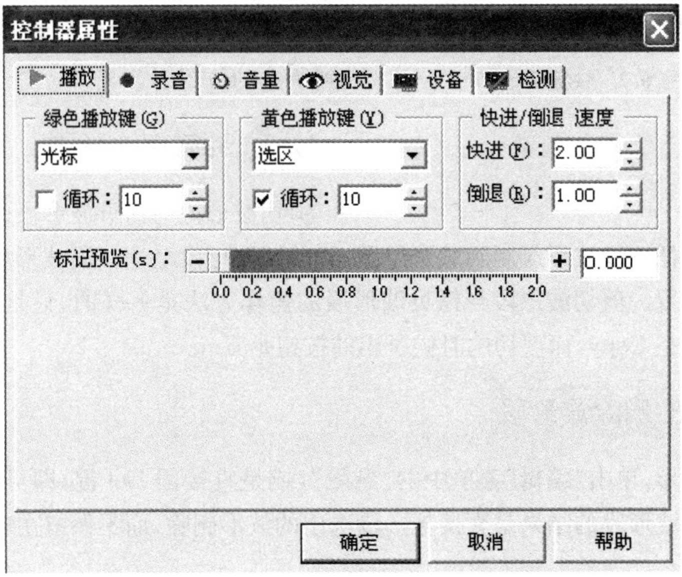

图 6.6　设备控制属性窗口

在设备控制窗口中可以调整播放属性、录音属性、音量等。

活动 2：文件的保存

保存文件的方法和打开文件的方法类似，最简单的方法是使用工具栏上的“保存”按钮。如果要把声音文件保存为其他的格式，就要使用“文件”菜单中的“另存为”命令，然后在“另存为”窗口中选择要保存的文件格式。

活动 3：选择波形

因为在 GoldWave 中，我们所进行的操作都是针对选中的波形。所以，在处理波形之前，要先选择需要处理的波形。在波形图上点鼠标右键，弹出快捷菜单，如图 6.7 所示，确定所选波形的开始标记和结束标记。

选中的波形以较亮的颜色并配以蓝色底色显示；未选中的波形以较淡的颜色

并配以黑色底色显示。

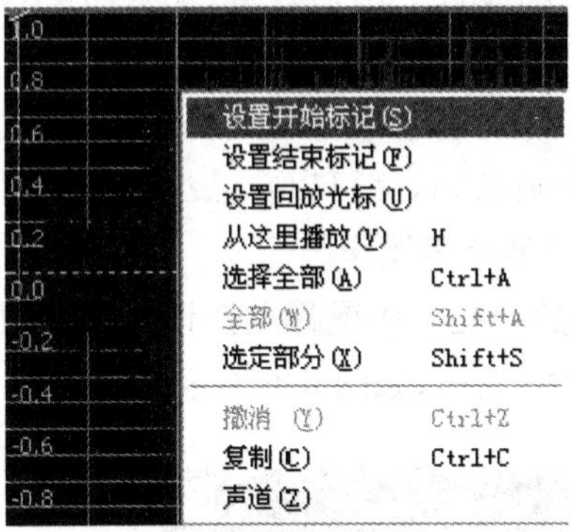

图 6.7 快捷菜单

活动 4:拷贝波形段

与其他 Windows 应用程序一样,拷贝分为选择、复制和粘贴三个步骤:首先,选择波形段以后,按下工具栏上的复制按钮,选中的波形即被复制;然后,用鼠标选择需要粘贴波形的位置;最后,用鼠标点击工具栏上的粘贴按钮,刚才复制的波形段就会被粘贴到所选的位置。

活动 5:剪切波形段

剪切波形段与拷贝波形段的区别是:拷贝波形段是把一段波形复制到某个位置,而剪切波形段是把一段波形剪切下来,粘贴到某个位置。剪切波形段与拷贝波形段的操作方法是一样的,只是拷贝的时候所用的按钮是 Copy,而剪切的时候所用的按钮是 Cut。

活动 6:删除波形段

选中波形,单击“编辑”菜单中的“删除”,或是直接用 Del 键,即可删除选中的波形。删除波形段的结果是直接把一段选中的波形删除,而不保留在剪贴板中。

活动 7:裁剪波形段

裁剪波形段类似于删除波形段,不同之处是:删除波形段是把选中的波形删除,而裁剪波形段是把未选中的波形删除,两者的作用可以说是相反的。裁剪波形段所使用的是“编辑”菜单中的“裁剪”,裁剪以后,GoldWave 会自动把剩下的波形放大显示。

活动 8:粘贴的几种形式

上面提到的粘贴是普通的粘贴命令,除此之外,在 GoldWave 工具栏的第一行中还有“粘贴到新文件”以及“混合”这两种特殊的粘贴命令。三种粘贴命令的区别如表 6.1 所示。

表 6.1　三种粘贴命令的区别

图标	名称	作用
	粘贴	把复制的波形简单地粘贴到插入点
	粘贴到新文件	把复制的波形粘贴到一个新文件中
	混合	把复制的波形与原有的波形混合

活动 9:音频特效制作

GoldWave 的效果菜单提供了 10 多种常用音频特效的命令,如图 6.8 所示,从压缩到延迟再到回声等,每一种特效都是日常音频应用领域使用最为广泛的效果,掌握它们的使用方法能够更方便我们在多媒体制作、音效合成方面进行操作,取得令人满意的效果。

这些效果的使用方法类似,选择一个效果后,就会弹出一个窗口,只要调节各个参数就可以完成对声音的处理,以回声效果为例。

回声,顾名思义是指声音发出后经过一定的时间再返回被我们所听到,就像在旷野上面对高山呼喊一样,在很多影视剪辑、配音中广泛采用。

GoldWave 的回声效果制作方法十分简单,选择“效果”菜单下的“回声”命令,在弹出的对话框中输入延迟时间、音量大小和打开混响选框就行了,如图 6.9 所示。

延迟时间值越大,声音持续时间越长,回声反复的次数越多,效果就越明显。而音量控制是指返回声音的音量大小,这个值不宜过大,否则回声效果就显得不真实了。打开混响效果之后,能够使声音听上去更润泽、更具空间感,所以建议一般都将它选中。

其他效果的使用方法都类似,这里不一一详述了。另外,如果熟悉操作后,就可以更方便地使用 GoldWave 工具栏里的效果按钮,如图 6.10 所示。

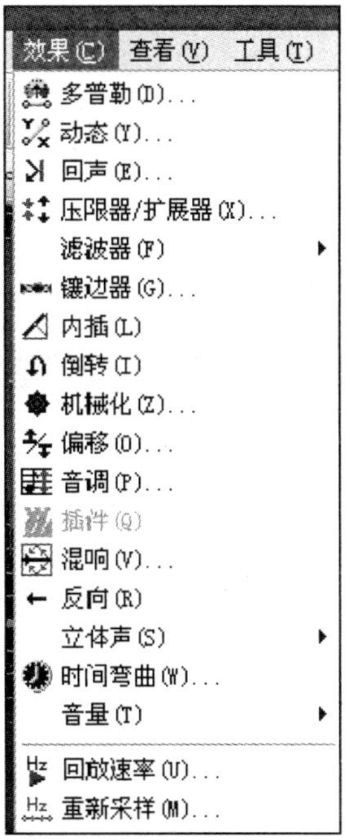

图 6.8　音频效果菜单

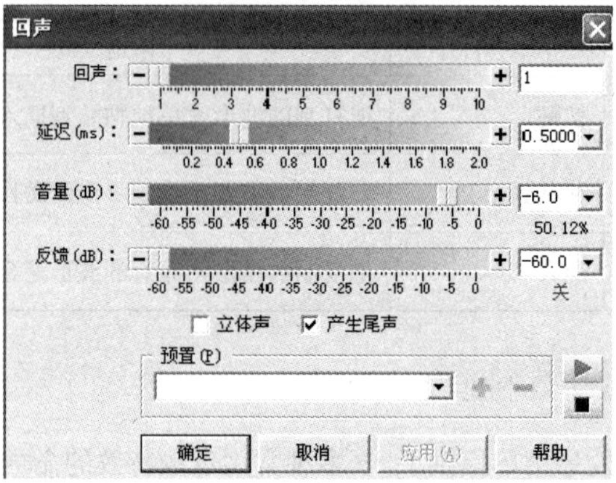

图 6.9　回声效果对话框

图 6.10　工具栏的效果按钮

活动 10：录制声音文件

首先双击桌面任务栏右下角的小喇叭，出现一个“音量控制”面板，如图 6.11 所示。

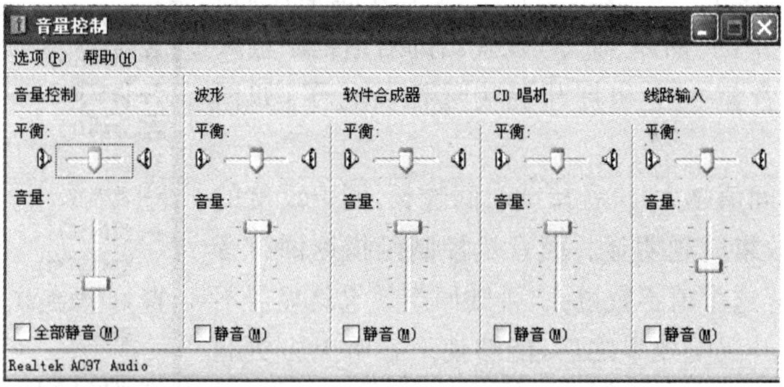

图 6.11　音量控制面板

其次，选择“选项”菜单的“属性”命令，选择“录音”选项并把“麦克风”选中后点击“确定”按钮。如图 6.12 所示。

在“录音控制”对话框中，选择麦克风，并调整其音量大小。如图 6.13 所示。

这样，声音设置完成，关闭窗口。

运行 GoldWave 软件，选择“新建”命令，弹出“新建声音”对话框，如图 6.14 所示。根据需要设置其内容。

确定后，新建一个空白的波形声道。单击控制器的“录音按钮”，开始录制声音。声音录制完成，单击“停止”按钮，停止录制，得到录制的声音波形文件，并保存。

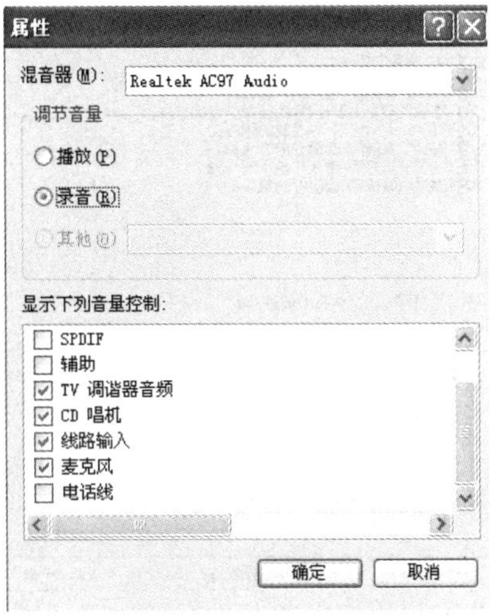

图 6.12　属性面板

录制完的声音，可以通过“效果”命令进行降噪等处理，以取得更好的效果。

活动 11：批量格式转换

GoldWave 中的批量格式转换也是一个十分有用的功能，它能同时打开多个它所支持格式的文件并转换为其他各种音频格式，运行速度快，转化效果好，以致很多用户对它的这项功能一直情有独钟。选择“文件”菜单下的“批处理”命令，在图 6.15 的对话框中添加要转换的多个文件，并选择转换后的格式和路径，然后按下“开始”键，就会在刚才设置的路径下找到这些新生成的音频格式文件。

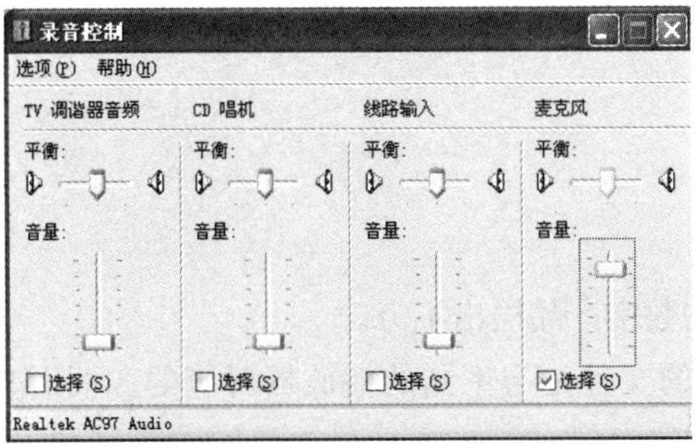

图 6.13　录音控制对话框

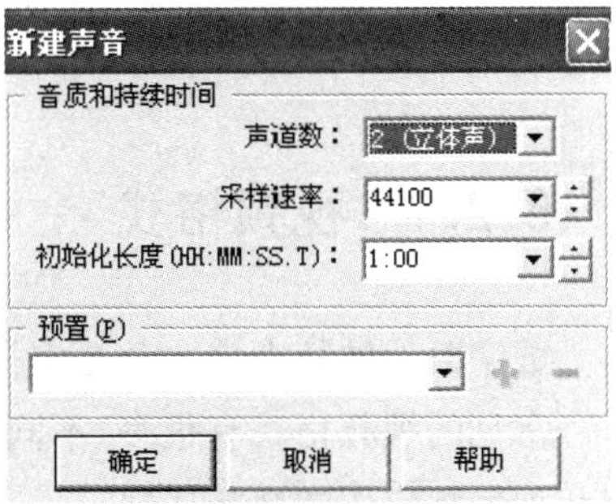

图 6.14　新建声音对话框

活动 12：CD 抓音轨

如果要编辑的音频素材在一张 CD 中的话，就不需要再使用其他的抓音轨软件在各种格式之间导来导去了，直接选择 GoldWave“工具”菜单下的“CD 读取器”命令就能够一步完成，如图 6.16 所示。选择音轨之后按下“保存”按钮，再输入一个保存的文件名称和路径就行了，非常方便。

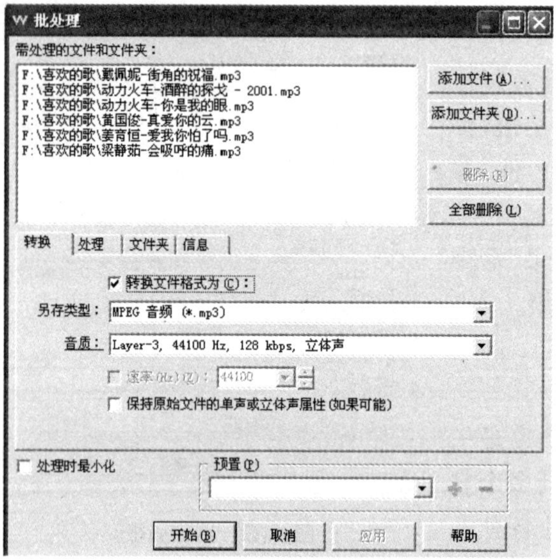

图 6.15　批处理对话框

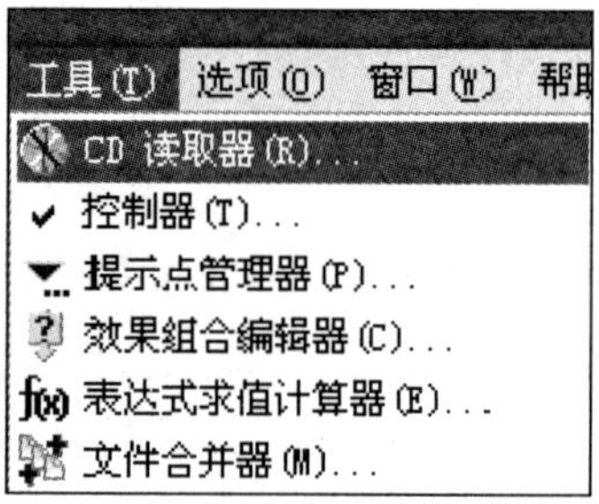

图 6.16　CD 读取器

6.2　视频资源的获取与处理

6.2.1　视频格式

数字时代的特点之一就是多样化的数字产品层出不穷。

常见的视频格式有很多，不同格式的文件是与不同的播放器对应的。下面介绍几种经常应用的视频格式。

1. AVI 格式(Audio Video Interleaved)

AVI 即音频、视频交错格式，由微软公司开发，支持的播放软件有 Windows Media Player、DivX Player、Quick Time Player、Real Player 等，应用范围比较广，可以跨多个平台使用，早期的 AVI 文件大都是未经过压缩编码的文件，分辨率普遍不高且文件十分庞大，现在经过 DivX 等压缩编码技术完善的 AVI 格式文件，图像质量得到大幅提升，这成为它最大的优点。但它的缺点也十分明显——文件过于庞大，而且由于它没有限定压缩标准，因此播放软件必须使用相应的压缩编码解压缩才能播放。

2. MPEG 格式(Motion Picture Experts Group)

MPEG 即运动图像专家组格式，是应用最为普遍的一种视频格式，家里常看的 VCD、SVCD、DVD 就是这种格式。绝大多数播放软件均可播放该文件格式，如 Windows Media Layer、暴风影音等。

MPEG 文件格式是运动图像压缩算法的国际标准，它采用了有损压缩方法从而减少运动图像中的冗余信息。

MPEG 的压缩方法可以保留相邻两幅画面绝大多数相同的部分，而把后续图像和前面图像中的冗余部分去除。

MPEG 格式包括 MPEG 视频、MPEG 音频和 MPEG 系统(视频、音频同步)三个部分，MP3(MPEG3)音频文件就是 MPEG 音频的一个典型应用；视频方面则包括 MPEG1、MPEG2 和 MPEG4 三个主要的压缩标准。

MP4，全称 MPEG4 Part14，是一种使用 MPEG4 的多媒体电脑档案格式，文档扩展名为 mp4，以储存数码音讯及数码视讯为主。

3. WMV 格式(Windows Media Video)

WMV 格式主要应用于微软公司出品的视频格式文件播放软件 Windows Media Player。WMV 的主要优点包括可进行本地或网络回放、为可扩充及可伸缩的媒体类型、流的优先级化、多语言支持、环境独立性以及扩展性等。

4. MKV 格式

MKV 不是一种压缩格式，而是 Matroska 的一种媒体文件。Matroska 是一种新的多媒体封装格式，也称多媒体容器 (Multimedia Container)。它可将多种不同编码的视频及 16 条以上不同格式的音频和不同语言的字幕流封装到一个 Matroska Media 文件当中。MKV 最大的特点就是能容纳多种不同类型编码的视频、音频及字幕流。

Matroska 媒体定义了三种类型的文件：MKV 是视频文件，它里面可能还包含有音频和字幕；MKA 是单一的音频文件，但可能有多条及多种类型的音轨；MKS 是字幕文件。这三种文件以 MKV 最为常见。

5. FLV 格式(Flash Video)

以前，网上的很多视频，都是微软的 asf/wmv 格式，Real 的 rm、rmvb 以及苹果公司的 Quick Time 格式等。这些所谓的流媒体格式开创了在线视频的时代。但在当时，在线收看仍然需要较高的带宽。如今，Adobe 公司(以前是 Macro Media

公司)的 Flash Video 格式,逐渐演变成当今最流行的网络视频格式(Flash Video,扩展名为 FLV)。

6. MOV 格式(Quick Time 影片格式)

MOV 格式是由美国苹果公司开发的一种视频格式,默认的播放器是苹果的 Quick Time Player。具有较高的压缩比率和较完美的视频清晰度等特点,但是其最大的特点还是跨平台性,即不仅能支持苹果系统,同样也能支持 Windows 系统。国外一些电影网站的电影预告片很多都应用了这种格式。

6.2.2 网页中视频的下载

随着网络速度的提升和视频技术的发展,网页上的视频信息越来越丰富,成为教学资源中一个重要的内容。和其他格式的素材一样,如果网页中提供了视频的下载按钮或是地址链接,则可以直接从 IE 下载或是用工具下载。而有的视频门户网站则提供专业的网站下载工具进行下载。如果没有直接提供,则可以灵活运用多种方法,找出隐藏的可用信息,比较常见的方法跟音频下载中介绍的从 IE 缓存中提取一致。

活动:以优酷视频网站(www. youku. com)为例,下载一节优质课视频

① 打开 IE 浏览器,输入网址 www. youku. com,如图 6.17 所示。

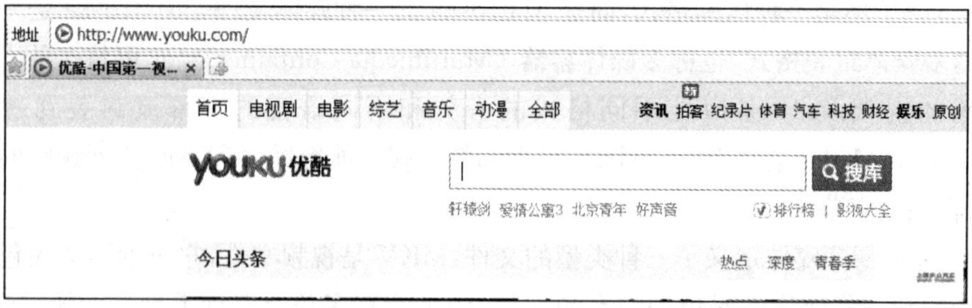

图 6.17 打开优酷网

② 如果电脑里没有安装优酷客户下载端,需要下载并安装。下载地址在网页下部,如图 6.18 所示:"软件"列表下的"PC 客户端";图 6.19 所示为下载页面。

③ 在搜索中输入"优质课",搜索相关的视频资源,如图 6.20 所示。

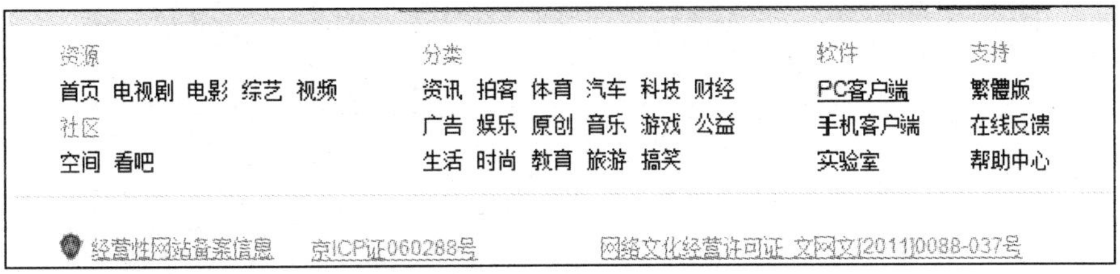

图 6.18　下载 PC 客户端

图 6.19　下载页面

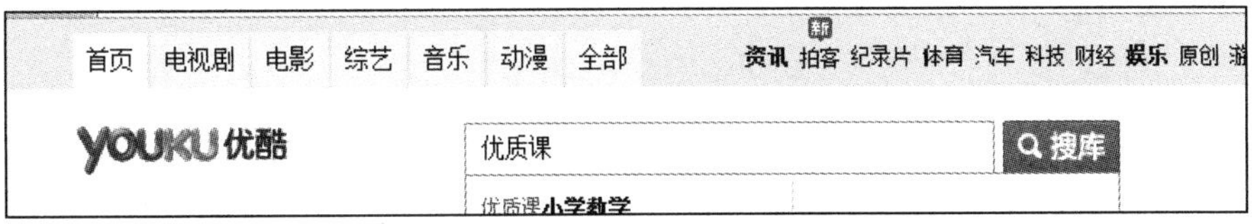

图 6.20　搜索资源

④ 在搜索结果中选择合适的视频素材，在播放窗口下方点击“下载”即可打开优酷客户端进行下载。图 6.21 所示为播放窗口，图 6.22 所示为点击“下载”后打开客户端进行下载的页面。

6.2.3　格式工厂

格式工厂(Format Factory)是由上海格式工厂网络有限公司创立于 2008 年 2 月的多媒体格式转换软件。

图 6.21 播放窗口

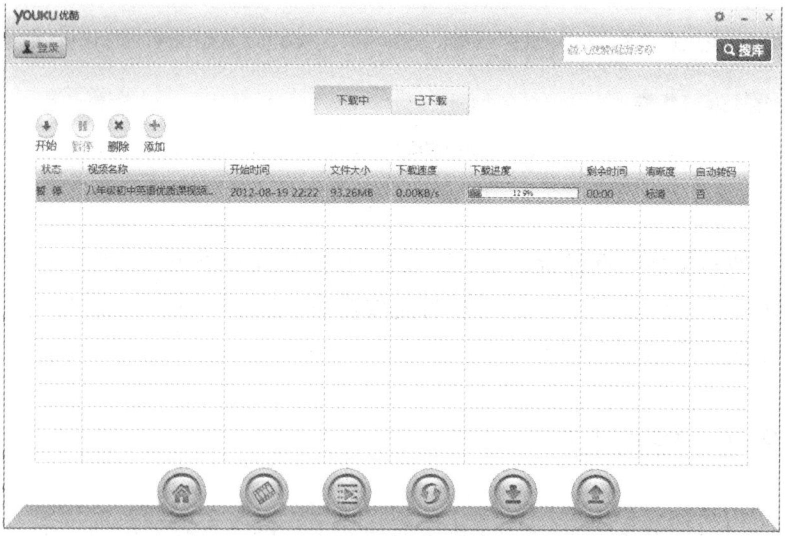

图 6.22 下载界面

格式工厂可以将大多数常见视频转换为 MP4、3GP、MPG、AVI、WMV、FLV、SWF、RMVB 等常用格式；将大多数常见音频转换为 MP3、WMA、AMR、OGG、

AAC、WAV 等常用格式；将大多数常见图像转换为 JPG、BMP、PNG、TIF、ICO、GIF、TGA 等格式。在转换过程中可以修复某些损坏的视频，可以进行媒体文件压缩和视频裁剪，支持 iPhone、iPod、PSP 等媒体定制格式。格式工厂不仅可以转换图像文件格式，还支持缩放、旋转、数码水印等功能，支持从 DVD 复制视频，支持从 CD 复制音乐。其工作界面如图 6.23 所示。

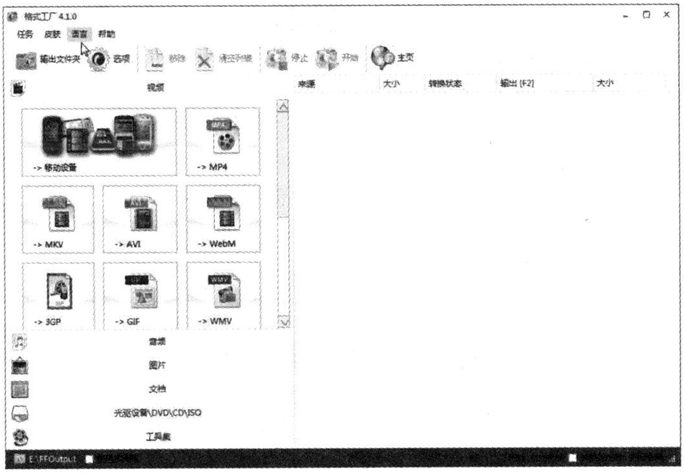

图 6.23　格式工厂工作界面

活动：转换一段视频

① 在工作界面的视频格式列表中选择目标视频格式，弹出转换格式任务窗口，如图 6.24 所示。

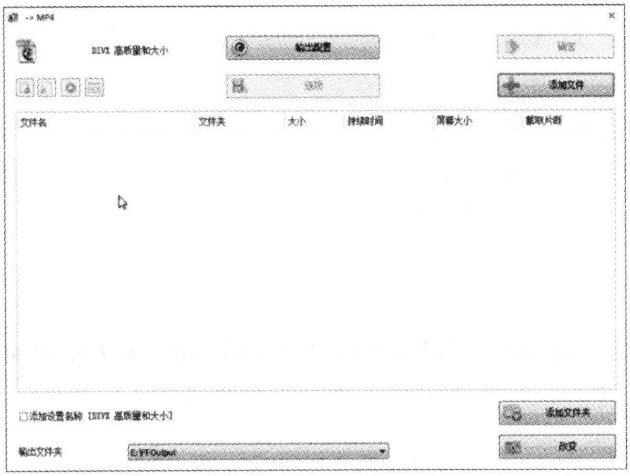

图 6.24　格式转换任务窗口

② 点击“添加文件”按钮，弹出打开文件对话框，打开需要进行格式转换的视频文件，如图 6.25 所示。

图 6.25　打开转换文件窗口

③ 点击图 6.24 所示的格式转换任务窗口中的“改变”按钮，选择转换后的视频文件保存位置。

④ 点击图 6.24 所示的格式转换任务窗口中的“确定”按钮返回格式工厂工作界面，在工作界面窗口中点击“开始”按钮开始进行格式转换，在窗口的右侧会显示转换任务的状态和转换进度，弹出如图 6.26 所示的转换进度。

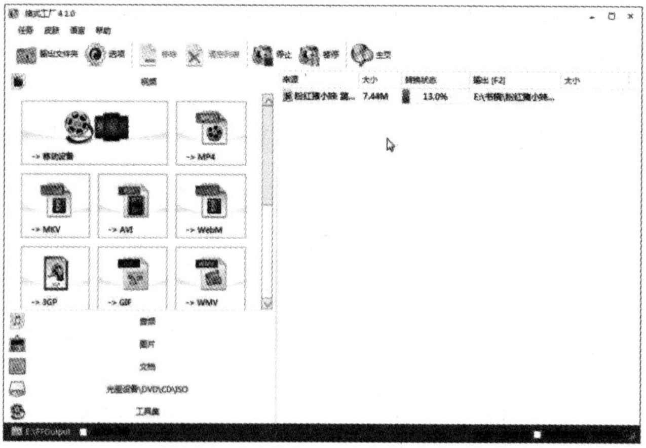

图 6.26　转换状态和进度

格式工厂除了可以进行视频格式转换外，还可以进行音频格式转化、图片格式转换以及简单的文档格式转换。

6.2.4　狸窝全能视频转换器

狸窝全能视频格式转换器是一款功能强大、界面友好的全能型音视频转换及编辑工具。它可以在大多常用的音视频格式之间相互转换。如：MP3、WMA、RMVB、3GP、MP4、AVI、FLV、F4V、MPG、VOB、DAT、WMV、ASF、MKV、DV、MOV、TS、WEBM 等音视频文件。狸窝还可以把 PC 端常用的音视频格式编辑转换为 iPod、iPhone、PSP、iPad、MP 4 播放机等移动设备支持的音视频格式。

狸窝全能视频转换器不单提供多种音视频格式之间的转换功能，它同时又是一款简单易用却功能强大的音视频编辑器。在视频转换设置中，可以对输入的视频文件进行可视化编辑。例如：截取视频片段、剪切视频黑边、添加水印、合并视频、调节亮度及对比度等。

狸窝全能视频转换器支持输入的主要文件格式如下：

① 视频文件有：RM、RMVB、3GP、MP4、AVI、FLV、F4V、MPG、VOB、DAT、WMV、ASF、MKV、DV、MOV、TS、MTS、WEBM 等。

② 音频文件有：AAC、AC3、AIFF、AMR、M4A、MP2、MP3、OGG、RA、AU、WAV、WMA、MKA、FLAC(无损)、WAV(无损)等。狸窝全能视频转换器操作简单，工作界面如图 6.27 所示。

图 6.27　狸窝全能视频转换器界面认识

活动：对录制的视频进行剪裁编辑

① 打开软件。

② 在软件界面窗口中点击左上角“添加视频”按钮，添加要编辑的视频，一次

可选择多个。

③ 添加视频后，左上角即出现“编辑视频”按钮，单击“编辑视频”按钮，打开视频编辑窗口，如图 6.28 所示。在该窗口中可以对视频选取截取的开始时间和结束时间进行裁剪，添加水印，调整亮度、对比度等。修改前后的效果分别以原始视图和输出视图进行显示。截取及效果设置完成后，单击“确定”按钮返回主界面。

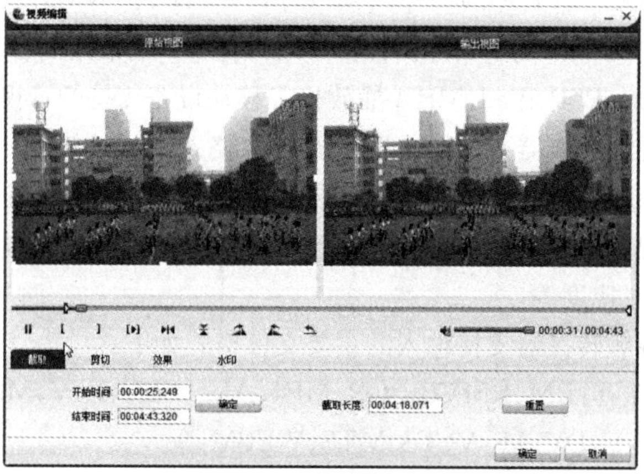

图 6.28　视频编辑窗口

④ 点击主界面的“预置方案”后的三角按钮，如图 6.29 所示；在弹出的视频格式列表中选择需要转换的视频格式，点击“输出目录”后的文件夹按钮选择转换后的文件保存位置，如图 6.30 所示；点击主界面右下角的开始转换按钮进行转换。

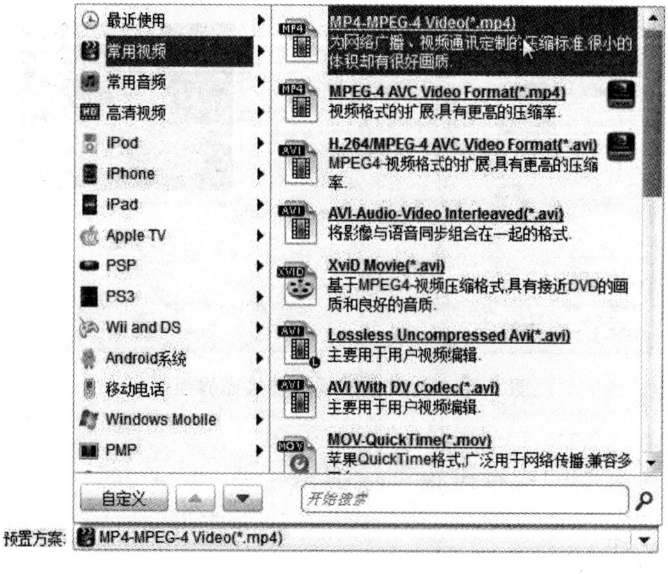

图 6.29　选择转换格式

图 6.30　选择转换后的视频保存位置

第 7 章　多媒体教学课件制作基础

学 习 目 标

通过对本章的学习，学习者将了解多媒体课件的特点与分类，掌握多媒体课件的设计原则和开发流程，并熟悉不同多媒体制作工具的特点。

7.1　多媒体课件的特点与分类

20 世纪 90 年代初出现的多媒体计算机使得计算机的信息表达功能发生了革命性的飞跃。多媒体技术能够把文字、图像、图形、声音、视频、动画等进行有效的集成，更好地开发人类接受信息的生理和心理资源，从而实现高效率的信息交互。多媒体技术已被广泛地应用于各个学科和各种教育层次中，它的研究和实践大大丰富了计算机辅助教学的理论体系，为现代教育技术开拓了前所未有的广阔空间。

多媒体课件是根据教学大纲的要求和教学需要，经过严格的教学设计，并以多种媒体的表现方式和超文本结构制作而成的课程软件。

多媒体课件不等同于教学软件。教学中为教学目的服务的任何软件都可以看作是教学软件，教学软件的范围大于多媒体课件。

7.1.1　多媒体技术的特点

多媒体技术就是把声音、文字、图像和计算机集成在一起并可进行交互的技术，其具有以下关键特性。

1. 集成性

多媒体技术的集成性首先是指可将声、文、图、像等多种不同的媒体信息有机地进行同步组合，成为一个完整的多媒体信息，做到图、文、声、像一体化。

集成性的另一层含义是把不同的输入显示媒体，如键盘、摄像机、数字相机、扫描仪等；输出显示媒体，如显示器、打印机、投影仪、音箱、喇叭等设备；存储媒体，如硬盘、光盘、U 盘等；传输媒体，如同轴电缆、光纤等集成在一起，形成一个整体。这是多媒体技术的先决条件，其具有的特征就是集声、文、图、像多种媒体为一体。

2. 实时性

多媒体技术由于是多种媒体集成的技术，其中声音及活动的视频图像是和时间密切相关的，甚至是强实时。

3. 交互性

交互性是指可以进行人工干预，人为地改变信息的表现结构，研究感兴趣的特定方面，从而增强对信息的接受和理解。

4. 图像处理、声音处理、网络通信技术融为一体

多媒体技术是一种高科技产物，它包含了电脑视频信号处理、图像处理、声音处理以及网络通信技术等，旨在用人们生活中习惯的声音、图像和文字等相结合的方式来处理和传递信息。

5. 易操作性

多媒体电脑使用者仅用简单的键盘命令，或仅用鼠标，或仅用手指触摸屏幕上的标志，就可以得到所需要的各种信息。这样，即使完全不懂电脑的人，也可以轻松操作，享受多媒体技术。

6. 可设计任何用途的系统

由于多媒体技术可根据具体要求编辑、存储、摄取多种信息，因此它的应用也不断扩展，已进入到工业生产、教育、职业培训、公共服务、信息传播、商业广告、军事训练、家庭生活和娱乐等几乎所有领域。

7. 友好的用户界面

多媒体技术运用文字、图像、动画、声音等信息，集成生动活泼的界面，令用户感觉界面非常友好。

8. 易开发、可维护性

多媒体并非凭空而生，它是技术发展与应用需求的必然产物。计算机中的信

息最初采用二进制0、1来表示，后来产生了ASCⅡ字符码，对广大非计算机专业的普通用户来说，这无异于天书一般难以理解和使用。

随着软硬件技术的发展，计算机开始处理图像、声音、视频等信息，这个过程其实就是计算机多媒体化的演变过程。面对对象的编程技术的出现，使多媒体产品变得易开发、可维护，使所有的电脑使用者、多媒体爱好者都可以充分发挥自己的创意，开发自己的多媒体产品。

7.1.2 多媒体教学的特点

传统的教学方法是教师在课堂上讲解，借助书本、语言和板书这些比较单一的媒体讲授知识，学生则靠眼看、耳听、手写等方式被动地接受。这种教学方法不但不能展示出一个动态的、有声有色的内容丰富的信息，而且束缚了学生的主观能动性和自我创造精神的发挥。

为了改变这种传统的教学方式，多年来，人们曾利用幻灯、投影仪、摄录机等设备进行电化教学。但是，它们都在不同程度上存在着各自的缺点。

目前，越来越多的教育工作者已经强烈地感受到运用交互式、能调动多种感官的教学模式能在学习中发挥强大作用。一台多媒体计算机就可以构成一座多媒体学校，丰富的多媒体工具和各种计算机辅助教育软件可支持不同的学习方式，不仅为现代化教学手段、教学方式、教学内容创造了良好的平台，而且为学生展示了一个充分发挥自我创造性的无限广阔的空间。

1. 多媒体教学具有教学性

多媒体课件通过多媒体信息的选择与组织来反映教学过程和教学策略。多媒体课件一般包含知识讲解、举例说明、媒体演示、提问诊断、反馈评价等教学内容。

多媒体技术可将文字、声音、图形、图像等各类信息排列组合，进行综合表现，突破以往“单纯”的阅读方式，使图书这一人类知识主要传播者的功能发生了根本性的变革，成为全新的多媒体。交互式的信息载体对周围世界的记录与再现，更加接近人们的直接感受。

2. 多媒体教学具有直观性

直观性指的是多媒体课件展示的内容直观、形象，充分利用文字、声音、动画、视频等多种方式，将抽象的内容以直观具体的形式表现，调动学习者的多种感官。

多媒体教学手段，完全不同于以往那种分离的讲稿、作业和实验室三者的功能，这种新的形式能够使学习者自由地从一种模式切换到另一种模式。例如，在物理课讲重力加速度时，由于使用录像设备记录下了投掷球的过程，并把录像的视频信号直接数字化存入光盘再输入计算机里，使它在计算机的屏幕上再现，这样，学习者即可一边学习，一边通过计算机里的多媒体工具软件来分析这个运动；然后，就可以制作出一张表来说明该球相对于时间所发生的位置变化，并把他们的结果标绘成图形。

多媒体教学能够教更多的东西，对概念的说明也很有效，并且讲得更透彻。它能通过图像、动画、运动视频很详细地解释事物。例如在使用电子出版物进行关于大脑结构的教学中，通过旋转的画面，大脑被一层层地剖开，能看清这些结构。

儿童教育因教材更活泼、有趣，增加了参与感，因而使儿童学得更主动、更快捷、更扎实；成人教育由于图文并茂、声形辉映，使得复杂的内容有一目了然之感，因而使学习者学得更充实。由于多媒体技术的直观显示和有声有色，加上学习者的参与和"身临其境"，以及计算机有针对性地引导，使所学内容更加易于掌握。

3. 多媒体教学具有准确性、可重复性、可发展性

一个讲授者讲课前可能精心准备了发言内容，并进行了坦然自信的讲授演练，可到了实际讲授时，却忘了精彩的话语，表情和行动因此受到干扰而变得不自然。同样一个讲授者讲授同样的内容，但在不同的时间和不同的地点，讲授的内容和效果绝不可能完全一样。一堂精彩的讲课，不仅是讲授者对知识理解的反映，更多是一种经验的积累、一种教学的体会，如何保留这精彩的一幕幕，并且随着知识结构的更新而更新和发展是亟待解决的问题。

借助多媒体教学，这些问题都可以得到很好的解决。多媒体制作时可以记录讲课的准备、讲授的演练、精彩的讲授片段，并且对这些内容进行剪辑、效果处理，以后还可以方便地进行增删和更新。

4. 多媒体教学具有参与性、诊断性

现代教育理念提倡"参与式"教学，强调学习者的参与意识。多媒体课件的参与性主要表现为设置人性化的学习环境。学习者通过参与学习、情感体验，提升学习兴趣。

多媒体课件通常设置一些问题作为形成性评价。对于学生的回答，多媒体课件作出相应的反馈，给出评价信息。电子作业支持系统是多媒体课件发展的延伸，具有"及时学习"或"即求即应"学习功能，诊断性更强。

5. 多媒体教学能激励想象力、激发创造力

学生在按照多媒体教学系统要求学习时,不但可以与计算机进行有关教学内容的交互,还可以根据教学内容,利用计算机的多媒体技术和相应的软件,制作出图文并茂、有声有色的创造性作业,比如可以制作出有声资料,并能对声音进行采集、编辑、修改、配音、插入等;可以制作出动画图像等。

对这些"作业",如有不顺心、不满意之处,或有了新的灵感,编辑、修改起来也很方便。

可以说,这样的教学系统,全面综合了幻灯、投影、摄录像设备的长处,动静结合,有声有色,既可作特写,也可很容易地快放、慢放和静止展示图像,以显示运动图像的运动轨迹、运动特征;可以十分方便地对这些进行管理、检索和任意提取,使得教学本身更加直观和激动人心。学生利用多媒体的创作功能和创作工具,使学习、研究和创造成为一种真正的"冒险"和娱乐行动,它无疑可以激发学生的无穷想象力。

7.1.3 多媒体课件的分类

多媒体课件的具体实现模式可以有多种分类方法。根据不同的分类依据,多媒体课件有以下几种不同的分类:根据使用目标分类、根据应用环境分类、根据教学模式分类。

1. 根据使用目标分类

(1) 助教型

主要用于帮助教师课堂教学和课后辅导,辅助教师向学生传授知识,揭示教学内容的内在规律。

(2) 助学型

主要用于帮助学生自主学习或协作学习,辅助学生建构当前知识体系,成为认知的主动构建者。

(3) 综合型

以上两种类型的综合,具有助教和助学两种功能,既能帮助教师在课堂上使用,又能帮助学生课外自学。

2. 根据应用环境分类

(1) 单机版课件

在本地机(或单机)独立运行的课件,只能进行人机交互,适合教师的课堂教学及学生自主学习。

(2) 网络版课件

在网络上运行的课件,不仅能进行人机交互,还能进行人与人交互。IP 课件是目前广泛应用的一种网络课件。网站是这一类课件的载体,课件必须要通过网站进行发布,浏览者可登录网站点播所需的课件。

3. 根据教学模式分类

(1) 演练型(Drill and Practice)

演练型多媒体课件涉及的程序设计技术较为简单,实效性强,因此得到了广泛的应用。图 7.1 展示了这类软件的基本设计结构。

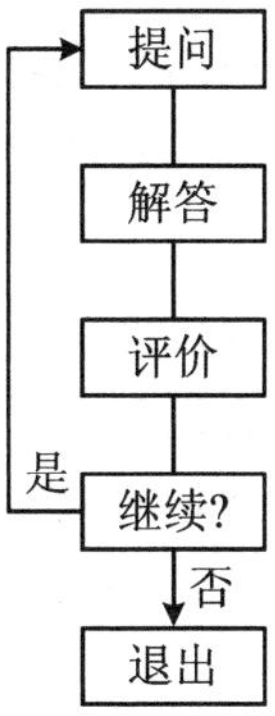

图 7.1　演练型结构

演练型软件的基本实现方式为:在屏幕上顺序展示问题,学习者使用交互手段来解答,系统随后立即对答案进行评判,并根据用户的要求或解答的质量来确定是否提出下一个问题。这种模式的教学软件重复进行"提问—解答—评判"的模拟教学过程,学生在不断地重复练习中巩固、加深对教学内容的理解。但过多的重复练习会使学习者产生厌倦心理,因此演练型结构经常被包含在其他类型的多媒体课件软件中,而不是单独应用。

(2) 指导型(Tutoring)

多媒体课件的指导模式根据教学原则将特定的教学内容分解成相对独立的课程单元,每个课程单元完成总教学目标中的一部分。根据实际需要,每个课程单元还可以按照同样的原则进行分解,最后形成树状结构。树上的每个叶片包含了实现具体教学功能的程序结构,这种结构通常类似于演练型的循环结构;每个分支节对应于用户界面中供使用者选择方向的可视对象。图 7.2 说明了这种树状结构。

指导型多媒体课件软件发展较早,应用也较为成熟。它能较好地实现应用计算机进行个别化教学。在国外流行的教学软件中属于这一类型的占了相当大的比例。

开发指导型教学软件的关键是对于教学目标的分解,即如何确定教学路径(确定

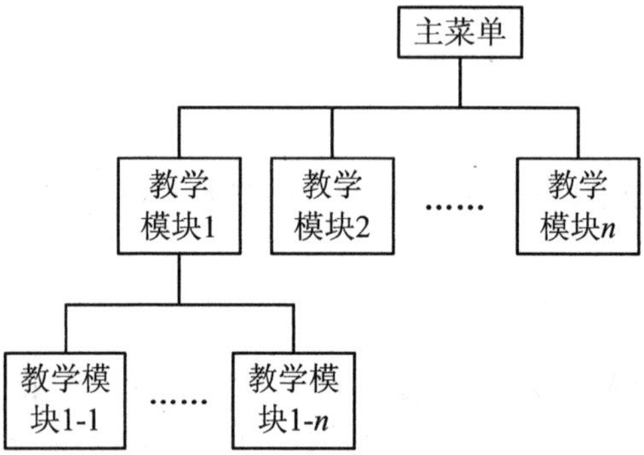

图 7.2 指导型结构

树的分支形状）和设计教学策略（设计叶片）。设计者需要有相当的教学经验，同时也要付出艰辛的劳动。

（3）模拟型（Simulation）

计算机模拟常用来展示在时间和空间上难以让学生直接感受的自然规律和现象，它们可以是常规教学方法难以控制和实现的微观或宏观过程、由复杂因素决定的动态实验过程及视觉化的抽象概念等。学习者通过在模拟空间中进行的信息交互可以更直观和主动地寻求科学规律，从而取得更好的学习效果。

（4）查询和对话型（Inquring and Dialog）

在指导型多媒体课件中，计算机将储存在知识库中的教学信息根据一定的策略传授给学生，如果将这种方式改为要求学生通过对话主动地探求学习内容就成为查询和对话型软件。查询和对话型软件具有指导型软件的大多数优点，并且大大地提高了资源的利用效率，具有更大的使用价值。在条件许可的情况下，将指导型多媒体课件转化为查询和对话型多媒体课件会收到更好的教学效果。

查询和对话模式一般为学生提供一个交互环境及用于获取信息的规则。随着多媒体技术的发展，各类电子百科全书日益流行，它们具有相当大的信息容量，运用查询和对话的结构与用户进行检索交互，这也是查询和对话型软件发展的新方向。

（5）问题求解型（Problem Solving）

在一些与数学或自然科学密切相关的学科中，问题求解能力的培养是非常重要的。在某些教学示例中，可以把计算机当作求解的工具。学生根据问题写出相应的算法，然后通过编程来得到正确的解答。若求解问题的过程相当复杂，也可以向学生提供解决有关问题的软件包，让他们掌握解决问题的程序和方法。

（6）游戏型（Game）

游戏型多媒体课件软件通过游戏的形式来达到特定的教学目标。多媒体课件游戏软件生成具有竞争性的交互环境，赋予学习决策与管理的权限，学习者通过选择合理的竞争策略来赢得胜利。这种过程能激发学生的兴趣，锻炼学生分析、决策和管理的能力。

游戏型多媒体课件软件的开发对于设计者的要求很高，大型的游戏型多媒体课件软件的开发通常需要系统策划、教育心理、美术设计、多媒体处理和软件开发等多方面人员的协同工作。

7.2　多媒体课件的设计原则

1. 教育性原则

以教学理论为指导，以教学大纲为依据，突出教学重点，突破教学难点。多媒体课件对学生获取知识、发展能力、培养品德能起到良好的促进作用。

在设计时应注意以下几个方面：

教学目标明确：明确教学目的，明确教学中要解决什么问题，希望达到什么目标。

针对性强：内容的选择和操作的难易程度要有明确的针对性，应考虑到学习者的年龄特点及认知水平等。

新颖性：根据学科特点及学习者特征，采用多种灵活的方式恰当地表现内容，不能千篇一律。

2. 科学性原则

科学性指多媒体课件正确表达学科的知识内容，不允许违背科学准则的现象出现。

在设计多媒体课件时注意以下几个方面：

概念的阐述、观点的论证、事实的说明、材料的组织应符合科学逻辑，选择的资料、史料和文献等要真实，并运用正确的、可靠的学科术语。

各种演示、示范以及绘制的图表和书写的公式应规范化、标准化；动画及模拟实验应以客观事实为依据，符合科学现象和规律。

3. 启发性原则

多媒体课件设计时应以启发式教学原则为指导，提高课件的应用价值。

常用的启发方式如下：

兴趣启发：从学习者的学习特征出发，采取不同内容表现形式，激发其兴趣和求知欲，将他们的注意力和思维活动引导到教学中。

比喻启发：课件设计时应合理利用视听表现手段的直观性，使比喻更加生动，从而启发学生的联想、分析，促进学生有效地学习。

设题启发：根据教学内容，在课件中适时、恰当地设置一些富有启发性的问题，充分调动学生的学习积极性，启发学生积极思考。

4. 技术性原则

多媒体课件的技术性是通过程序中的各种数据结构、程序结构、控制技巧以及运行的可靠性来衡量的。技术性原则要求课件运行快捷、操作界面友好、交互应答明确、容错能力强。必要时还应提供安装程序、卸载程序及使用说明书。

5. 艺术性原则

多媒体课件的艺术性主要是指呈现信息的艺术性。艺术性原则要求画面制作具有较高的艺术水准，构图合理美观，色彩真实清晰，具有一定的视觉冲击力；内容背景协调统一，课件整体风格前后一致；语言文字规范、简明、生动；解说清晰，音质稳定，背景音乐节奏合理。

6. 一致性原则

一致性原则是学习者对多媒体课件设计提出的要求，主要表现为两方面：

其一，要求多媒体课件使用相同的信息表现方法，如字体、背景颜色、标签风格、提示信息等方面保持一致；

其二，信息的表达、界面控制操作应与学习者理解、熟悉的模式尽量保持一致，如 Ctrl＋C、Ctrl＋V 等快捷键的使用。

7.3 多媒体课件的开发流程

多媒体课件可以是用于课堂教学的演示软件，也可以是用于课后复习的家教软件；它可以是支持教师课堂讲授的教学软件，也可以是支持学生学习的个性化教学软件；等等。

这里讨论的多媒体课件的开发，不涉及教学软件中具体学科内容的分析，而是主要从多媒体技术的教育应用，多媒体教材的开发方法、开发技术、开发过程以及开发过程中所涉及的一些共同的问题方面进行讨论。

这里讨论的多媒体课件的开发，是一个完整的开发流程，对于教师制作一些简单的课件来说，虽然人员的分工合并了、流程简化了，但整体的思想还是一致的。

7.3.1 多媒体课件的开发环境

多媒体课件的开发主要包括多媒体课件的设计与制作。根据多媒体课件中开发目的和要求的不同，多媒体课件的开发环境也有所不同。这里讲的开发环境是指一般多媒体课件开发时所必需的基本硬件环境和软件环境。

1. 硬件环境

用于多媒体课件开发的硬件环境主要有多媒体计算机、显示器、外存储器、外部的周边设备。

（1）多媒体计算机

多媒体课件在制作过程中需要对静止图像、动画、视频图像、声音等媒体数据进行制作、编辑。许多多媒体数据的制作，特别是图像数据的制作、编辑，由于数据量大，需要实时处理，所使用的计算机应具有较高的处理速度。若制作的教学软件仅涉及文本的呈现和处理，其速度的要求相应要低一些。

多媒体数据的数据量比一般的文本数据要大好几个数量级。多媒体课件开发过程中，往往要同时使用多种工具软件，而这些软件的使用往往需要较大的存储容量，因此，用于多媒体课件开发的计算机应具有较大的内存。

（2）显示器

多媒体课件在制作和使用的过程中，往往需要多窗口呈现各种信息，为了保证制作和使用过程的有效进行，应尽可能选择屏幕较大的显示器。

（3）外存储器

在静止图像、动画、视频图像数据的制作过程中，由于其数据量庞大，需要大量的存储容量。用于多媒体课件开发的计算机应具备足够大的硬盘存储容量。

（4）外部的周边设备

多媒体课件是由多个单媒体数据整合而成的，在制作过程中，需要使用各种媒体的输入设备，如用于图像、声音输入的图像卡、声音卡，用于图片输入的扫描仪、数码相机，用于视频输入的数码摄像机等。

2. 软件环境

多媒体课件开发的软件环境主要包括用于多媒体数据制作、编辑、加工的各种软件和用于对媒体数据进行整合的软件。这些软件主要有：有关图形与静止图像的软件，有关视频图像编辑的软件，有关动画的软件，有关声音编辑的软件，有关多种媒体数据整合的软件等。

多媒体课件开发可以有两种方式:一种是使用某种算法语言,另一种是使用各种工具。目前,多媒体课件大多使用各种工具进行制作。

3. 制作人员

多媒体课件的制作需要各种人员的相互配合、相互协作。它涉及各种专业人员、教学人员,也涉及各类管理人员。当然,根据多媒体课件的制作水平、制作规模、制作要求的不同,制作人员的组成也不同,一般进行多媒体课件开发所需的各类人员主要有多媒体课件的制作人、教学设计人员、导演、稿本编写人员、媒体数据的制作人员。

(1) 多媒体课件的制作人

制作人是多媒体课件开发的总指挥和总负责人。他负责对整个开发过程进行计划、管理和协调,其主要工作包括:制定开发计划、资金的筹措与管理、制作过程的管理、制作人员的组织与任务的分配、制作进度的管理。此外,多媒体课件完成后,制作人还需要对多媒体课件的推广、应用和营销进行管理。

为了完成上述各项工作,制作人应有很强的计划能力、组织能力和协调能力,需要具备对资金、人员和开发过程的管理能力。此外,制作人还应对制作过程、多媒体课件的评价标准、多媒体的发展动向等问题有深入的理解。

(2) 教学设计人员

多媒体课件的教学功能是评价其优劣的根本标准和要求。教学设计在多媒体课件的制作中占有十分重要的位置。

教学设计人员负责多媒体课件的教学设计。教学设计人员应是有关学科的教育专家,熟悉教材所涉及的专业知识,熟悉学习者的特性,具有较长时间的教学经历和丰富的教学经验。教学设计人员应熟练地掌握教学设计的理论和方法,具有较强的教学设计的能力。教学设计人员应对计算机辅助教学、多媒体技术及其在教育中的应用有深入的理解。这里的教学设计人员不是指某一个人,而是一个小组、一个群体,在这个小组、这个群体中应有以上各方面的人员。

(3) 导演

导演应在制作人的领导下,根据计划任务书的要求开展工作。导演是多媒体课件开发过程中的技术负责人和管理者。在导演的领导下,基于计划任务书的要求,进行稿本的编写、教学软件的制作,包括教学软件的总体设计、详细设计、数据的制作。导演应对参与教学软件开发的人员进行管理。

导演应具备多媒体课件及其制作方面的各种知识,包括教学软件的设计方法、制作方法以及教学软件应如何用于教学过程，应如何评价教学软件。在可能的情况下，导演应对教学软件中涉及的教学内容及其教学设计有一定的理解。另外，导演还应具备进度管理、质量管理方面的能力。

(4) 稿本编写人员

稿本的编写应在导演的领导下完成。稿本编写人员基于总体设计的要求进行稿本的详细设计和媒体数据设计。

稿本编写人员应熟悉计算机辅助教学，熟悉多媒体技术及其教育应用的有关知识，熟悉多媒体课件的制作方法，应对教学软件涉及的教学内容和教学方法有一定的理解。

(5) 媒体数据的制作人员

多媒体课件的制作应根据稿本进行。制作过程中的制作人员主要由三个方面的人员构成。

一是图像数据的制作。这里的图像数据制作除表示运动图像的视频图像外，还包括静止图像、动画，甚至还包括文本数据的制作。制作人员应根据相应的数据制作指示书的要求，对各种图像数据进行收集、制作、加工和编辑。静止图像、动画、视频图像、文本等各种媒体数据的制作由相应的制作人员完成。各类制作人员除具备相应媒体数据制作的专业知识外，还应掌握一定的制作技能和技巧。

二是声音数据的制作。声音数据应基于声音数据制作指示书制作。制作人员应负责声音数据素材的收集、加工和编辑。声音数据制作人员除应具备声音数据制作的基本知识外，还应掌握声音数据制作的技能和技巧。

三是程序员。程序员应基于稿本的要求制定多媒体课件的控制流程，并基于这种流程对各种媒体数据进行整合。程序员应掌握多媒体课件的制作方法，具备程序编制的专业知识和技能。

7.3.2　多媒体课件的开发流程

多媒体课件的开发流程包括需求分析、制定计划任务书、编写稿本、媒体数据制作、数据整合、运行及评价。如图 7.3 所示。

1. 需求分析

多媒体课件开发时，应首先进行市场调查，进行需求分析，并在此基础上确定立项。

需求分析在教学软件的开发中占有十分重要的位置。教学软件的使用寿命、教学软件质量的优劣与需求分析的充分与否有很大的关系。

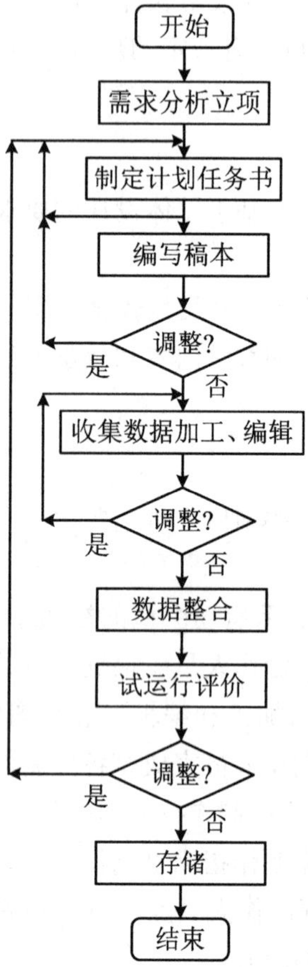

图 7.3 开发流程

只有既具备市场需要，又具备开发条件的多媒体课件才有开发可行性，只有这样的开发才能正式立项。

2. 制定计划任务书

多媒体课件立项后，应制定计划任务书。计划任务书是用于教学软件制作的指导性文件，是教学软件设计、编写稿本乃至制作的根本依据。

3. 编写稿本

稿本设计包括教学软件的总体设计、详细设计和媒体数据设计。在这些设计的过程中，后项的设计是以前项的设计为依据的。媒体数据设计是以详细设计为依据的，详细设计是以总体设计为依据的。

稿本编写完成后，应邀请有关方面的专家，针对使用对象进行研讨，征求相关意见，看是否需要修改和调整；若有必要，则进行相应的操作，直到定稿后转向媒体数据的制作。

4. 媒体数据制作

媒体数据的制作包括数据的收集、加工和编辑等各项操作。制作人员应基于媒体数据制作指示书的要求制作各种数据。

在制作媒体数据的过程中，应对所制作的数据反复研讨、修改，直到达到制作指示书的要求。

5. 数据整合

多媒体课件是由各种单媒体数据整合而成的。各种单媒体数据制作完成后，应将它们整合，生成所需的多媒体课件。

6. 运行及评价

制作完成后的教学软件，应在实际的教学中试用，征求各方面用户的意见。经过一定范围、一定程度的试用后，组织有关人员进行评价，如果有问题再反馈到上面的各个环节进行调整，只有达到一定标准的教学软件才能在学校教学中使用。

7.4　多媒体课件制作工具

7.4.1　演示文稿型课件制作工具—— PowerPoint

PowerPoint 是办公自动化软件 Office 家族中的一员，是目前使用广泛的课件制作工具，用于课堂教学、学术交流、产品展示、工作汇报等场合的演示，它支持文本、图形、图像、声音、视频和动画等多媒体信息播放。

使用 PowerPoint 制作的课件授课，随着教师的逐步讲解，将一步一步地演示教学内容，既有利于教师控制课堂教学，又能加深学生对所学知识的理解。

主要优点：Office 软件包自带，且简单、易用。

主要缺点：无法制作交互性复杂的多媒体课件。

7.4.2　动画模拟型课件制作工具——Flash

Flash 是目前流行的网络动画制作软件，Flash 软件的优势是能制作出效果丰富的动画，因此其适合于动画模拟型课件的制作。该软件内置十几条简洁的命令，使得使用者不需要学习专门的编程语言，就能制作出高质量的多媒体作品。

Flash 软件不仅支持动态载入图像和声音，还支持多种视频格式文件，同时拥有完善的程序编写脚本语言，能创造出富有吸引力的效果。

主要优点：可以制作效果丰富的动画。

主要缺点：教师需具有较好的计算机应用能力，对教师美工技能要求高；基于时间帧概念，将结构复杂化，并且给修改与管理造成极大不便；交互功能的实现比较复杂，需要使用 ActionScript 脚本语言；不支持影像，多媒体支持格式少；制作所需时间太久。

7.4.3　交互综合型课件制作工具——Authorware

Authorware 是 Macromedia 公司推出的多媒体课件制作工具，该软件采用了面向对象的设计思想，通过流程图将各种图、文、声、像集成，从而形成一个完整的多媒体课件。

该软件的优势是提供多种交互功能，适合于制作交互综合型课件。

主要优点：基于流程，能够表现具体的算法；能够制作非常丰富的交互式课件；有较好的开放性。

主要缺点：

① 采用图标式流程设计概念，不易理解，普通用户很难掌握，建议计算机专业人士使用。对于学校教师而言，无法让大多数教师掌握该软件来制作课件。

② 基于流程，容易将结构复杂化，不利于总体内容的组织和管理，修改时也非常复杂与不便。

③ 缺乏多媒体同步机制。

④ 影像不能非窗口播放。

⑤ 本身不带数据库功能，只有和数据库的接口，对数据库的支持较弱。

7.4.4 网络课件制作工具——Dreamweaver

Dreamweaver 是广泛使用的网页制作工具，在开发网络课件时，Dreamweaver 具有更多的优势。Dreamweaver 集网页制作和管理网站于一体，是一种“所见即所得”的网页编辑器，支持多种媒体类型，可创建动态交互的 Web 教学效果，使设计人员的创意及设计能力完全发挥。

主要优点：可以实现比较灵活的结构，支持的其他媒体格式比较多，制作网络环境下交互式的课件比较有优势。

主要缺点：动态展示效果方面的应用需要多加学习之后才能掌握。

7.4.5 基于素材的课件（积件）制作工具

积件一般是由教师和学生根据教学需要自己组合运用多媒体教学信息资源的教学软件系统。积件由积件库和积件组合平台组成，积件的开发包括积件库和积件组合平台两部分的开发。该系统不是在技术上把教学资源素材库和多媒体著作平台简单叠加，而是积件库与积件组合平台的有机结合。

积件库是教学资料和表达方式的集合，可将大量的知识信息素材提供给教师和学生并在课堂教学中自由使用。积件库中的多媒体资料库、微教学单元库、资料呈现方式库、教与学策略库、网上环境积件资源库，为师生利用积件组合平台制作教学软件提供了充足的素材来源和多种有效途径。积件库的开发主要是开发多媒体素材,既可利用现有的数字化资源,也可应用多媒体素材编辑软件创作素材。

积件组合平台是供教师和学生用来组合积件库并最终用于教学使用的软件环境。灵活易用的积件组合平台则是充分发挥师生创造性的有力工具。

积件软件的优点:无需程序设计;方便地组合积件库各种多媒体资源;面向教师,易学易用。

第 8 章　PowerPoint 课件制作

学 习 目 标

通过对本章的学习，学习者将掌握制作一个多媒体演示文稿的各种操作，学会根据主题表达需要，设计、制作课件，并从整体上把握制作一个课件的流程及需要考虑的因素。

8.1　PowerPoint 简介

PowerPoint 是微软公司推出的 Office 办公软件中的一个组件。PowerPoint 可以帮助用户做出图文并茂、生动美观、极富感染力的演示文稿。制作完毕后，还可以通过计算机屏幕、Internet、黑白或彩色投影仪等将其发布出来。

在课件制作领域，PowerPoint 也占有很重要的地位。虽然许多其他的多媒体制作工具软件开发出来的课件质量较高，但学习难度大，而 PowerPoint 一般教师稍加学习，就能掌握，对熟悉 Word 的教师来说更是易如反掌。这为一般教师充分利用自身教学经验和丰富的教学素材资源来开发教学课件提供了广阔的空间。

8.1.1　PowerPoint 主要特点

PowerPoint 作为一个创建多媒体作品的软件，用它创建的多媒体作品叫演示文稿，其中用于课堂教学的多媒体作品也叫课件。演示文稿（或课件）是由幻灯片组成的，演示文稿与幻灯片之间的关系是整体与局部的关系。

PowerPoint 的主要特点包括以下几个方面。

1. “幻灯片”式的演示效果

PowerPoint 制作的多媒体课件可以用幻灯片的形式进行演示，非常适用于学术交流、演讲、工作汇报、辅助教学和产品展示等需要多媒体演示的场合。因此 PowerPoint 文件又常被称为“演示文稿”或“电子简报”。

2. 强大的多媒体功能

PowerPoint 能很简便地将各种图形图像、音频和视频素材插入到课件中，使课件具有强大的多媒体功能。

3. 能满足一般的课堂教学需求

利用 PowerPoint 制作课件，易学易用；用 PowerPoint 的多媒体功能制作演示型课件，能满足一般的教学需要。

8.1.2 PowerPoint 基本操作

PowerPoint 的基本操作包括：演示文稿的制作（例如：新建一个演示文稿、插入新的幻灯片、删除幻灯片、保存演示文稿等）、幻灯片的格式化（例如：为幻灯片设置模板、设置母版等）、在幻灯片中插入多媒体（例如：插入图片、声音、影片等）、在幻灯片中设置超链接等。

1. 启动和退出

（1）PowerPoint 2010 的启动

① 常规启动。“常规启动”是 Microsoft Windows 系列操作系统中最常用的启动方式，即从开始菜单启动。具体方法为：单击“开始”-“所有程序”-“Microsoft Office”-“Microsoft Office PowerPoint”。如图 8.1 所示。

② 快捷启动方式。快捷启动方式简单便捷，只需双击桌面上 PowerPoint 的快捷图标即可启动 PowerPoint。

③ 通过现有演示文稿启动。用户在创建并保存了 PowerPoint 演示文稿后，可以通过已有的演示文稿启动 PowerPoint。在“Windows 资源管理器”或者“我的电脑”中用鼠标双击后缀为“. pptx”的文件，便会在启动 PowerPoint 的同时打开该文件。

（2）PowerPoint 的退出

① 单击标题栏右上的“关闭”按钮。

② 双击 PowerPoint 窗口左上角的 P 符号。

③ 单击“文件”-“退出”。

④ 按组合键 Alt＋F 4。

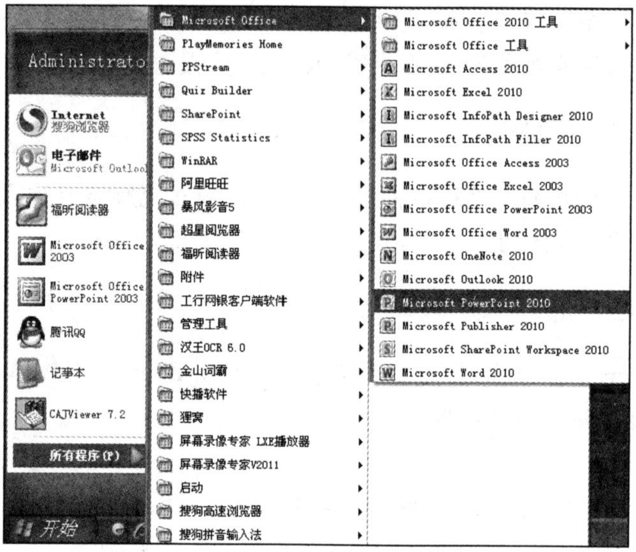

图 8.1　从“开始”菜单启动 PowerPoint

2. PowerPoint 窗口介绍

启动中文版 PowerPoint 后，其工作界面主要由快速访问工具栏、标题栏、菜单栏、功能区、幻灯片选项卡窗格、工作区、状态栏等组成，如图 8.2 所示。

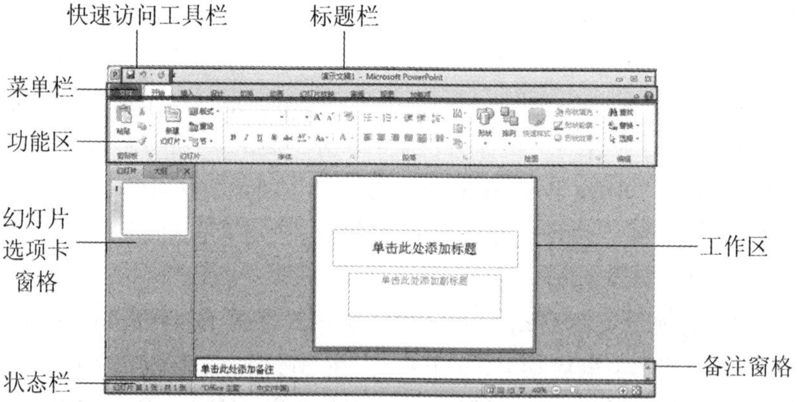

图 8.2　PowerPoint 工作界面

(1) 快速访问工具栏

快速访问工具栏提供了常用的保存、撤销和返回按钮。

(2) 标题栏

标题栏位于 PowerPoint 工作窗口的顶端，用于显示当前正在编辑的文档的文件名和应用程序的名称。

(3) 菜单栏

菜单栏位于标题栏的下方，包括“文件”菜单和“工具选项栏”，其中“工具选项栏”包含“文件”“开始”“插入”“设计”“切换”“动画”“幻灯片放映”“审阅”“视图”和“加载项”10 个菜单，单击菜单栏可以切换到功能区，并显示相应的内容。如图 8.3 所示。

图 8.3　菜单栏

(4) 功能区

功能区位于菜单栏的下方，分别提供与菜单栏选项对应的常用功能命令按钮，直接单击这些按钮就可以完成相应的操作，使用户的操作更方便快捷，而且易学易记。如图 8.4 至图 8.9 所示。

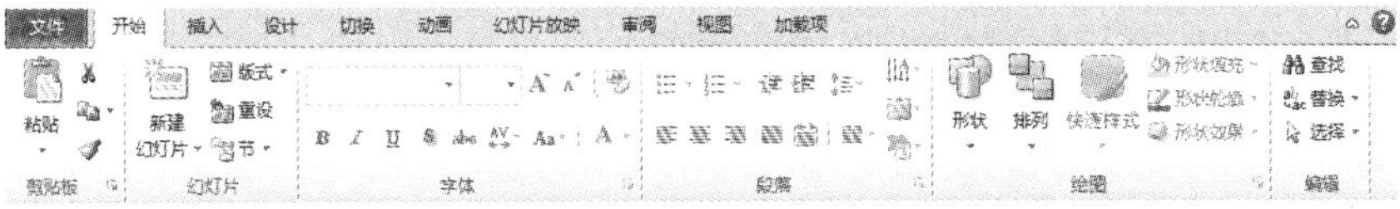

图 8.4　“开始”选项功能区

图 8.5　“插入”选项功能区

图 8.6　“设计”选项功能区

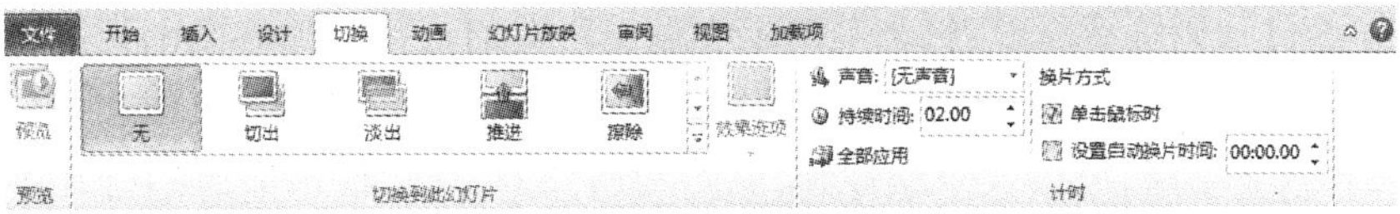

图 8.7　“切换”选项功能区

图 8.8 “动画”选项功能区

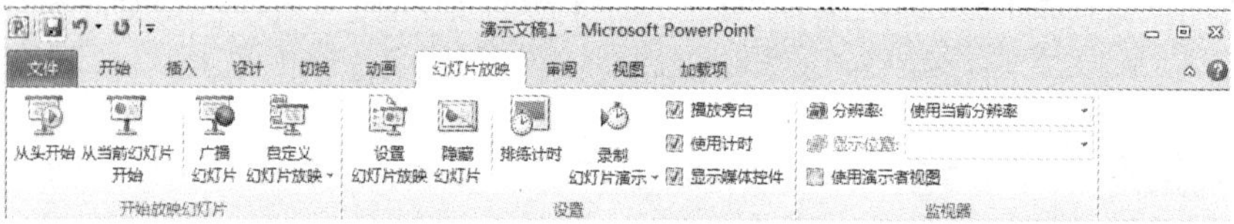

图 8.9 “幻灯片放映”选项功能区

(5) 工作区

用户在工作区中可以对幻灯片进行编辑或者应用各种效果。

(6) 状态栏

状态栏位于窗口的最底端,显示的信息包括共有几张幻灯片、当前正在编辑的是第几张幻灯片、套用的模板类型、视图切换按钮及页面显示比例等。

(7) 幻灯片选项卡窗格

幻灯片选项卡窗格显示所有幻灯片的预览和标题。在该窗格中,可以通过两种方式选择幻灯片列表显示方式,即幻灯片方式和大纲方式。

(8) 视图方式

PowerPoint 提供了四种主要视图:普通视图、幻灯片浏览视图、阅读视图和幻灯片放映视图。基于这些主要视图,用户可以选择其中一种视图作为 PowerPoint 的默认视图。每种视图都有其特定的显示方式,因此在编辑文档时选用不同的视图可以使文档的浏览或编辑更加方便。位于任务栏右下角的 4 个视图按钮,提供了对演示文稿不同视图方式的切换操作。

① 普通视图:是主要的编辑视图,划分为 3 个窗格——大纲窗格、幻灯片窗格和备注窗格,拖动窗格分界线,可以调整窗格的尺寸。默认编辑视图在普通视图中可以对幻灯片进行编辑和修改,普通视图如图 8.10 所示。

② 幻灯片浏览视图:将当前演示文稿中所有幻灯片以缩略图的形式排列在屏幕上。通过幻灯片浏览视图,可以预览各幻灯片及其相对位置,可以通过鼠标拖动幻灯片重排次序,可以方便地复制、删除和增加幻灯片,但不能对幻灯片进行修改。在该视图中可同时看到演示文稿中的所有幻灯片,如图 8.11 所示。

③ 阅读视图:以窗口形式查看放映效果,放映时仅显示标题栏、阅读区和状态栏,如图 8.12 所示。

图 8.10　普通视图

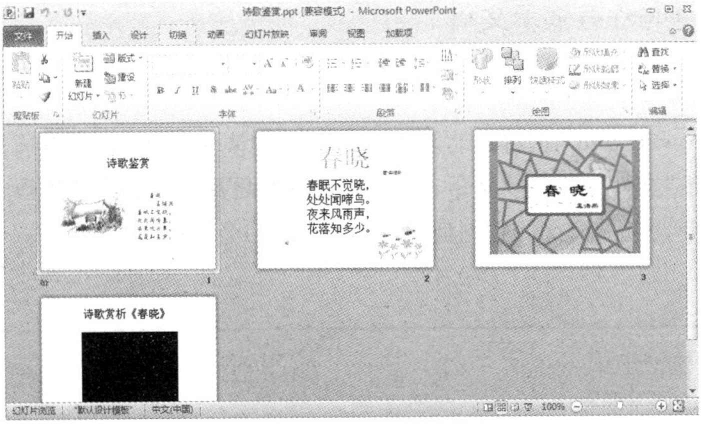

图 8.11　幻灯片浏览视图

图 8.12　阅读视图

④ 幻灯片放映视图：从当前幻灯片预览演示文稿的放映效果。单击“视图”-“幻灯片放映”(F 5)按钮可以随时启动幻灯片放映功能，演示文稿从第一张幻灯片开始以全屏显示，并进入幻灯片放映状态。在该视图中，屏幕上的 PowerPoint 标题栏、菜单栏、功能区和状态栏均隐藏起来，只剩下整张幻灯片的内容占满屏幕，并且在放映状态下不能对幻灯片进行编辑和修改。该视图用于检验演示文稿的内容和动画效果，该视图中显示的幻灯片效果就是最终演示文稿放映时的效果。图 8.13 所示就是在计算机屏幕上放映幻灯片时的效果。

图 8.13　幻灯片放映视图

3. 新建与保存演示文稿

(1) 新建空演示文稿

启动 PowerPoint 后，将自动创建一个空白的演示文稿，也可以通过菜单命令来创建，单击“文件”-“新建”命令，在窗口右侧的“可用的模板和主题”中选择“空演示文稿”命令，再执行右侧的“创建”命令，如图 8.14 所示，即可新建一个空白的演示文稿。

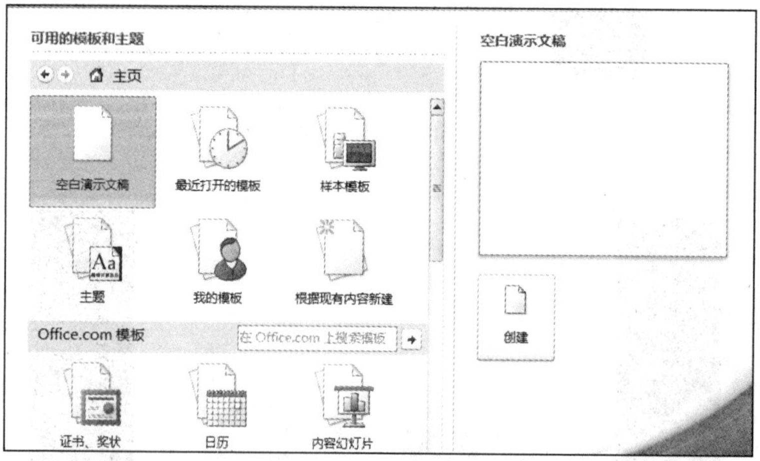

图 8.14　新建演示文稿

(2) 保存演示文稿

与 Office 其他软件保存文件的方法类似，PowerPoint 提供了 3 种保存演示文稿的方法：

① 单击“文件”-“保存”或“另存为”命令。

② 按组合键 Ctrl+S。

③ 单击“快速访问工具栏”上的“保存”按钮。

可以设置自动保存时间间隔和保存密码，方法和 Word 中的相同，保存的扩展名，默认为. pptx(图 8.15)。

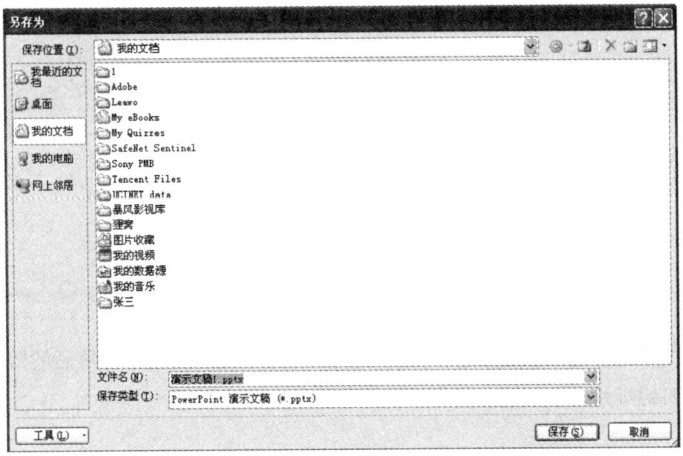

图 8.15　保存幻灯片

8.1.3　PowerPoint 幻灯片管理

用 PowerPoint 制作的多媒体课件，一般是由多张幻灯片组成的，由于在制作过程中难免要添加、删除、复制幻灯片或调整幻灯片的顺序，这就涉及幻灯片的管理问题。

在普通视图、大纲视图、浏览视图中都可调整幻灯片。

1. 新建和删除幻灯片

(1) 新建幻灯片

在编辑演示文稿时，需要创建或插入新的幻灯片，可以选择插入指定版式的幻灯片或空白幻灯片。

① 切换到普通视图，将光标置于要插入幻灯片的位置，在“开始”选项功能区单击“新建幻灯片”按钮；或执行右键“新建幻灯片”命令；或将插入点置于“大纲”或“幻灯片”窗格上，按 Enter 键；或者使用组合键 Ctrl+M。

② 插入指定版式的幻灯片。“开始”选项功能区的“新建幻灯片”还提供了新

幻灯片的版式，单击版式右侧的下拉箭头，选择其中一种版式，单击左键插入即可，如图 8.16 所示。最终插入效果如图 8.17 所示。

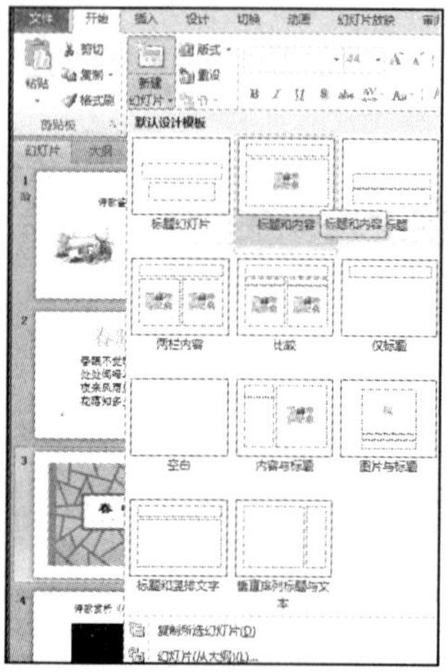

图 8.16　利用“开始”选项功能区插入幻灯片

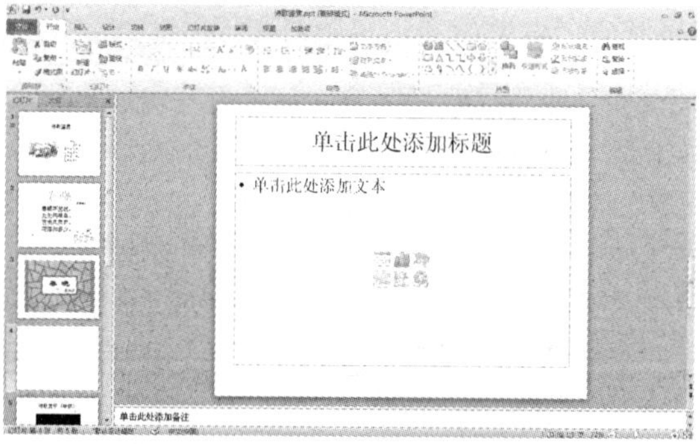

图 8.17　插入新的幻灯片后的效果

活动：插入幻灯片

在演示文稿“招标计划”的第 1 张幻灯片的前面插入一张新的幻灯片，然后在倒数第 2 张幻灯片后面再插入两张新幻灯片。

（2）删除幻灯片

用鼠标单击要删除的幻灯片，按 Del 键，即可删除选定的幻灯片。如果要删除多张幻灯片，可选定多张幻灯片。选定多张幻灯片的方法是先按住 Shift 键或 Ctrl 键，再用鼠标单击。

2. 复制和移动幻灯片

（1）复制幻灯片

要复制幻灯片，可以采用常规的方法，即先复制再粘贴，也可以采用插入幻灯片副本的方法。

选择要复制的幻灯片，允许同时选择多张幻灯片。在“幻灯片浏览视图”下按住 Ctrl 键，用鼠标拖动幻灯片，到达新的位置后，松开鼠标，即可复制幻灯片。

（2）移动幻灯片

选择要移动的幻灯片，用鼠标拖动幻灯片，到达新的位置后，松开鼠标，即可移动幻灯片。

3. 调整幻灯片的排列顺序

将鼠标指针移动到需要调整的幻灯片上，按住鼠标左键，选定该幻灯片。用鼠标拖动幻灯片，在拖动时，系统用虚线表示幻灯片的新的位置，如图 8.18 所示。到达新的位置后，松开鼠标，即可调整幻灯片的排列顺序。

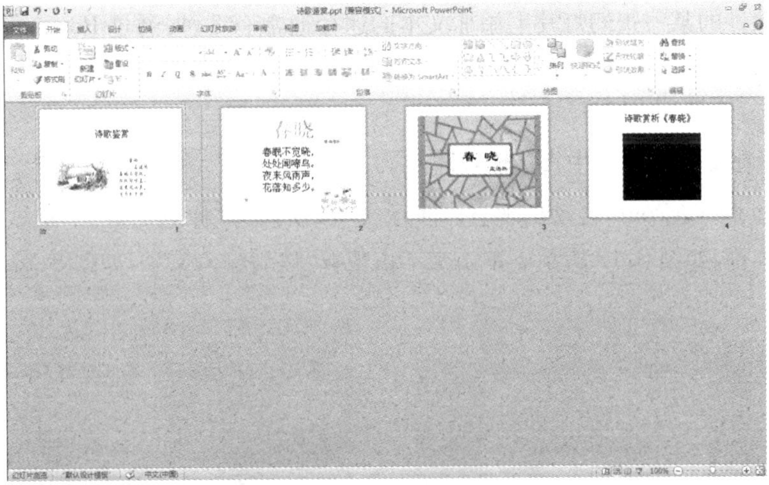

图 8.18　调整幻灯片的排列顺序

8.2　在课件中添加教学内容

制作多媒体课件时往往需要在幻灯片上添加各种多媒体素材。一段纯文字通常称为文本，为了便于控制幻灯片的版面，幻灯片上的文字都被放置在一个矩形框中，这个矩形框被称为文本框，对文本框中的文本可以进行字体、字号等多种风格的设置。PowerPoint 还可以使用一些具有特殊效果的文字如艺术字，也可以使用其他文字图像软件制作的艺术字。

除了文字外，图形、图像无疑是多媒体课件中最常用的素材，可以通过与教学内容相关的图形、图像的展示来进行形象直观的教学，以化解难点、突破重点。在理工科课程的课件中，为介绍某些抽象的原理、简述一些变量之间的关系或是叙述动植物的生活习性，常常用动画来表现；诗歌散文、英语口语等文科课程的课件，更是讲究声情并茂。在 PowerPoint 中，不仅可以添加动画、电影、声音等多媒体素材，并且可以根据课件设计的需要，对声像的播放进行多种控制，实现多媒体辅助教学的功能。

8.2.1 向课件中添加文字

1. 添加文本

在课件的某一张幻灯片上添加文本的途径通常有 3 种：通过 PowerPoint 提供的自动版式在文本占位符中直接输入，先插入文本框再输入文本，剪贴板导入文本。

(1) 在文本占位符中直接输入

启动 PowerPoint 自动出现空白演示文稿，默认为“标题幻灯片”版式，有两个文本占位符，如图 8.19 所示。单击文本占位符，然后输入文字，如图 8.20 所示。

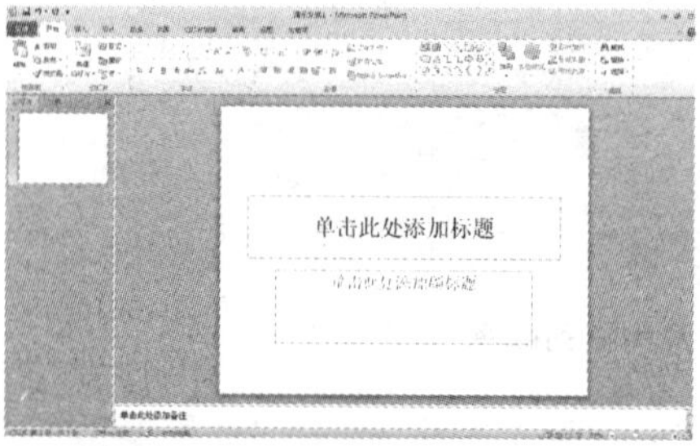

图 8.19　具有文本占位符的空幻灯片

图 8.20　在文本占位符中输入文本

(2) 先插入文本框再输入文本

在刚才的演示文稿中，选择“开始”选项功能区“新建幻灯片”中的“空白”版式。

选择“插入”-“文本框”-“横排文本框”命令，如图 8.21 所示，然后在空白幻灯片上拖动鼠标，得到文字水平排列的文本框，在文本框中输入文字，如图 8.22 所示。

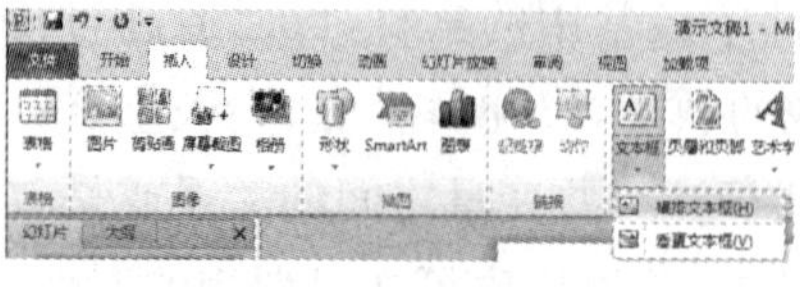

图 8.21　插入文本框

图 8.22　在文本框中输入文字

（3）剪贴板导入文本

剪贴板是不同程序之间、不同文件之间交换数据（特别是文本、图片）的一个重要通道。制作课件时有时要用到大量文本。如果该文本已经存在磁盘文件中，便可以利用剪贴板将文本导入幻灯片中而无需再次输入。

在其他文本文件（如 Word 或 Windows 的写字板）中选中文本然后复制，使选中的文本放入剪贴板中，然后将鼠标放在幻灯片上，选择“开始”-“粘贴”或右键“粘贴”，即可将选中的文本复制到幻灯片上。

2. 设置文字格式

（1）设置字体格式

选中幻灯片中需要改变字体的文字，右键单击选中的区域，在弹出的菜单中选择“字体”命令，或者执行工具选项栏“开始”-“字体”命令，如图 8.23 所示，打开“字体”对话框，如图 8.24 所示，设置字体、字形、字号、效果后，单击“确定”按钮。

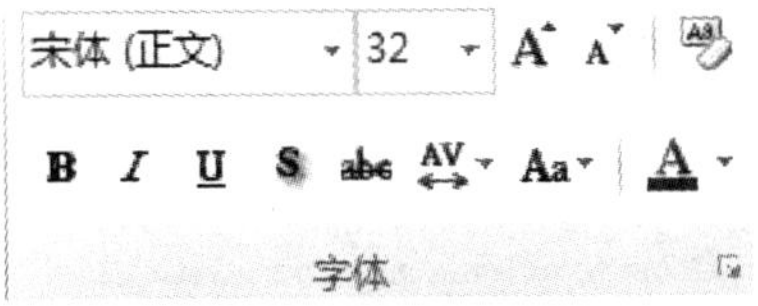

图 8.23　字体组选项

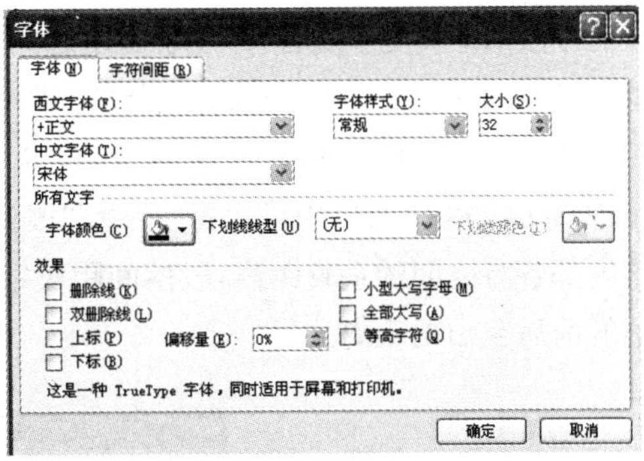

图 8.24　字体窗口

（2）改变对齐方式

PowerPoint 中的对齐方式的设定也是十分重要的，试想在一个演示文稿中，文字没有对齐会造成怎样的影响？可能在很大程度上降低演讲给人们带来的专业性体验。

在 PowerPoint 中设置文本的对齐方式，只需将光标定位于文本中，执行工具选项栏“开始”-“段落”组命令，如图 8.25 所示，即可打开“段落”窗口进行设置，如图 8.26 所示。

图 8.25　段落组选项

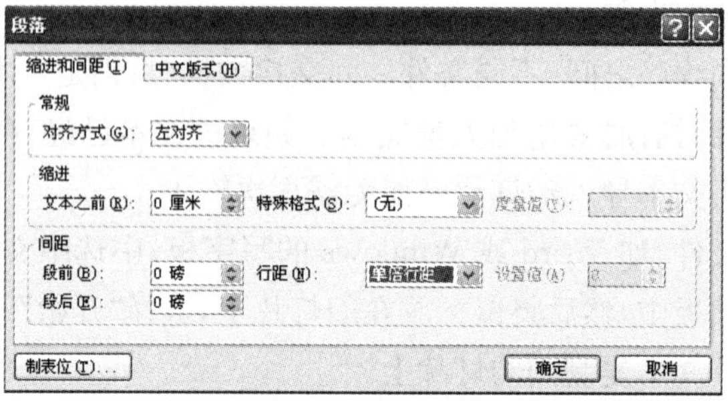

图 8.26　段落窗口

与 Word 不同的是，在 PowerPoint 中有一系列 Word 所不具备的对齐方式，它们位于“段落”组中“对齐文本”子选项中，如图 8.27 所示，用于更改文本在占位符或文本框中的对齐方式。

(3) 设置行距

一篇布满了密密麻麻文字的幻灯片，看起来比较费力。通常，人们都采用增大字号的办法来使其便于观看，但是字与字之间仍会显得拥挤。其实，即使不增大字号，也可以通过调整字与字、行与行之间的间距的方法使内容看起来更加清晰。

选中幻灯片中的所有目录项目，打开“段落”窗口，对“行距”进行设置，如图 8.28 所示。在该窗口中可设置“行距”“段前”和“段后”的数值。其中，行距决定段落内部各行之间的垂直距离，段落间距决定了文本对象段落之间的距离，即一个段落的前后空出的距离。

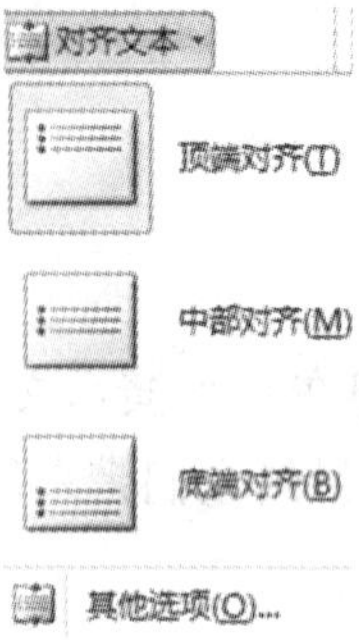

图 8.27　对齐文本选项

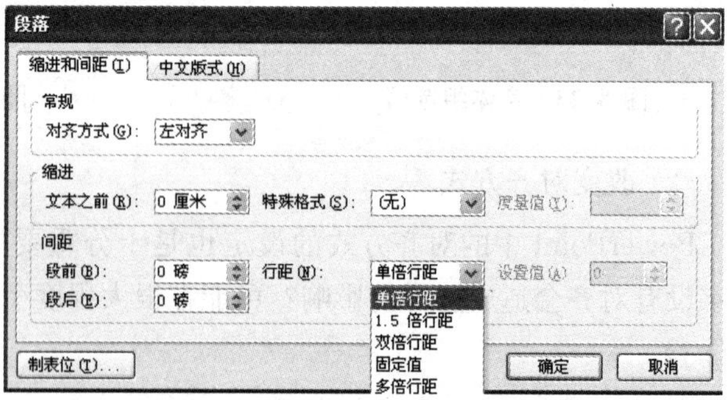

图 8.28　设置行距

3. 插入艺术字

艺术字是以输入的普通文字为基础，通过添加阴影、设置字体形状、改变字体颜色和大小来突出和美化这些文字。艺术字是一种特殊的图形文字，常被用来表现幻灯片的标题文字。它既具有普通文字的属性，如用户可对其设置字体字号、加粗、倾斜等处理，也可以像图形对象那样设置它的边框、填充等属性，还可以任意进行大小调整、旋转或添加阴影、三维效果等操作。

(1) 插入艺术字的方法

选中一张要插入艺术字的幻灯片，单击“插入”-“文本/艺术字”命令，打开下拉列表选择艺术字样式，如图 8.29 所示。

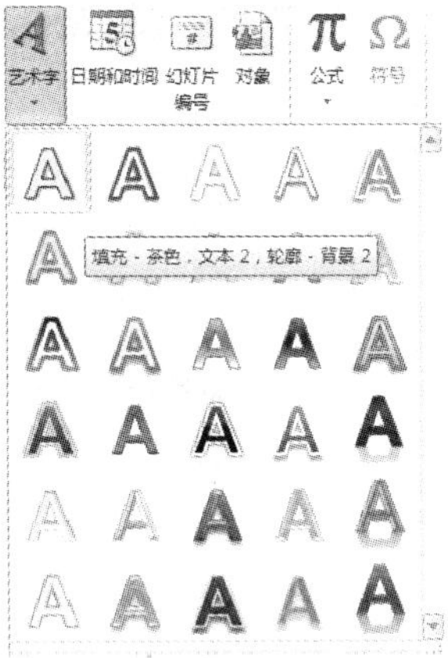

图 8.29　艺术字样式

从中选择一种样式，在此，选中第一个样式。此时，幻灯片中将会出现一个艺术字文本框占位符，如图 8.30 所示，然后可直接在占位符中输入文字，如图 8.31 所示，可设置艺术字的字体、字号和字形。

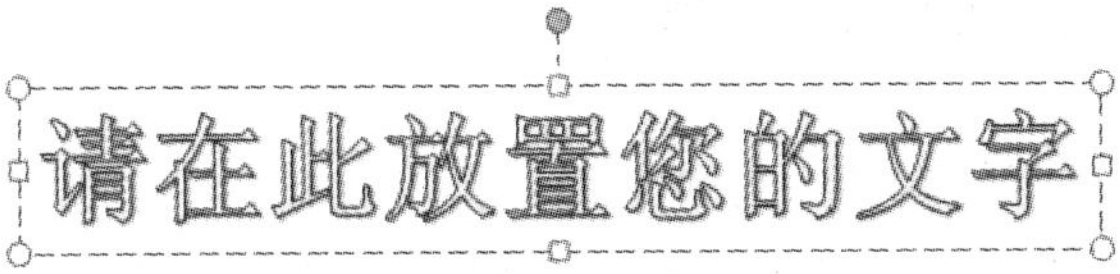

图 8.30　艺术字文本框占位符

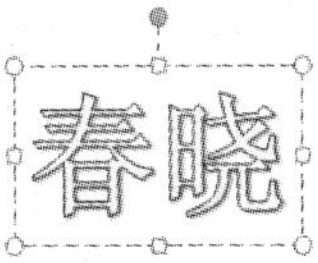

图 8.31　输入艺术字

(2) 设置艺术字格式

选中艺术字，会出现“绘图工具/格式”选项卡，出现相应的功能区，如图 8.32 所示，可设置艺术字格式，在艺术字格式功能区从左到右的按钮依次为：插入形状、形状样式、艺术字样式、排列和大小。

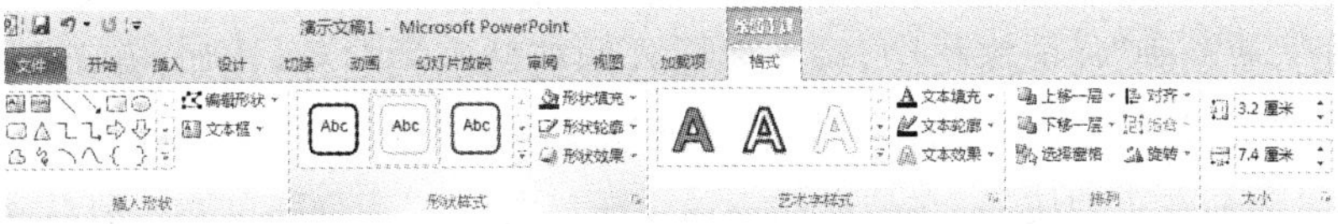

图 8.32　“绘图工具/格式”功能区

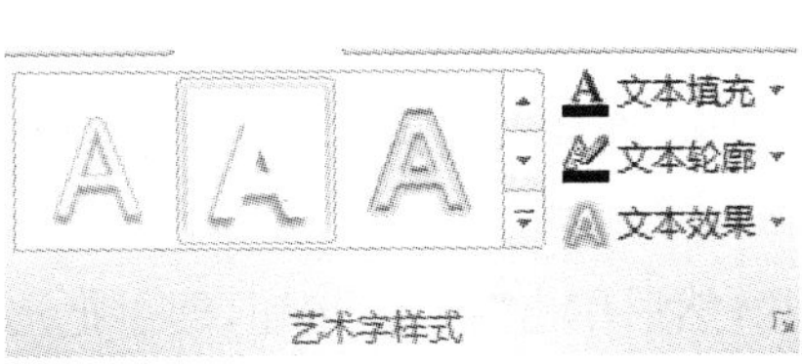

图 8.33　“艺术字样式”组

可以通过单击“艺术字样式”组的“文本填充”选项，如图 8.33 所示，打开“设置文本效果格式”对话框，如图 8.34 所示，设置文本的填充样式。插入艺术字后效果如图 8.35 所示。

图 8.34 “设置文本效果格式”对话框

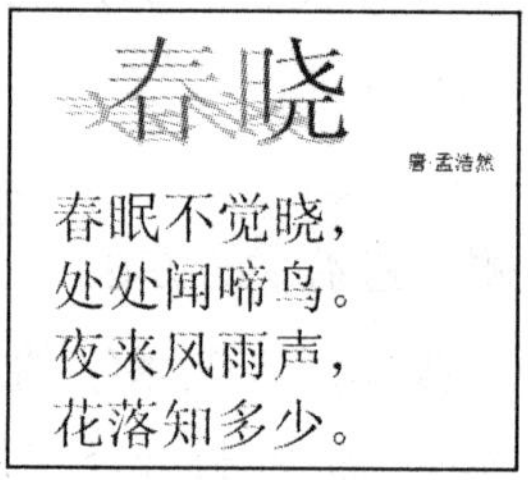

图 8.35 插入艺术字后效果

还可以对艺术字进行复制、删除、移动等操作。

8.2.2 向课件中添加图形和图像

在 PowerPoint 中，用户可以方便地插入各种来源的图片文件，如利用其他图形图像软件制作的图片、从因特网上下载的或通过扫描仪及数码相机输入的图片等。简单来说幻灯片中图片的来源主要有三种：剪贴画、计算机中已有的图片文件、使用绘图工具加工的各种图形。

1. 插入剪贴画

插入剪贴画的步骤如下：

单击“插入”菜单选项卡，切换到其功能区，在“图像”组中选择“剪贴画”按钮。在出现的“剪贴画”任务窗格中，输入要插入的剪贴画的名称，比如：春天，点击“搜索”按钮进行搜索，列出与“春天”相关的剪贴画，如图 8.36 所示，点击其中一幅或是点击剪贴画右边的按钮，在弹出的菜单中选择“插入”命令即可插入剪贴画。

2. 插入图片

要在文档中插入图片，可以单击“插入”-“图像/图片”，即可打开“插入图片”对话框，如图 8.37 所示。

在对话框中的文件列表中单击需要的图片，然后单击“插入”按钮，即可把选中的图片文件插入到当前幻灯片中。

选中图片后，会显示“图片工具/格式”选项卡，如图 8.38 所示，单击“格式”，出现相应的功能区，包含“调整”“图片样式”“排列”和“大小”四个组，对图片的属性进行设置。

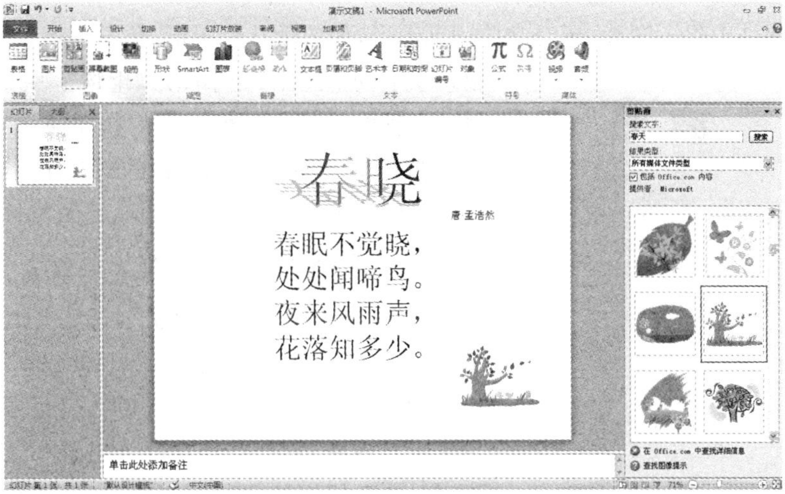

图 8.36　搜索“春天”剪贴画图

图 8.37　“插入图片”对话框

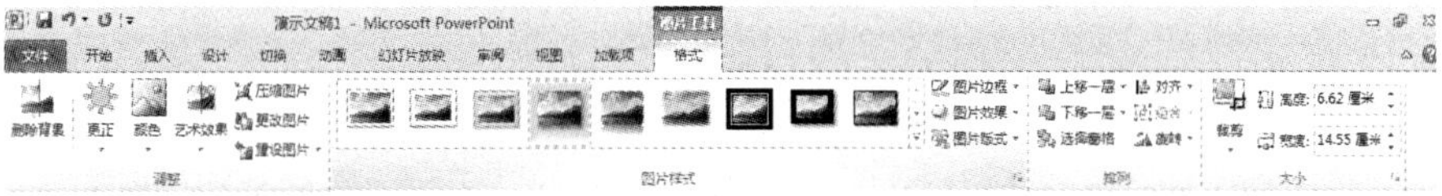

图 8.38　“图片工具/格式”选项卡

3. 插入几何图形

在课件中除了图片，还经常要用到图形，如数学几何图形、化学仪器及装置图、物理学上的电路图、光学图形、生物学科及其他学科的各种图形等。获得图形的途径通常有两种：直接在 PowerPoint 演示文稿的幻灯片上绘制，用其他软件绘制后通过剪贴板导入或直接插入。

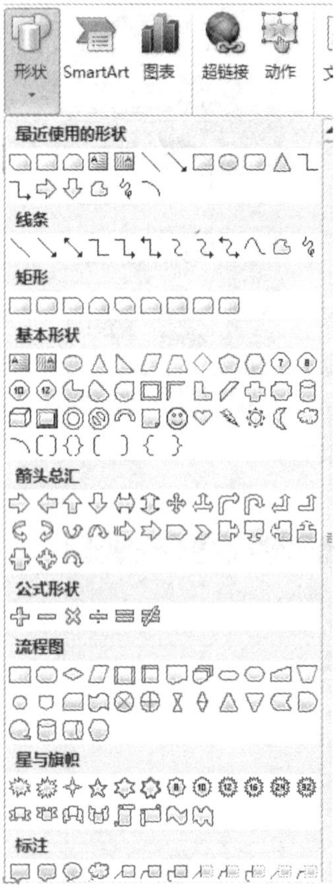

图 8.39　绘图形状选项

（1）“形状”组功能的介绍

单击“插入”-“插图/形状”，在展开的下拉菜单中，提供了诸多绘图选项，包括“线条”“矩形”“基本形状”“箭头总汇”“公式形状”“流程图”“星与旗帜”“标注”和“动作按钮”，如图 8.39 所示。选中一种形状，在幻灯片中拖拉一下，即可绘制出相应的图形。

（2）图形的绘制

绘制直线：单击“线条/直线”按钮，把鼠标指针移到幻灯片窗口中，光标变成了十字形，在直线起始位置按下鼠标左键并沿着某一方向拖动，就会有一根直线沿鼠标指针拖动的方向出现在屏幕上。当拖动到预定位置后，松开鼠标，直线就画出来了，光标也恢复为箭头形状。如果对刚才画的直线不满意，想把它变长一点儿的话，就把鼠标指针定位到直线的一个端点上，当指针变为双箭头时，按下鼠标左键并拖动这个点，这时直线的长度和方向都有变化，当达到预想效果时，松开鼠标，直线就改好了。如图 8.40 所示。

图 8.40　绘制直线

绘制椭圆和矩形：利用同样的操作方法可以画椭圆和矩形，比如想画一个椭圆，点一下“椭圆”按钮，再按下鼠标左键，拖动，椭圆就画出来了。如果想画圆形要按下 Shift 键，再用同样方法画椭圆，出来的就是圆形。同样方法，可以利用矩形按钮画正方形。在画线时按 Shift 键，画线的角度都是 15 度的倍数。如图 8.41 所示。

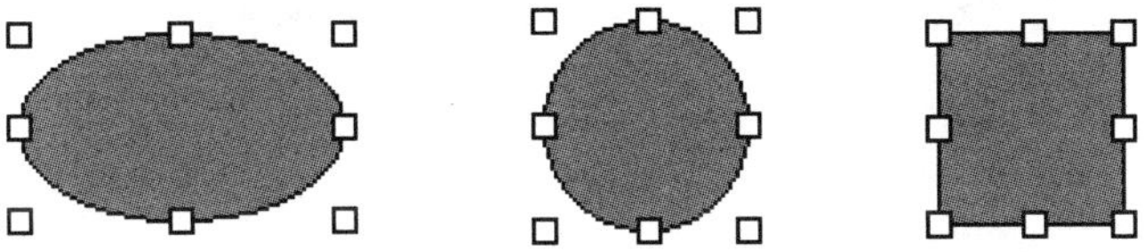

图 8.41　绘制椭圆和矩形

(3) 设置图形属性

在“绘图工具/格式”-“形状样式/形状轮廓”中有线型粗细、虚线线型和箭头样式三个按钮，单击它们都可以打开一个选项列表框，从中选择线的粗细、虚线形式、箭头的方向和形状等，就连刚才画的图形也可以改变线型。要改变所画图形的样式，先要选中它们再进行操作。先选中圆，改变线型，选个粗点的线，再选条虚线，线形就改变了，如图 8.42 所示。

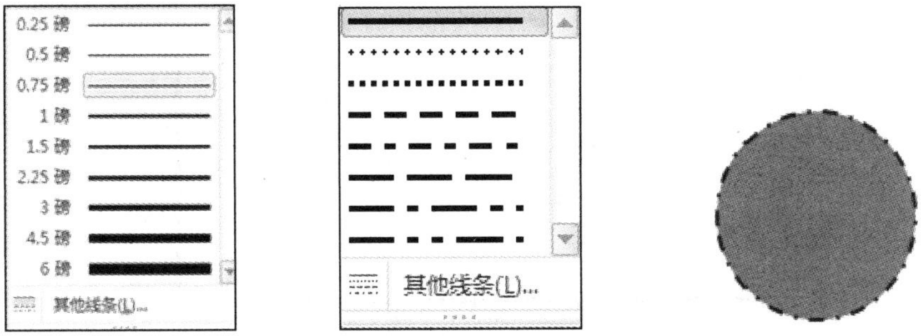

图 8.42　用“形状样式”改变线的粗细和线型

移动图形有两种方法：一是把光标放在图形上，等它变成四向箭头时，直接用鼠标拖动；还有一种方法是先选中它，直接按方向箭头操作，要是想调得更细，就按住 Ctrl 键，然后再按方向箭头，这时可以细微地调整对象的位置。

如果想更精确地调整对象的位置，可以这样做：选中图形，单击鼠标右键，选中“设置形状格式”，弹出“设置形状格式”对话框，在这里我们可以精确地设置图形的颜色和线条、大小、位置等。选中“大小”选项卡，更改图形的高度、宽度、旋转角度，按“确定”后，图形的尺寸就被精确地设置了。如图 8.43 所示。

(4) 绘制“钢球的对心碰撞”课件

绘制如图 8.44 所示的“钢球的对心碰撞”课件，具体步骤如下：

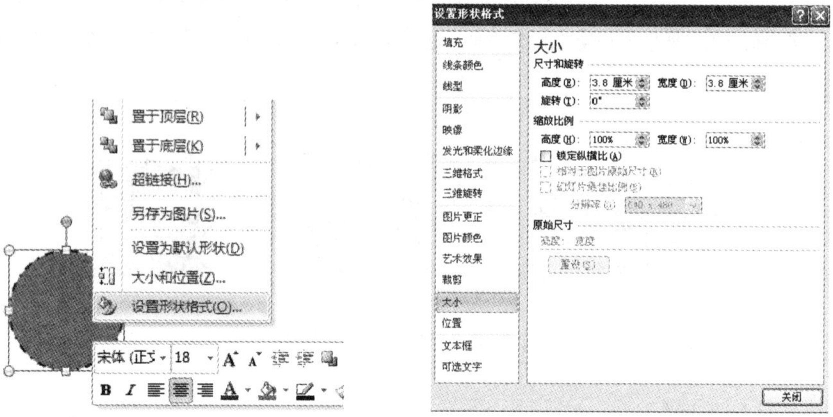

图 8.43 精确调整对象位置

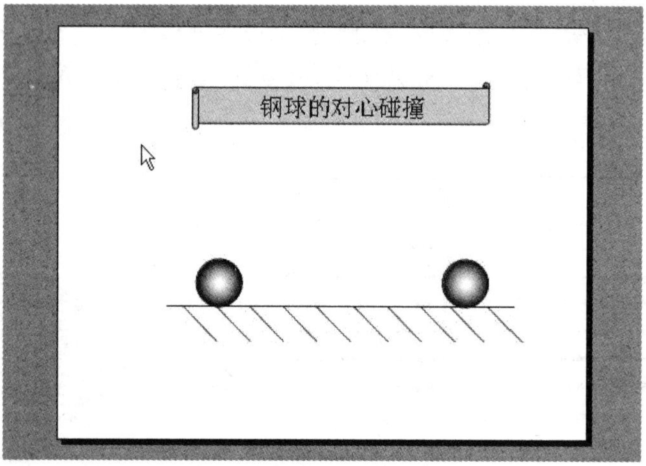

图 8.44 “钢球的对心碰撞”

绘制线条:选择“插入”-“插图/形状/线条/直线”按钮,在幻灯片上绘制直线,选择“绘图工具/格式”-“形状样式/形状轮廓”对线条宽度进行设置,可选“2 磅”。使用同样的方法绘制斜线,多条斜线可采用复制的方法进行绘制。

绘制钢球:选择“插入”-“插图/形状/基本形状/椭圆”按钮,按住 Shift 键,可在幻灯片上绘制正圆,选中绘制的圆形,选择“绘图工具/格式”-“形状样式/形状填充”,单击“渐变”选项卡,在弹出的“设置形状格式”对话框中设置圆形的填充色。如图 8.45 所示。

绘制标题:选择“插入”-“插图/形状/星与旗帜/横卷形”,如图 8.46 所示,在幻灯片上拖动,绘制一个横卷形,选中横卷形,右键“添加文字”,可在其中添加想输入的文字,如“钢球的对心碰撞”。

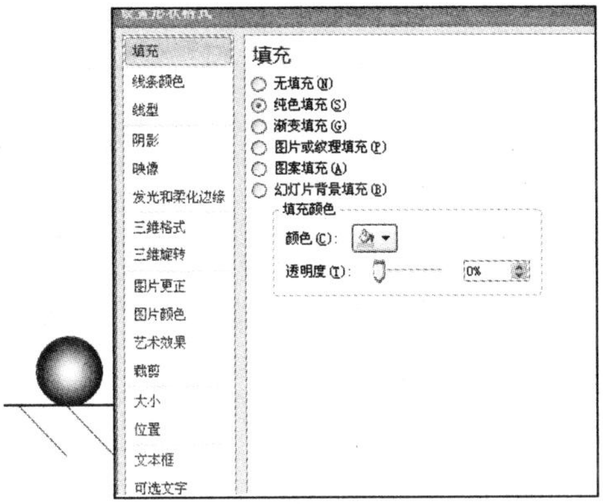

图 8.45　“填充效果”对话框

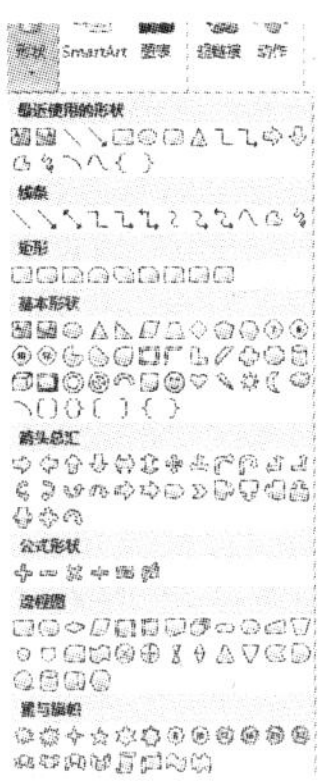

图 8.46　“形状”中“星与旗帜”

活动：仿照下图制作幻灯片

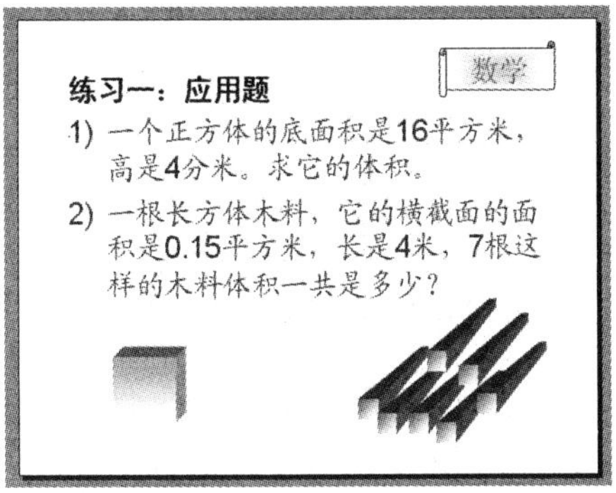

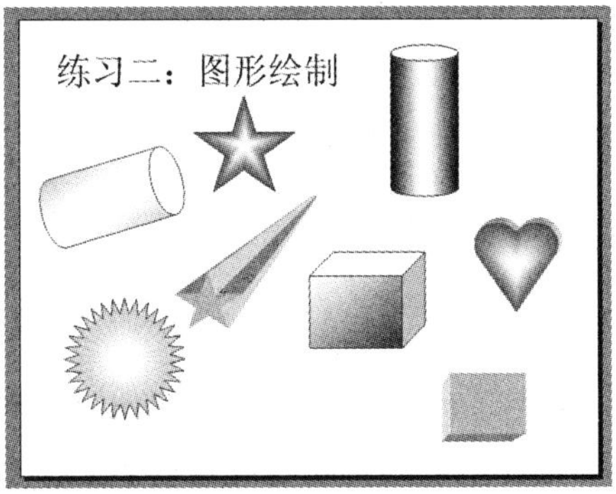

8.2.3　向课件中添加视频和音频文件

用 PowerPoint 制作幻灯片的时候，可以利用插入动画、影片、声音等技术，制作出更具感染力的多媒体演示文稿。

1. 添加 Flash 动画

现在很多学科经常要做一些研究性学习或者调查报告，而很多时候，需要添加一些 Flash 动画来使幻灯片更加生动、美观和具有说服力。但是 PowerPoint 中没有提供类似插入图片那样直接的功能。那么如何在 PowerPoint 中插入 Flash 动画影片呢？

(1) 利用 Active X 控件插入动画

选择“文件”-“选项”,弹出“PowerPoint 选项”对话框,在“自定义功能区”下拉列表框中选择“主选项卡”,并勾选“开发工具”复选框,单击“确定”按钮,如图 8.47 所示。再选择“开发工具”-“控件/其他控件/Shockwave Flash Object”选项,如图 8.48 所示,再单击“确定”按钮,这时鼠标变成了细十字线状,按住左键在工作区中拖拉出一个矩形框,此为后来的播放窗口。将鼠标移至上述矩形框右下角成双向拖拉箭头时,按住左键拖动,将矩形框调整至合适大小。

图 8.47 自定义功能区

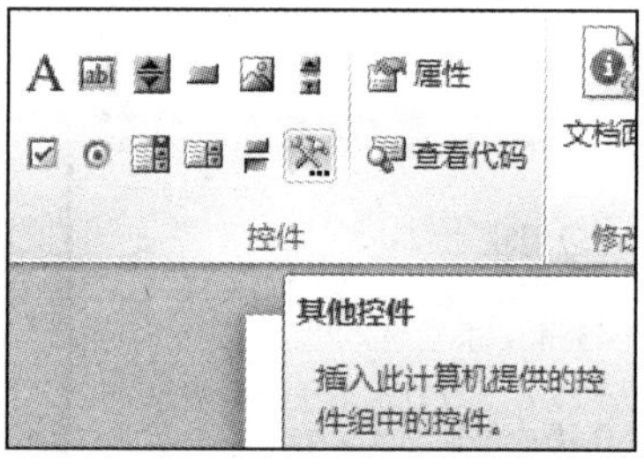

图 8.48 控件组

右击上述矩形框,在随后弹出的快捷菜单中,选“属性”选项,打开“属性”对话框,在“Movie”选项后面的方框中输入需要插入的 Flash 动画文件名及完整路径,然后关闭“属性”窗口,即添加了 Flash 动画。如图 8.49 所示。

为便于移动演示文稿,最好将 Flash 动画文件与演示文稿保存在同一文件夹中,这时上述路径也可以使用相对路径。

(2) 利用超链接插入动画

打开要插入动画的幻灯片,在其中插入任意一个对象,比如一段文字、一个图片等,目的是对它设置超链接。最好这个对象与链接到的动画的内容相关。选择这个对象,单击右键选择“超链接”。在弹出的窗口中,从“链接到”中选择“原有文件或 Web 页”,点击“文件”按钮,选择到想插入的动画,点击“确定”完成。播放动画时只要单击设置的超链接对象即可。

2. 插入影片

可以将事先制作好的视频文件添加到 PowerPoint 演示文稿进行播放。

图 8.49　添加 Flash 动画

选择"插入"-"媒体/视频"命令，单击"文件中的视频"选项，选中需要插入的影片文件，单击"插入"按钮，即在相应的幻灯片中出现一个播放图框，调整相应的图框大小，作为播放的窗口。如图 8.50 所示。

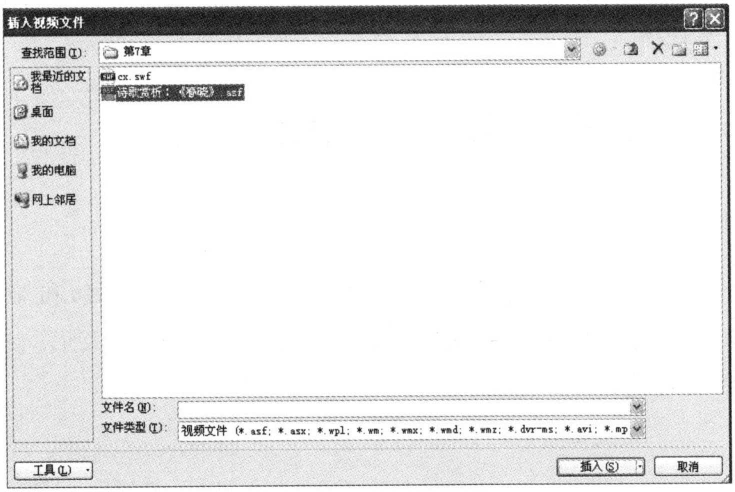

图 8.50　插入影片

将相应的影片文件同演示文稿文件保存在同一文件夹中，方便整体移动。在编辑状态下，直接单击视频文件即可预览播放效果。

3. 插入声音文件

准备好声音文件(*.mid、*.wav 等格式)，选中需要插入声音文件的幻灯片，选择“插入”-“音频/文件中的音频”命令，打开“插入音频”对话框，定位到上述声音文件所在的文件夹，选中相应的声音文件，单击“插入”按钮，此时，幻灯片中显示出一个小喇叭符号。

选中幻灯片上的小喇叭符号，将出现“音频工具”组，可对声音选项进行设置，如图 8.51 所示。

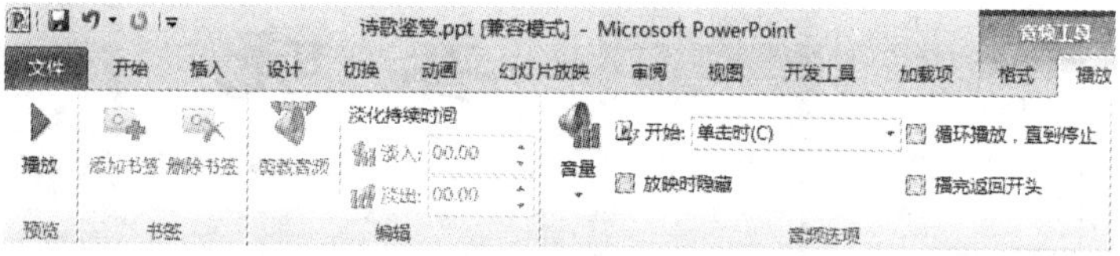

图 8.51 “音频工具”组

“播放”功能区包括“预览”“书签”“编辑”和“音频选项”。

“预览”组中的播放按钮可实时播放和停止播放声音。

“音频选项”组中的“开始”包括三个选项：“自动”“单击时”和“跨幻灯片播放”。“自动”即在放映幻灯片时自动播放，切换到下一张幻灯片停止播放；“单击时”需要手动单击控制播放，切换到下一张幻灯片停止播放；“跨幻灯片播放”即切换到下一张幻灯片继续播放。另外，还提供了“循环播放/直接停止”“放映时隐藏”和“播完返回开头”复选项。

8.2.4 在课件中插入公式和图表

1. 插入公式

在使用 PowerPoint 制作演示幻灯片的时候，常常用到公式，和 Word 一样，PowerPoint 也有公式编辑器，单击“插入”-“符号”组，如图 8.52 所示，单击 π，打开公式编辑器，如图 8.53 所示。

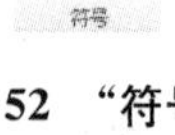

图 8.52 “符号”组

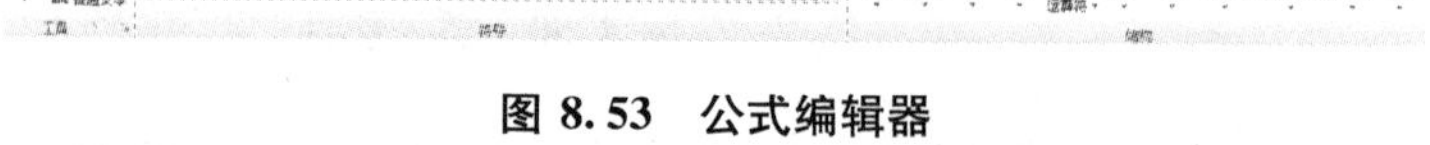

图 8.53 公式编辑器

在公式编辑器中我们就可以建立需要的公式了，比如我们要建立如图 8.54 所示的公式，首先在“上下标”模板中，选取带下标的选项，如图 8.55 所示，这时幻灯片中会出现两个框，分别输入“S”和“ij”；插入“符号”组中的“＝”；单击“结构/大型运算符”，如图 8.56 所示，在打开的选项中选择上、下和右侧带虚框的求和符号，然后将光标分别置于上、下虚框中，输入“n”“$k=1$”；将光标定位于右虚框，使用前面的方法，插入带下标的选项，再从“符号”组中选择希腊字母“α”，如图 8.57 所示，再输入下标“ik”，同理，再输入乘号，插入 β 及其下标，公式就输完了。

$$S_{ij}=\sum_{k=1}^{n}\alpha_{ik}\times\beta_{kj}$$

图 8.54　公式

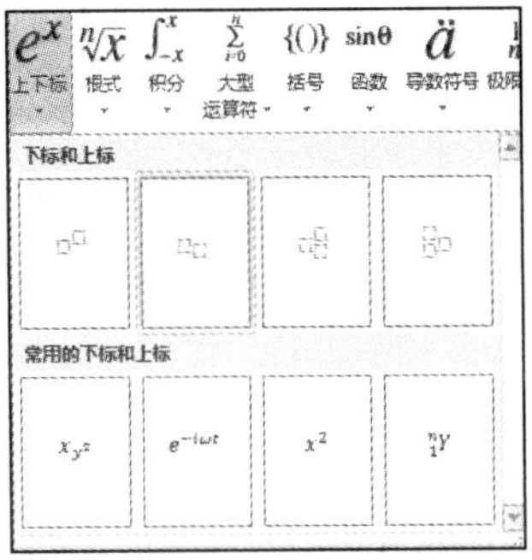

图 8.55　“上下标”模板

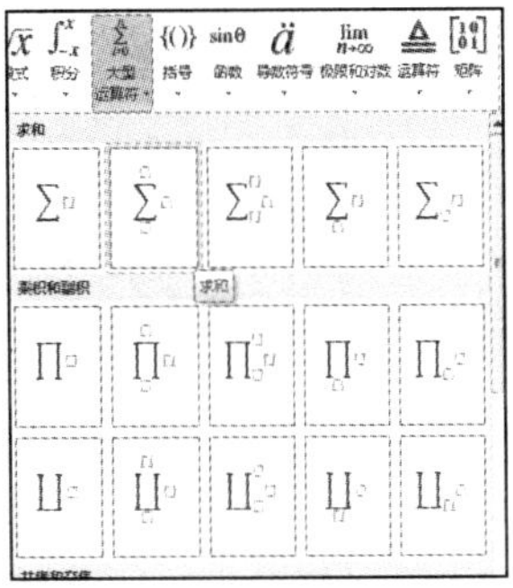

图 8.56　“大型运算符”模板

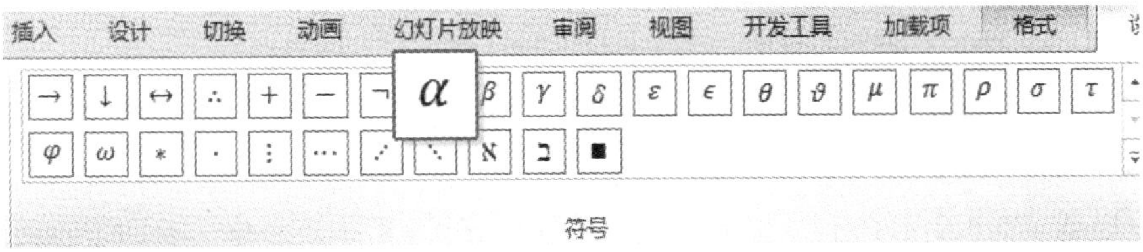

图 8.57　选择“希腊字母”

在幻灯片其他空白处单击鼠标，即可退出公式编辑环境。这时候公式对象就可像文本框一样进行各种编辑操作。如果想改公式，只要单击公式结果，就又进入公式编辑器，可以对公式进行编辑修改操作。

2. 插入表格

在 PowerPoint 演示文稿的制作过程中，若能恰当利用表格与图表，它们通常能够通过联系、比较、图形化等方式直观地表达主题，突出表现重点，容易给观众留下深刻的印象，从而达到增强演示文稿说服力的效果。

制作含表格的幻灯片，通常有两种方法：一是直接在 PowerPoint 中制作，二是导入其他程序如 Word、Excel 和 Access 中的表格。

(1) 创建 PowerPoint 表格

单击“插入”-“表格”，如图 8.58 所示，下拉选项中选择“插入表格”，输入表格行数为“5”，列数为“2”，单击确定后，可以看到幻灯片中创建了相应的表格，如图 8.59 所示。

直接在 PowerPoint 中创建的表格，不仅可以通过“表格工具/设计”-“表格样式”对其进行修饰，还可以调整表格的大小、位置，设置填充色及改变边框颜色。如果能熟练地编辑与修饰 Word 中的表格，那么在 PowerPoint 中的处理方法几乎是完全一样的。

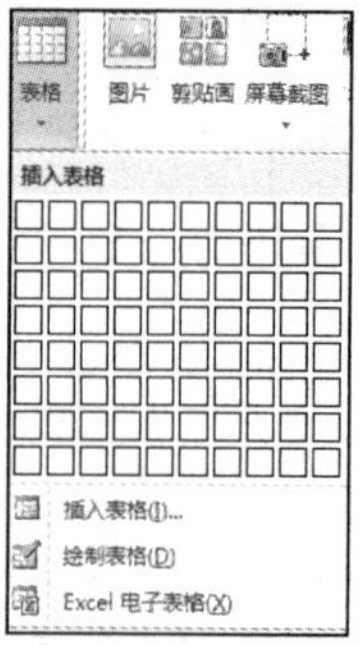

图 8.58　插入表格选项

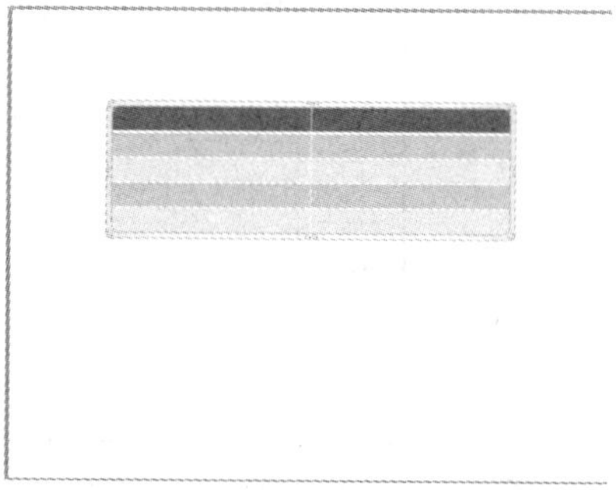

图 8.59　创建 PowerPoint 表格

（2）从 Word 中导入表格

如果制作演示文稿之前，在 Word 中已经制作了表格，则可以导入到 PowerPoint 中，而不必在 PowerPoint 中重新制作。

启动 Word，打开含有表格的文档。选中表格后，复制该表格。返回 PowerPoint 中，选择菜单“开始”-“剪贴板/粘贴/选择性粘贴”命令，弹出“选择性粘贴”对话框。在该对话框中选中“粘贴链接”单选框，表格作为 Word 文档对象插入，而且被粘贴的对象与源程序文件还存在超链接，只要一方发生改动，另一方将同步更改。若选择“粘贴”单选框，则不存在这样的联系。单击“确定”按钮后，Word 表格则被插入幻灯片中。

（3）导入表格的编辑与修饰

通过复制、粘贴（或者插入对象）的方法导入的表格，和在 PowerPoint 中创建的表格的编辑与修饰方法是不一样的。

通过导入方法创建的表格不能直接利用 PowerPoint 的“表格样式”进行修饰，例如要调整表格的边框、填充色等属性，需要在表格上双击鼠标左键，进入编辑状态后，在源表格中进行，所进行的更改会反映在幻灯片中的表格上。但是，调整表格的位置和大小时则可以通过鼠标拖动的方式直接在 PowerPoint 中完成。

双击导入的表格，系统自动打开链接的源表格，可以看到活动窗口也相应变成 Word 程序。接下来，就相当于直接在 Word 中编辑与修饰表格一样。先选中表格，选择“设计”-“表格样式”，再设置表格的边框等属性。通过右键“表格属性”命令，在弹出的对话框中设置其他相关的属性。

对于与表格字体格式对齐方式相关的设置，则可以通过“表格工具/布局”-“对齐方式”操作。所有操作完成后，单击表格外任意位置，完成表格的编辑与修饰。

3. 插入图表

在 PowerPoint 中还可以运用图表，用比较、联系、图形化的形式清晰地表达主题。此外，还可以通过设置图表的序列动画，使表现效果更加生动，吸引观众的注意力。

制作含图表的幻灯片，通常也有两种方法：一是直接在 PowerPoint 中制作，二是导入 Excel 中已经制作好的图表。

(1) 创建 PowerPoint 图表

新建一张幻灯片，选择“开始”-“幻灯片/版式”，选择内容版式为“标题和内容”。单击正文占位符中的“插入图表”按钮，进入图表创建状态。填写好以后，单击图表外任意位置，完成图表的创建，创建好的图表效果如图 8.60 所示。

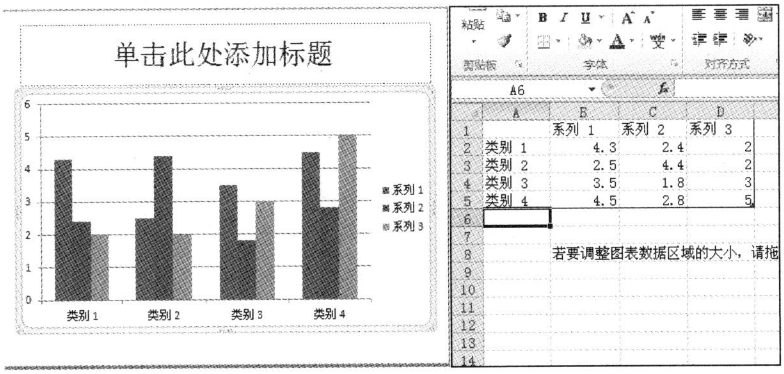

	系列 1	系列 2	系列 3
类别 1	4.3	2.4	2
类别 2	2.5	4.4	2
类别 3	3.5	1.8	3
类别 4	4.5	2.8	5

图 8.60　创建 PowerPoint 图表

(2) 图表的编辑与修饰

在 PowerPoint 中创建的图表，不仅可以像操作其他对象一样，进行大小、位置的调整，而且还可以更改图表的类型，修饰图表区域、绘图区、背景墙和更改序列中的某个元素的颜色等。

为图表设置序列动画：先选中要设置动画的图表，切换至“动画”菜单选项，在“动画”组选项中选择“形状”效果，再选择“效果选项”命令，在弹出的下拉列表中选择“按序列中的元素”项，完成设置。如图 8.61 所示。

对于通过复制、粘贴(或者插入对象)的方法导入的图表，则“效果选项”不可用，所以若准备设置图表的序列动画，应使用在 PowerPoint 中直接创建图表的方法制作图表。

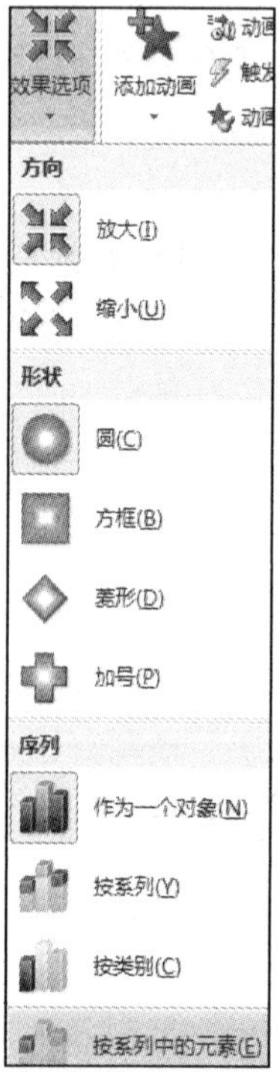

图 8.61 为 PowerPoint 图表设置动画

(3) 从 Excel 中导入图表

如果在制作演示文稿前，已经在 Excel 中创建了图表，则可以从 Excel 中导入图表。和导入表格一样，导入图表的方法通常也有两种：一是复制、粘贴法，二是插入对象法。复制、粘贴法和表格导入非常相似，可以参考前面导入表格时的步骤。

导入图表的编辑与修饰方法与导入表格的处理方法一样，需要在图表上双击鼠标左键以进入编辑状态。进入编辑状态后，出现 Excel 的菜单、工具栏和源图表，对源图表编辑和修饰后，所进行的更改会反映在幻灯片中的图表上，单击图表外任意位置结束操作。

8.3 美 化 课 件

在使用 PowerPoint 制作多媒体课件时，用户除了可在课件中添加文字、图形、图像和动画等内容外，还可以对课件应用自带的模板及给幻灯片自定义配色方案。通过这些操作，不仅能提高课件的制作效率，而且设计出来的幻灯片也赏心悦目，达到了美化课件的目的。

8.3.1 使用模板调整课件外观

设计模板包含演示文稿样式的文件，包括项目符号和字体的类型和大小、占位符大小和位置、背景设计和填充、配色方案以及幻灯片母版和可选的标题母版。

设计模板是控制演示文稿统一外观的最有力、最迅速的一种手段，PowerPoint 提供了许多设计模板，这些模板为用户提供了美观的背景图案，可以帮助用户迅速地创建完美的幻灯片。在任何时候都可以直接应用这些设计模板。如果能巧妙地利用 PowerPoint 模板，就可以为我们带来极大的方便，提升我们的工作效率。

应用设计模板的具体操作步骤如下：在“设计”菜单选项中选择“主题”组，便会列出设计主题选项。若要对所有幻灯片(和幻灯片母版)应用设计模板，可单击所需的设计模板。若要将模板应用于单个幻灯片，用右键单击列表框中的缩略图，在弹出的选项中单击“应用于选定幻灯片”命令即可。

8.3.2　调整课件背景和配色方案

1. 设置背景

选择“设计”-“背景”，在弹出的对话框中有填充、图片更正、图片颜色和艺术效果等选项，用户可以根据需要进行选择，如图 8.62 所示。

图 8.62　“设置背景格式”对话框

2. 设置主题颜色

主题颜色由 4 种文字/背景颜色、6 种强调文字颜色和 2 种超链接颜色搭配组成。可以把主题颜色理解成每个演示文稿所含的一套颜色设置，这些颜色分别应用到幻灯片上的对象中。例如，填充图形的颜色、设置文本和线条的颜色、设置超链接后文本的颜色等。

PowerPoint 中的“主题颜色”其实是一种特殊的模板，如果你想将某个主题颜色应用于多个幻灯片，可以按住 Ctrl 键选中“幻灯片”窗口中的多个幻灯片，然后单击“设计”菜单选项卡中的“主题”，选择主题颜色按钮  ，则所选幻灯片就会使用这个主题颜色。如果想将设计模板、动画方案或文字版式快速应用于多个幻灯片，也可以使用这个技巧。

图 8.63　打开“编辑配色方案”对话框

如果对预设的主题颜色不满意，需要对其中的颜色配置进行更改，可以在弹出的下拉面板中选择“新建主题颜色”，进行完善或重新创建，如图 8.63 所示。例如，更改“超链接”颜色只需单击右边的“更改颜色”按钮，选取适当的颜色，单击“保存”按钮，同时将修改后的主题颜色保存下来。该方案将出现在“主题”-“颜色”的自定义中。单击选中自定义的颜色，便可将新的主题方案应用到所有或所选幻灯片中。

8.4 简单动画制作

在课件中要使用精美的动画，一般得用专门的动画制作软件来制作，但如果只是需要表现一些简单的运动，那么使用 PowerPoint 制作通常就能达到设计目的。PowerPoint 为幻灯片上的某个对象(如文本、图片、图表、电影等)的出场方式设置不同的动画效果，如“飞入”“百叶窗”“回旋”等，同时也可以设置对象的路径运动。由于课件是由多张幻灯片组成，用户还可以设置幻灯片与幻灯片之间的切换效果，用来增强幻灯片的放映动感，让幻灯片的进页显示生动流畅。另外，还可以通过对多个视觉对象出现的时间和顺序做简单控制，制作出动作较为复杂的动画。

8.4.1 对象的动画效果

在 PowerPoint 中，用户可为幻灯片上的对象添加不同的动画效果，产生特殊的效果，使演示文稿生动活泼。PowerPoint 提供了 4 种动画效果，如进入、强调、退出和动作路径等，用户可以灵活使用这些效果对幻灯片上的文本、图形和表格等对象添加不同效果。

1. 基本动画效果

单击“动画”菜单选项，选择“动画”组命令，如图 8.64 所示。单击“其他”下拉按钮▾，出现动画效果列表，显示了 PowerPoint 中预定义的几十种不同效果的动画方案，如图 8.65 所示，可以为对象设置包括“进入”“强调”“退出”和“动作路径”的动画效果。

图 8.64 基本动画效果

进入效果：用于设置在幻灯片放映时，幻灯片中的文本、图形、图表等进入放映界面时的动画效果。进入效果是比较常用的一种动画效果。

强调效果：针对演示过程中需要特别强调的部分对象而设置的动画效果。

退出效果：用于设置在幻灯片放映结束时，某个对象退出时的动画效果。

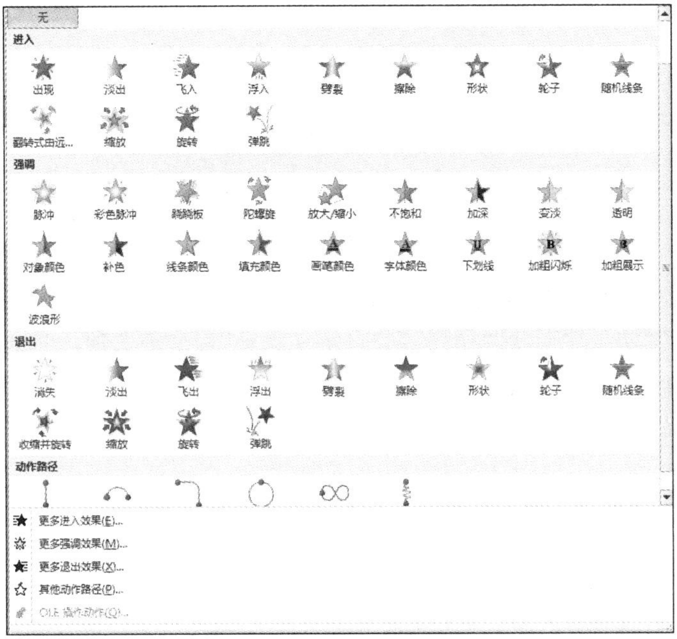

图 8.65　动画效果列表

动作路径效果:用于指定相关内容在放映时所运动的轨迹。

2. 高级动画效果

“动画”-“动画”组命令还提供了“高级动画”设置，单击“添加动画”，出现的动画效果和图 8.65 中动画效果列表一样，不同的是这里可以为同一对象添加多个动画效果，只要选择对象，反复添加效果即可。

图 8.66　高级动画

高级动画中还提供了“动画刷”，利用它可以轻松、快速复制动画效果，用法和 Word 中的格式刷用法类似。如图 8.66 所示。

活动 1:自定义动画效果

选择一个对象(例如文本、艺术字、剪贴画等)，在“动画”-“动画”组，为对象添加适宜的效果，如图 8.67 所示，并使用“高级动画”为其添加多种动画效果。

活动 2:自定义动作路径

PowerPoint 中还可以通过自己的设想设置“个性化”的动作路径。在新建的幻灯片中插入一个对象，选中添加的对象，单击“动画”菜单选项。保持对象处于选

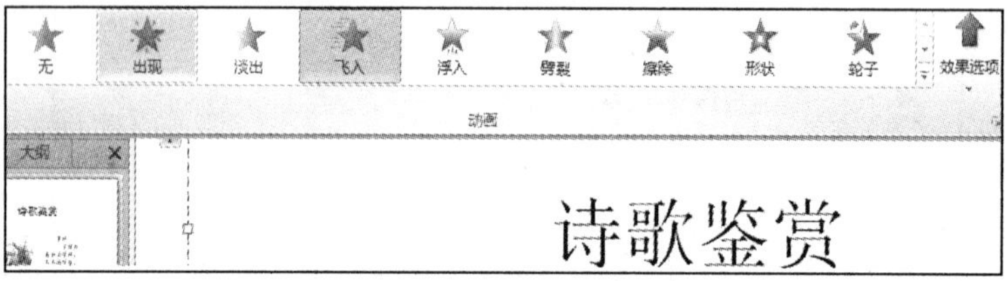

图 8.67 添加动画效果

中状态，单击“动画”组的“其他”按钮，在弹出菜单中选择“动作路径”选项，其下有“直线”“弧形”“转弯”“形状”“循环”和“自定义路径”六个子选项，如选择了“弧形”，则为对象添加了弧形动画路径，绿色三角表示起点、红色三角表示终点。如图 8.68 所示。单击鼠标选中动作路径，可以对动作路径进行移动、旋转以及纵向和横向的缩放。

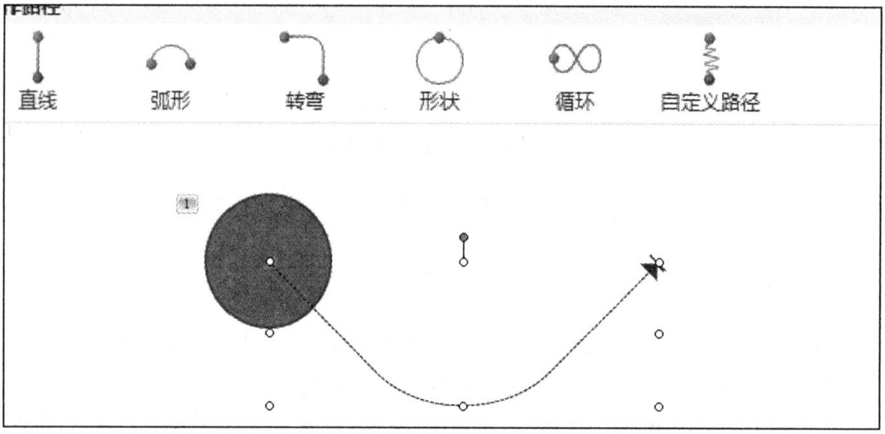

图 8.68 对小球设置弧形路径

活动 3：演示正弦波的图像

先点击“插入”-“插图/形状/基本形状/椭圆”，在幻灯片编辑窗口中画一个小的圆球，用它来表示动点。选中此圆球，单击“动画”菜单选项的“动画”组命令，在“其他”下拉按钮中选择“其他动作路径”，弹出“更改动作路径”对话框，如图 8.69 所示，并为对象添加“正弦波”效果。此时，就能看到编辑窗口中的圆球会沿一个正弦波路径运动。当它停止运动后，就可以看到一个正弦波路径出现，如图 8.70 所示。选中路径，可以利用控制句柄调整其大小或进行旋转操作。

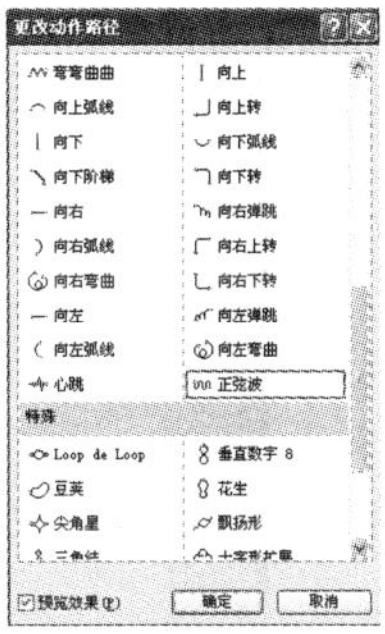

图 8.69　“自定义动画”任务窗格

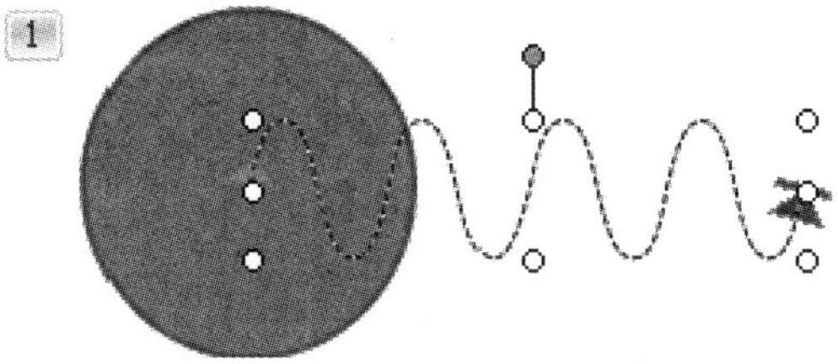

图 8.70　正弦波路径

在放映时，只能看到圆球沿该路径运动，路径本身(正弦波)是不会显示出来的。想显示正弦波，可点击菜单命令“视图”-“显示比例”，在打开的“显示比例”对话框中选择“100%”，再回到“动画”菜单选项，按下“Print Screen”键，将屏幕拷贝下来并粘贴到画图板中，进行适当的编辑，只保留路径部分，保存。

然后点击菜单命令“插入”-“图像/图片”，将路径图插入到编辑窗口中，仔细调整图片的位置，使图片中的路径与编辑窗口中的路径完全重合，可以按下 Ctrl 键并配合小键盘上的方向键实现逐像素移动。调整小球的“叠放次序”，调到顶层，右键菜单中点击“置于顶层”命令。

活动 4：制作“钢球的对心碰撞”动画

(1) 绘制“钢球的对心碰撞”

制作这个课件需要将两个钢球和平面放入幻灯片，关键是调节钢球与平面的位置，能够体现钢球在平面上运动的效果，而钢球之间的相对位置可以根据动画效果在以后修改。如图 8.71 所示。

(2) 设置钢球的动作路径

这个课件中的钢球需要做相向直线运动，发生碰撞后各自朝相反方向运动。为左边的钢球设置动作路径的方法是：选中平面左边的“钢球”，打开“动画”-“动画/自定义路径”，将十字形光标移到“钢球”上面，按下鼠标左键再向右移动绘制出钢球碰撞前的轨迹。当直线长度达到两个钢球中点位置时，先松开鼠标然后单击，即可在两个钢球中间留下一个顶点。接着按下鼠标左键向右移动，绘制出钢球碰撞后的运动轨迹。光标到达钢球所在位置后双击鼠标结束，就可以看到钢球先向右后向左的运动效果了。重复上面的操作，就可以给右边的钢球设置运动路径了。如图 8.72 所示。

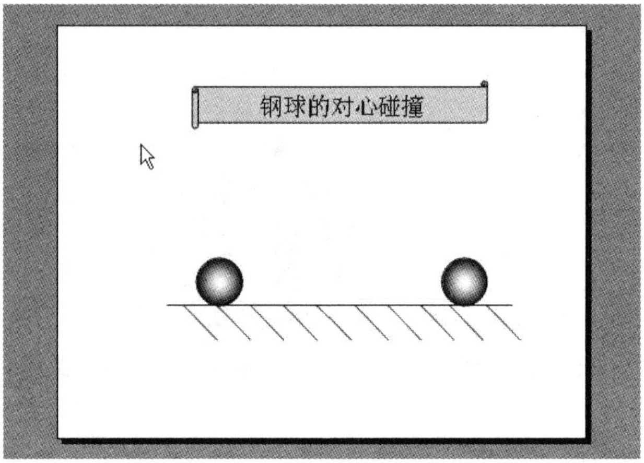

图 8.71 “钢球的对心碰撞”

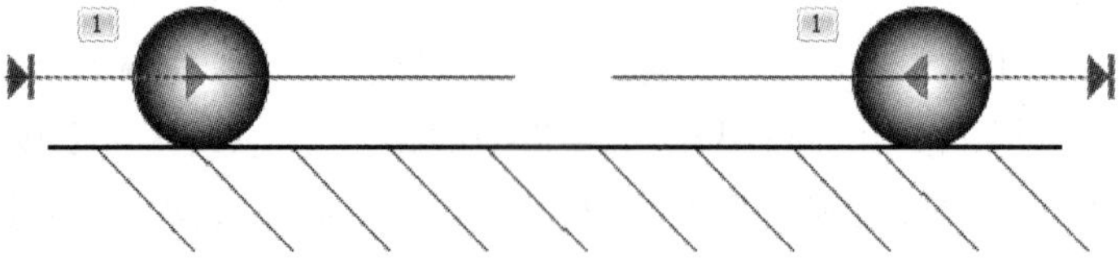

图 8.72 对钢球设置动作路径

(3) 设置动画时间

由于教学要求两个钢球同时做相向运动，所以必须设置它们的运动是同时的，具体操作方法是：选中水平面右边的钢球，在“高级动画”组中打开“动画窗格”。单击该名称右边的下拉按钮打开菜单，选中其中的“从上一项开始”，就可以实现左右两边的钢球同时运动的效果。如图 8.73 所示。

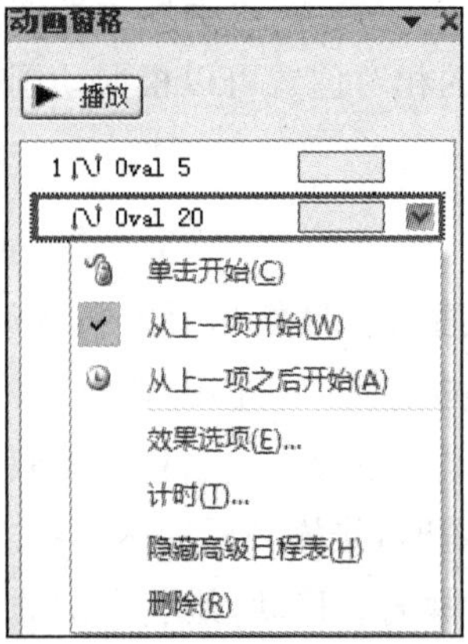

图 8.73 对钢球设置动画时间

如果钢球运动轨迹的顶点位置不十分准确，那么可能发生钢球尚未接触就分离等情况。这时可以选中其中任意一个钢球，根据需要缩小或增大两个钢球之间的距离即可。

如果需要增大或减小钢球碰撞前后的运动速度，可以在上图选项中选择“计时”选项，设置合适的运动速度和重复次数。

活动 5：制作“月亮绕着地球转”课件

(1) 绘制“地球”“月亮”和“星星”

首先打开 PowerPoint 的“插入”选项卡中的“插图”组中的“椭圆”形状，按下 Shift 键，拖动鼠标就可以在幻灯片中画出大小不等的两个圆。幻灯片中间放置的较大的圆代表“地球”，在离“地球”一定距离处放置较小的圆表示“月亮”，在幻灯片右上角利用“插图”组中的“星与旗帜”中“十字星”绘制几个大小不等的星星。如果能找到“地球”“月亮”和“星星”的 3D 图片，也可以使用“插入”-“图像/图片”，将它们插入幻灯片。如图 8.74 所示。

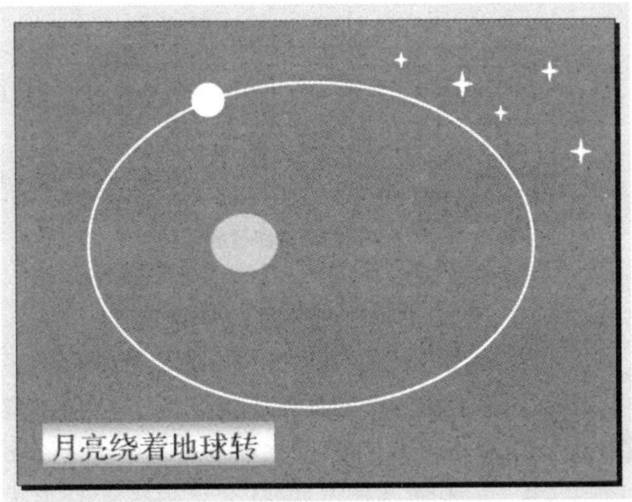

图 8.74　“月亮绕着地球转”

(2) 定义“月亮”的运动路径

由于在地球卫星的运动课件中，“地球”是固定的，只要设置“月亮”的运动路径就可以了。首先选中“月亮”，然后打开“动画”-“动画”组的其他按钮，选择“其他动作路径”，再选中“圆形扩展”命令，点击“确定”后即可看到“月亮”围绕地球运转的效果。

如果“地球”与“月亮”运动轨迹的相互位置不合适，可以选中两者中间的一个，用鼠标拖动到合适的位置。假如“月亮”运动轨迹的形状或大小不合适，可以用鼠标选中“月亮”的运动轨迹，然后拖动轨迹周围的控点进行调整，从而实现月亮沿椭圆运动的轨迹演示效果。

(3) 定义“月亮”的动画效果

使用鼠标双击幻灯片中的“月亮”运动轨迹，打开“圆形扩展”对话框的“计时”

选项，在“期间”下拉列表选择“中速(2 秒)”，然后在“重复”下拉列表选择“直到下一次单击”，这样可以让“月亮一直绕地球转动”，或者根据教学需要选择合适的“速度”和重复次数。最后切换到“效果”选项，将“平滑开始”和“平滑结束”都设定为 0 秒，再单击“动画窗格”的“播放”按钮，就可以看到“月亮”围绕地球运动的效果了(图 8.75)。

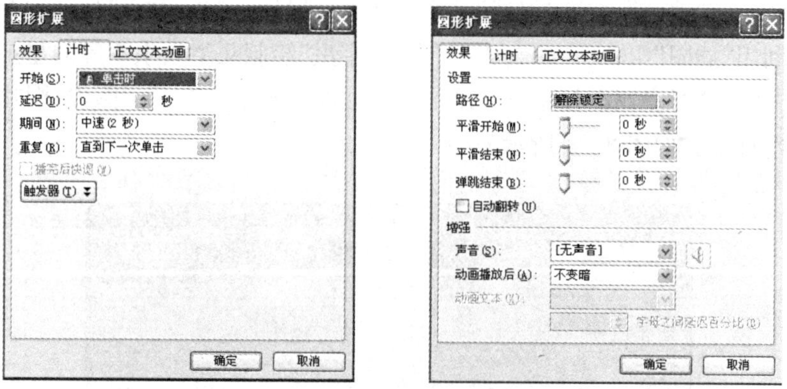

图 8.75 “月亮”的运动路径和动画效果

(4) 制作月亮绕着地球转的轨迹

使用“插入”-“插图”组的“椭圆”工具在幻灯片上绘制一个和月亮运动路径一样大的椭圆，调整椭圆的大小和位置，使之和月亮的运动路径重合，选中椭圆，选择“绘图工具/格式”-“形状样式/形状填充”按钮，选择“无填充颜色”即可呈现出月亮绕着地球转的轨迹，如图 8.76 所示。再对此轨迹设置线条颜色为“橙色”，线型为“2.25 磅”，再选中该轨迹，右键设置叠放次序为“置于底层”。

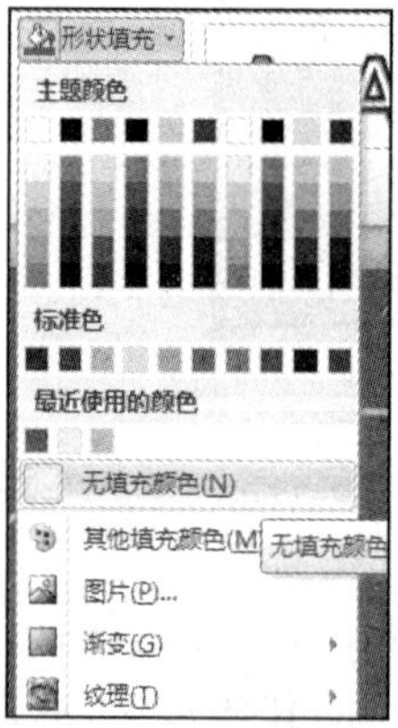

图 8.76 制作月亮绕着地球转的轨迹

(5) 制作闪烁的星星

选中“星星”，然后单击“动画组”的其他按钮，选择“强调”中的“脉冲”命令，“确定”后即可看到“星星”闪烁的效果，如图 8.77 所示。可以对其他星星做同样的操作，如图 8.78 所示。

如果绘制的星星比较多，也可以先绘制一个星星并设置好效果，然后对这个星星进行复制，再对复制出的星星进行大小、位置的调整。

播放时会发现星星不是和月亮同步运动，而是依次闪烁，这时需对动画的播放次序做调整，选中“动画窗格”中的十字星动画效果，把所有的十字星动画效果的

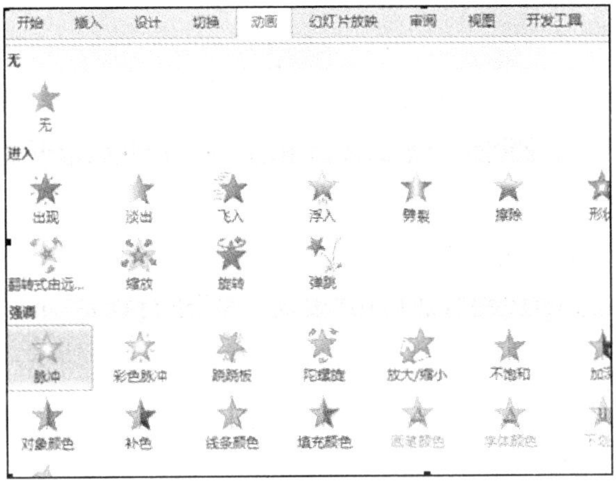

图 8.77　设置星星的“脉冲”效果

“开始”属性都设置为“与上一动画同时”。然后再双击“动画窗格”任务窗格中的十字星动画效果，设置“脉冲”效果中的“期间”属性，如图 8.79 所示，对不同的十字星效果设置不同的速度，并选择“重复”选项为“直到幻灯片末尾”，使星星能一直在天空错落有致地闪烁。

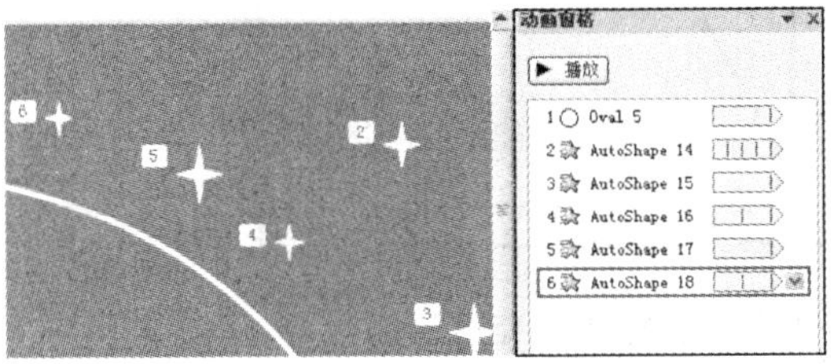

图 8.78　多个星星的“脉冲”效果

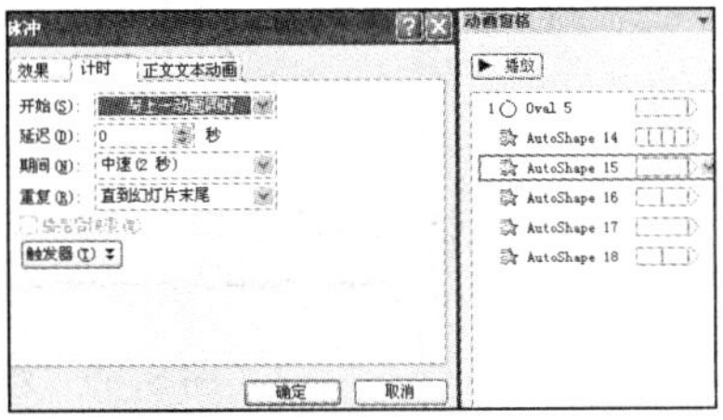

图 8.79　“脉冲”效果中的“计时”属性

8.4.2　触发器动画

只要幻灯片中包含动画效果、电影或声音，就可以为其设置触发器。触发器可以是 PowerPoint 幻灯片中的一个图片、图形、按钮，甚至可以是一个段落或文本框，单击它时会触发一个操作。该操作可能是声音、电影或动画，例如在幻灯片上显示文本。

在课件制作领域，触发器还有一个用途是可以在幻灯片上为学生创建一组问题和答案，并将答案选项设置为可显示正确或错误答案的触发器。触发器可使幻灯片与学生之间进行双向互动，引发他们进行猜测，使他们感到愉快，激励他们进行思考和学习，总结错误，等等。

活动1：用触发器控制动画

（1）绘制“平行四边形转化为矩形”

使用PowerPoint的“插入”菜单选项里的“文本框”“矩形”“直线”工具，绘制出幻灯片上各个对象。

其中“作高”“移动三角形”按钮用文本框进行“填充效果”设置和“添加文本”设置；虚线可用“直线”工具绘制，然后用“虚线线型”进行设置；下面的平行四边形由正方形和2个三角组成，为后面的动画做准备。如图8.80所示。

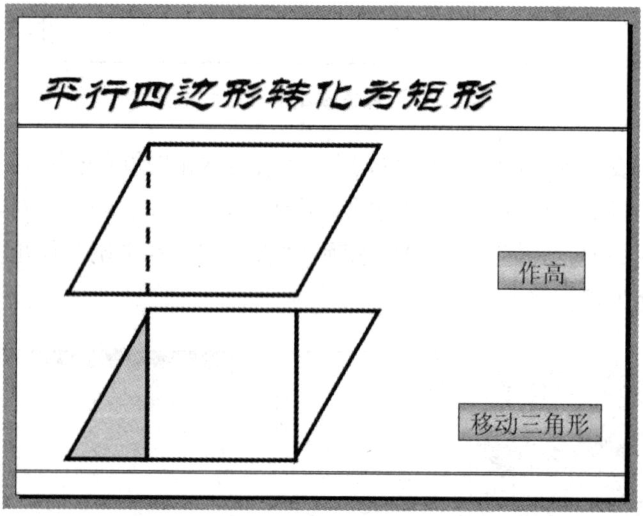

图8.80 绘制“平行四边形转化为矩形”

（2）设置动画

选中上面的平行四边形上的高，打开“动画”-“动画”组的其他按钮，选择“进入”动画中的“擦除”命令。再选中下面的平行四边形中左边的三角形，打开“动画”-“动画/动作路径/自定义路径”，鼠标变为十字形，按住左键不放，即可绘制运动曲线，绿色三角(左)表示起点、红色三角(右)表示终点。如图8.81所示。

动画设置好后，可点击“自定义动画”任务窗格上的“播放”按钮，如果路径不准确，可用鼠标单击选中动作路径，可以对动作路径进行移动、旋转以及纵向和横向的缩放，直至动画调整好。

（3）设置触发器动画

双击“动画窗格”中的动画1“Line 6”，弹出“擦除”对话框，选择“计时”选项卡，点击“触发器”按钮，展开触发器设置选项，选择“单击下列对象时启动效果”旁的下

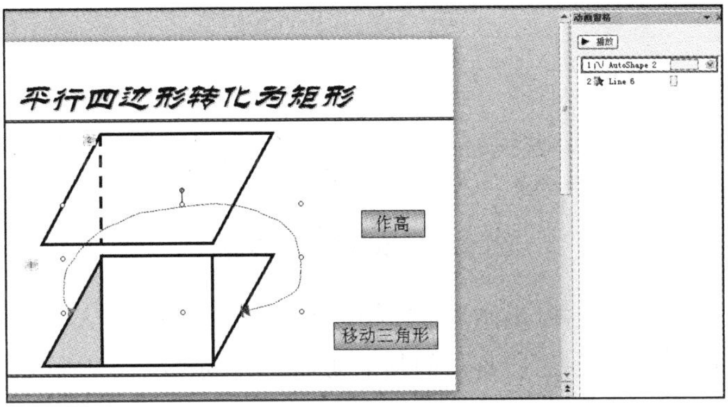

图 8.81　“平行四边形转化为矩形”动画设置

拉菜单，选择触发该动画的对象“Text Box 8：作高”，如图 8.82 所示，点击“确定”即可。

“移动三角形”的触发器动画设置和“作高”步骤是一样的，设置好之后，如图 8.83 所示。

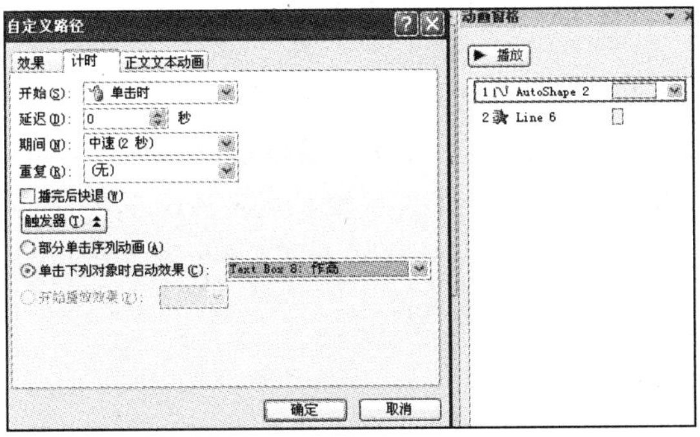

图 8.82　“作高”触发器动画设置

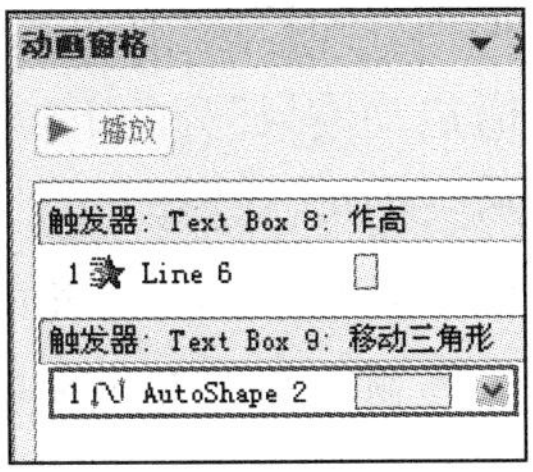

图 8.83　“移动三角形”触发器动画设置

全部设置好后播放，点击“作高”文本框，即播放“虚线”动画；点击“移动三角形”文本框，即播放“平行四边形转化为矩形”动画。

活动 2：制作“填空题和选择题”的触发器动画

在制作课件时，多多少少会有一些选择题、填空题，使用触发器动画，可在课件中单击鼠标就能让正确答案自动出现。如图 8.84 所示。

在文本框中输入第一道题的题目“1＋1＝______”，按照同样的方法再插入一个文本框，输入题目的正确答案“2”，并设计好字体的大小、颜色，在幻灯片右边插入第三个文本框，输入“答案 1”文本。

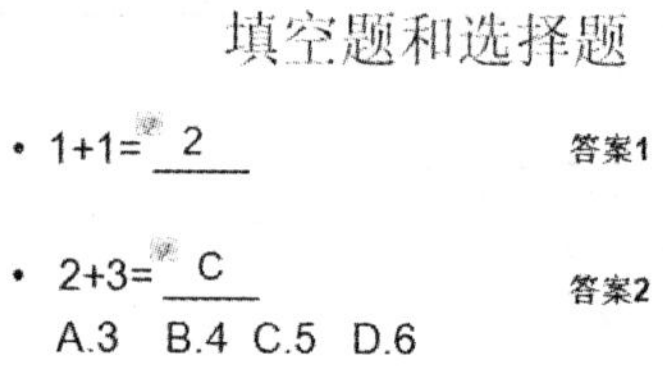

图 8.84 填空题和选择题

选择“2”文本框后选择“动画”菜单选项，在“动画”组的“进入”效果中，选择“百叶窗”效果，也可以选择自己所喜欢的其他动画效果，如图 8.85 所示。

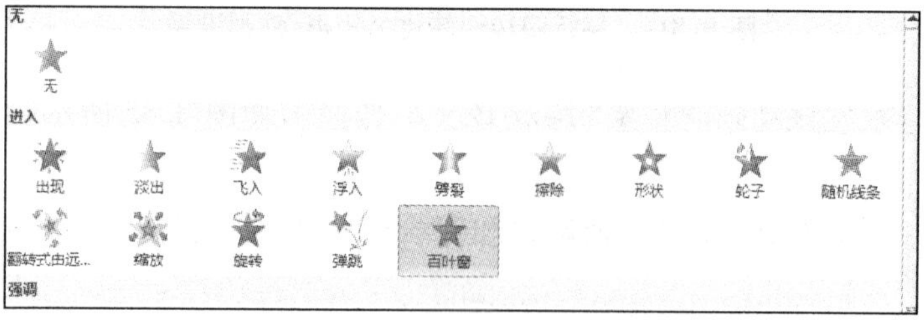

图 8.85 设置弹出文本的动画效果

双击“自定义动画”任务窗格下边“Text Box 4:2”动画，打开“百叶窗”对话框并切换到“计时”选项卡，点击“触发器”按钮，展开触发器设置选项，选择“单击下列对象时启动效果”旁的下拉菜单，选择触发该动画的对象“Text Box 6:答案 1”，点击“确定”即可。这样当幻灯片放映时，单击第一道题的右边的“答案 1”文本框时，题目的正确答案就会以先前设定的百叶窗动画效果出现。

选择题的制作方法和填空题基本一致。

活动 3：制作一个选择题的触发器动画

想一想：普通飞入式动画与用触发器所做的动画的最大区别在何处？

活动 4：利用触发器控制视频、音乐

在用 PowerPoint 制作的教学课件中，通常插入各种音频视频文件以增强课堂教学效果。但课堂教学的要求并非仅仅能播放就行，通常情况下，还希望能对音频或音视频文件实现播放、暂停和重播等更为智能化的控制。

以“利用触发器控制视频”为例。单击“插入”-“插图/形状/矩形”，拖拉出一个矩形框。在此矩形框上单击右键，选择“编辑文字”命令，文本内容为“播放”，以它作为控制视频播放的命令按钮。调整好矩形框和文本的大小、颜色等。复制、粘贴两次，分别命名为“暂停”“停止”。这样，三个控制按钮就算做好了。如图 8.86 所

示。当然也可以选用其他的形式来制作这三个按钮，比如艺术字、动作按钮等。

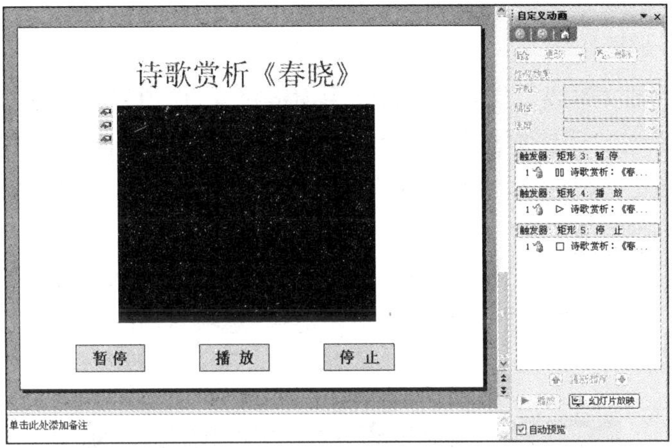

图 8.86　利用触发器控制视频

(1) 播放按钮的实现

选中视频播放框，单击"动画"-"高级动画/动画窗格"，可以看到，在当前任务窗格中已经有了这个视频的任务格。默认情况下，插入的视频在"上一项之后开始"播放。单击该动作的下拉按钮，在弹出的下拉列表中选择"计时"命令。将"开始"属性设为"单击时"，在触发器选项中，选择"单击下列对象时启动效果"，并在右侧的下拉列表中选择"矩形 3:播放"。最后单击"确定"按钮即可实现播放。

(2) 暂停和停止按钮的实现

选中视频的播放框，依次选择"动画"-"高级动画/添加动画/媒体/暂停"命令，可以看到在任务窗格中增加了"暂停"项。同样方法设置"暂停影片"动作的"计时"选项卡，单击"触发器"按钮，然后选中出现的"单击下列对象时启动效果"单选项，并在其右侧的下拉列表中选择"矩形 4:暂停"。这样，单击"暂停"按钮即可实现视频暂停的效果了。"停止"按钮与"暂停"按钮的制作方法基本相同。

用触发控制器音乐的方法和控制视频的方法一样。

8.4.3　幻灯片之间的跳转与切换

1. 超链接与动作按钮设置

在播放演示文稿中要实现幻灯片之间的跳转有两种方法：一种方法是设置超链接，它不但可以从一张幻灯片跳转到另一个幻灯片，如演示文稿中的某张幻灯片，还可以跳转到其他类型的文件中，如其他演示文稿、Word 文档、Excel 电子表格、Internet、公司内部网或电子邮件地址等;另一种方法是设置动作按钮,其特点是使用便捷,但是只能在本演示文稿中跳转。

(1) 设置超链接

幻灯片中的文本或对象都可以设置为超链接点,作为超链接点的文本通常带有下划线。超链接不能在创建时激活,在播放演示文稿时会自动激活超链接,当鼠标指针指向超链接鼠标指针变成"手"形时,单击超超链接即会跳转到所链接的目标幻灯片或其他对象。

选择要进行超链接的文本或图形,在菜单栏中选择"插入"-"链接/超链接";或者单击右键,在弹出的快捷菜单中选择"超链接"选项,打开"插入超链接"对话框,如图 8.87 所示。

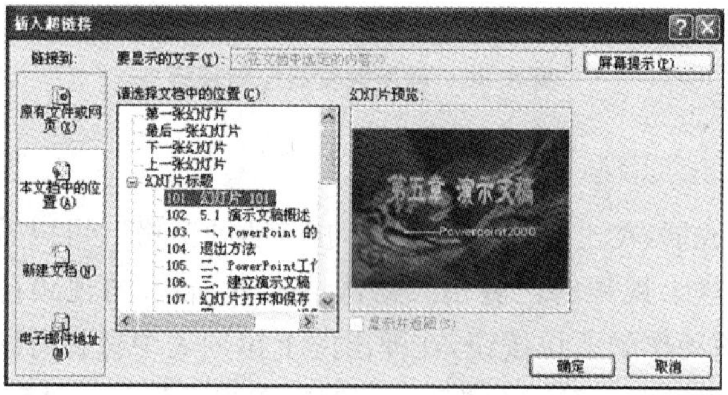

图 8.87 插入超链接

在"链接到"选项组中,选择"本文档中的位置"选项(若要链接到的目标在本演示文稿之外,则选择"原有文件或网页"),在"请选择文档中的位置"列表框中,选定一张要链接到的幻灯片,如最后一张幻灯片。设置完毕后单击"确定"按钮,超链接设置完毕。

超链接设置完毕后,在普通视图下无法使用超链接,可单击 PowerPoint 主窗口右下角的"幻灯片放映"按钮,在该幻灯片中,将鼠标指针指向设置超链接的文本或对象,鼠标变成"手"形时,单击超链接即会跳转到目标幻灯片或对象。

(2) 编辑或取消超链接

编辑超链接:单击右键,选择"编辑超级链接"选项。

取消超链接:单击右键,选择"取消超级链接"选项。

(3) 动作按钮

动作按钮是具有超链接功能的图形按钮。在页面中加入一些由 PowerPoint 预置好了基本功能的命令按钮,如前进、后退等,就可以根据演讲者的演讲进程等情况决定下一张页面是哪一张,使得对于页面的操作变得更加灵活自如。

在演示文稿中找到要加入控制按钮的页面，使其为当前显示的页面。执行“插入”-“插图/形状/动作按钮”选项，在其下级子菜单中有如图 8.88 所示的各种控制按钮，用鼠标选中任一合适的控制按钮，如选中最后一个“自定义”按钮，这时光标在屏幕下就变成了“＋”形状，在页面上的适当位置按下鼠标左键并拖动画出按钮的形状，插入一个按钮。

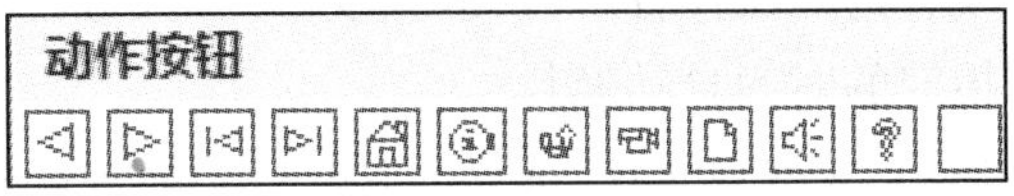

图 8.88　动作按钮

释放鼠标后，屏幕上立刻弹出如图 8.89 所示的“动作设置”对话框，利用这个对话框可以达到真正对页面内容控制的目的。打开“动作设置”对话框中的“单击鼠标”选项卡，选中“超链接到”单选按钮，并在下面的下拉列表框中选中用鼠标单击这个控制按钮时所要触发的事件，也就是选择用鼠标单击按钮屏幕切换后的内容。设置完毕，单击“确定”按钮完成动作按钮超链接的插入设置。

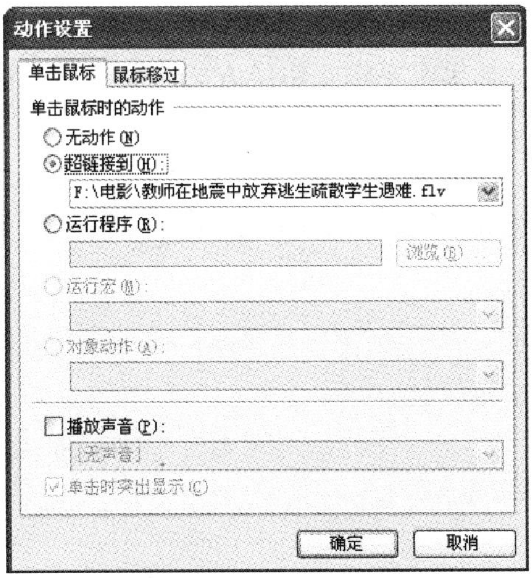

图 8.89　“动作设置”对话框

设置动作按钮的格式：右击所创建的自定义动作按钮，在弹出的快捷菜单中选择“设置形状格式”命令，在打开的“设置形状格式”对话框中选择“颜色和线条”选项卡，在“填充”选项卡中选择“浅绿”；在“线条颜色”选项卡中选择“蓝色”；在“大小”选项卡中的“高度”组合框中输入“1 厘米”，在“宽度”组合框中输入“2 厘米”，单击“关闭”按钮，关闭对话框。

向动作按钮添加文字：右击所创建的“自定义”动作按钮，在弹出的快捷菜单中选择“编辑文字”命令，插入点自动置于动作按钮内，输入文字“查看视频”，选中输入的文字，为其设置字体格式为字体“幼圆”，字号“60”，字形“加粗”，颜色“深红色”，在页面中的空白处单击鼠标即可完成设置。

2. 幻灯片页面的切换效果

幻灯片的切换方式是指演示文稿播放过程中幻灯片进入和离开屏幕时产生的

视觉效果，也就是让幻灯片以动画方式放映的特殊效果。应用幻灯片切换这一特殊效果，可以使演示文稿中的幻灯片以各种方式显示和退出屏幕，使幻灯片显得生动、有趣，更具吸引力。PowerPoint 默认的换片方式为手动，即单击鼠标完成幻灯片的切换。另外，PowerPoint 内置了多种幻灯片切换的方式，比如水平百叶窗、垂直百叶窗、盒状展开、横向棋盘式等；每一种切换方式的速度可以自定义；切换时可以选择预设的伴音，或者选择无伴音；切换的激发方式可以选择单击鼠标时的手动切换，或者选择每隔指定的时间自动换片。

选中需要设置切换方式的幻灯片，选择“切换”-“切换到此幻灯片”中的“其他”按钮，打开下拉列表。选择一种切换方式，如“棋盘式”，设置“效果选项”为“自左侧”，并根据需要设置好“声音”“速度”“换片方式”等选项，完成设置，如图 8.90 所示。

如果需要将此切换方式应用于整个演示文稿，只要在“计时”组中，单击一下“全部应用”按钮就可以了。

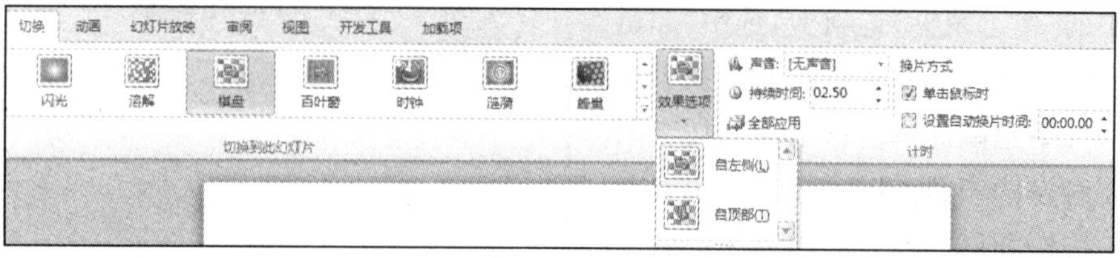

图 8.90 幻灯片切换

8.5 课件的放映与打包

8.5.1 控制课件的放映方式

1. 设置放映方式

在菜单栏中选择“幻灯片放映”-“设置/设置幻灯片放映”，可以设置幻灯片的放映方式，它包含演讲者放映、观众自行浏览、在展台浏览等选项。如图 8.91 所示。

(1) 演讲者放映(全屏)

演讲者放映是常用的放映方式，提供绘图笔，以便演讲者进行勾画。

(2) 观众自行浏览(窗口)

可进行打印输出以及编辑、复制幻灯片等操作。

(3) 在展台浏览(全屏)

用排练计时将每张幻灯片放映时间设置好，放映过程中自动播放，使用 Esc 键退出。

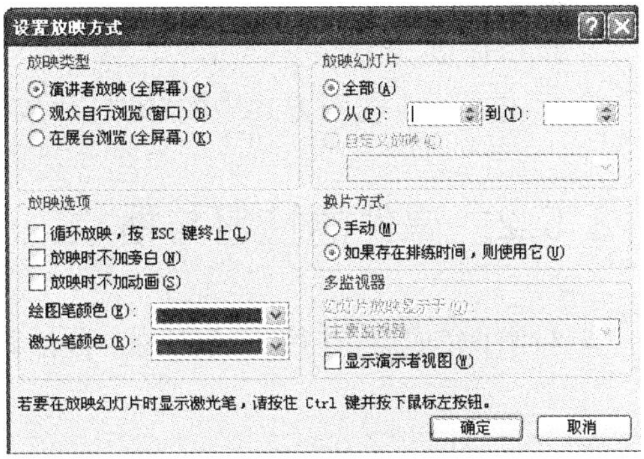

图 8.91　设置放映方式

2. 自定义放映

应用自定义放映可以将想要放映的幻灯片放映出来，其他没选中的幻灯片将不被放映出来。在菜单栏中选择“幻灯片放映”-“开始放映幻灯片/自定义幻灯片放映”，在弹出的“自定义放映”对话框中选择“新建”“编辑”等命令按钮后，弹出“定义自定义放映”对话框，可在其中添加或删除幻灯片。

3. 隐藏幻灯片

应用隐藏幻灯片可以将不想放映的幻灯片“隐藏”起来，选择要隐藏的幻灯片，在菜单栏中选择“幻灯片放映”-“设置/隐藏幻灯片”即可。

4. 录制旁白

在放映演示文稿的时候，可以为幻灯片录制声音旁白，在菜单栏中选择“幻灯片放映”-“设置/录制幻灯片演示”，并设置相应参数，便可为幻灯片录制声音旁白了。

5. 排练计时

在放映演示文稿的过程中，过快或过慢都会影响演示文稿的放映效果，可通过设置幻灯片放映时间间隔和排练计时来设置幻灯片的放映时间。

排练计时设置步骤为：在菜单栏中选择“幻灯片放映”-“设置/排练计时”，在“预演”的对话框里设置即可。

6. 放映演示文稿

要将创建好的演示文稿放映出来，首先要打开编辑好的演示文稿，然后单击相应的命令进行放映。放映演示文稿的方法有多种，以下为几种常用方法：

① 在菜单栏中选择“幻灯片放映”-“开始放映幻灯片/从头开始或从当前幻灯

片开始”。

② 按快捷键“F5”。

③ 点击右下方视图方式中的“幻灯片放映”按钮。

8.5.2 课件的打包与播放

课件制作完成后，往往不是在同一台计算机上放映，如果仅仅将制作好的课件复制到另一台计算机上，而该机又未安装 PowerPoint 应用程序，或者课件中使用的链接文件或 TrueType 字体在该机上不存在，则无法保证课件的正常播放。因此，一般在制作课件的计算机上将课件打包成安装文件，然后在播放课件的计算机上另行安装。

图 8.92 “打包成 CD”对话框

1. 课件的打包

在 PowerPoint 中，打开准备打包的课件，然后单击“文件”菜单中的“保存并发送”命令，出现“将演示文稿打包成 CD”对话框。如图 8.92 所示。

在“打包成 CD”对话框中选择需要打包的课件。如果有多个演示文稿需要打包，可以单击“添加文件”按钮进行文件的添加。如图 8.93 所示。一般情况下，演示文稿的默认播放顺序是按照添加演示文稿的先后顺序排列的。在打包之前还可以对播放顺序进行调整，方法是：先选定一个要调整播放顺序的演示文稿，然后单击向上或向下的箭头直至将其调整到合适的位置即可。

通过右边的“添加”和“删除”按钮，可以自由添加或删除演示文稿，通过左边上下的箭头改变演示文稿的播放顺序等。根据需要设置好后，单击“复制到文件夹”按钮，根据提示将其打包存放到硬盘上。这时硬盘上会产生一个以该 CD 名命名的文件夹，里面存放着 PowerPoint 播放器播放时所需要的全部文件。

如果在打包时对系统设置不满意，还可以在图 8.93 所示的对话框中单击“选项”按钮进入“选项”对话框，如图 8.94 所示，在这里可以进行一些个性化的设置。

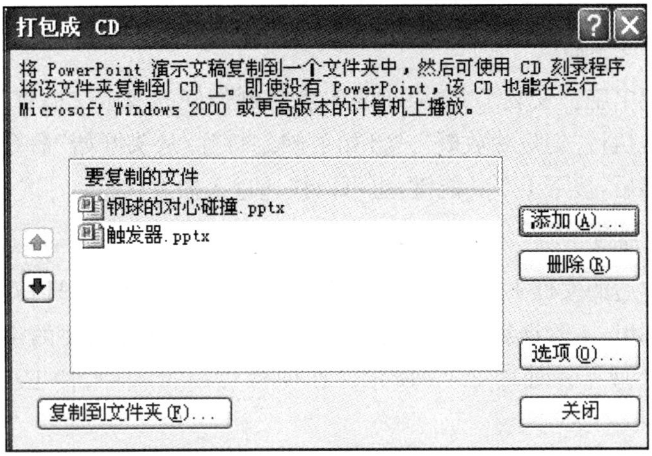

图 8.93　打包多个演示文稿

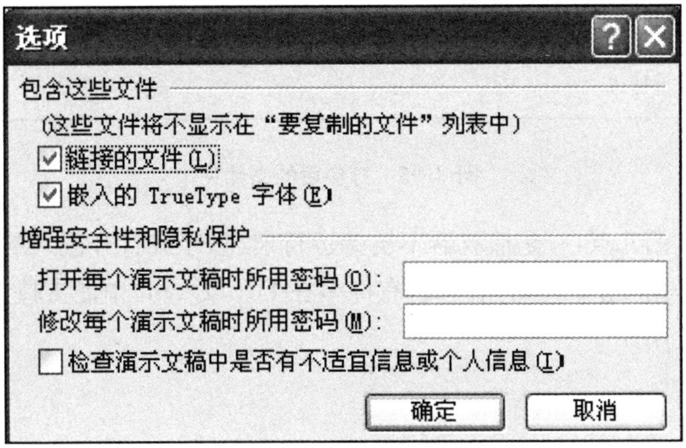

图 8.94　“选项”对话框

如果在演示文稿中使用了比较特殊的字体，为保证在不同电脑上顺利使用，必须勾选“嵌入的 TrueType 字体”选项。

为了保证演示文稿的安全性，可以在“选项”对话框中的“增强安全性和隐私保护”分组信息中分别设置打开或修改演示文稿的密码，按提示分别输入密码两次后点击“确定”即可。设置过保护密码后，务必保管好密码。

相关的设置全部完成后，点击图 8.93 中所示的“复制到文件夹”命令，将打开“复制到文件夹”对话框，设置文件夹名称和存放位置，点击“确定”按钮即可实现将演示文稿打包到文件夹中。

2. 播放课件

(1) 直接复制播放

如果其他电脑上安装了 PowerPoint,就将制作好的演示文稿直接拷贝到电脑中,双击打开,执行"幻灯片放映"-"开始放映幻灯片/从头开始"命令即可,或者打开了演示文稿后,按下 F 5 功能键,也可以快速进入播放状态。

(2) 打包播放

打开打包后的文件夹"演示文稿 CD",只要将该文件夹复制到 U 盘或 CD 上,以后无论到哪里,不管计算机上是否安装有 PowerPoint 或需要的字体,幻灯片均可正常自动播放了。如图 8.95 所示。在课件放映过程中,按 Esc 键即可终止放映。

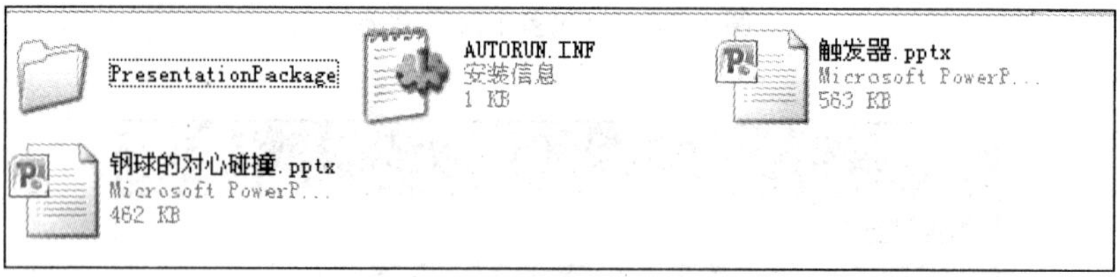

图 8.95 打包后的文件夹

需要注意的几点:一是播放器不支持运行宏、程序或打开嵌入的对象;二是链接的图形最好用".jpg"等常用格式,有许多在 PowerPoint 中能支持的格式在播放器中却不能使用。

第 9 章　微课的设计与开发

微课(Micro Learning Resource)，是指运用信息技术按照认知规律，呈现碎片化学习内容、过程及扩展素材的结构化数字资源。微课往往以视频为载体，围绕某个知识点或教学环节开展短小的教学活动。

9.1　微课教学设计

9.1.1　教学设计

加涅曾在《教学设计原理》一书中将教学设计定义为："教学设计是一个系统化(Systematic)规划教学系统的过程。教学系统本身是对资源和程序做出有利于学习的安排。任何组织机构，如果其目的旨在开发人的才能，均可以被包括在教学系统中。"

从定义中可以看出，教学设计是运用系统方法，根据课程标准的要求和教学对象的特点，将教学诸要素有序安排，确定合适的教学方案的设想和计划。一般包括教学目标、教学重点及难点、教学方法、教学步骤与时间分配等环节。

狄克-凯瑞(W. Dick & L. Carey)的教学设计过程模式(图 9.1)是比较有代表性的一种教学设计模式，是典型的基于行为主义的教学系统开发模式。该模式从确定教学目标开始，到终结性评价结束，组成一个完整的教学系统开发过程。这个模式最大的特点是以教学理论为构建模式的基础，比较贴近教师的现实教学情况。

9.1.2　微课程教学设计模式

微课程的教学设计是教学设计理论在微课程设计开发中的应用，微课程的教学设计强调学生的自主学习，学习目标设计比较短小。微课程无论是在学习目标上还是在学习时间上都体现出"微"，一节微课程的学习目标往往是只着重解决一个教学重点或教学难点问题，往往是围绕一个知识点开展教学，在时间上一般也只有 5～10 分钟。

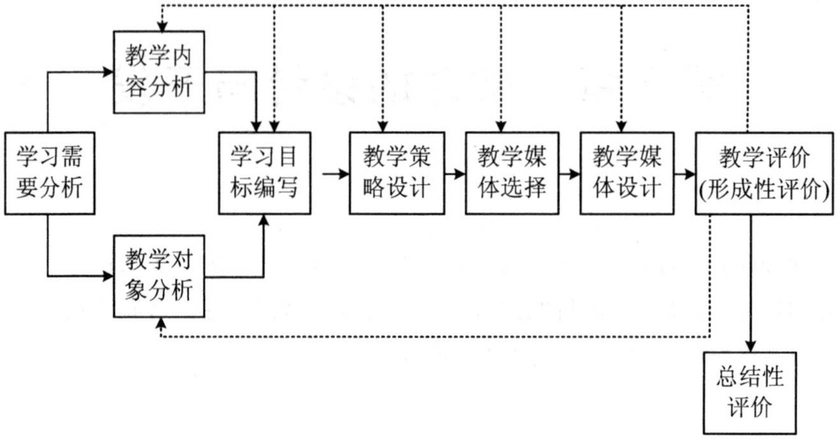

图 9.1　狄克-凯瑞的教学设计过程模式

微课程的教学设计要以学习者为中心，学习者对学习内容的掌握是需要学习时间的，学习能力强的学生可以在较短的时间内掌握知识，而学习能力弱的学生则需要多次反复地学习才能掌握知识，而微课程的呈现方式可以让学习者根据自身的能力自由选择学习的速度，以保证学习者最终掌握知识。

在设计一节微课程时，需要从选择合适的学习内容、设计恰当的学习活动，并使用丰富的教学资源和师生互动方式来进行设计。设计模式如图 9.2 所示。

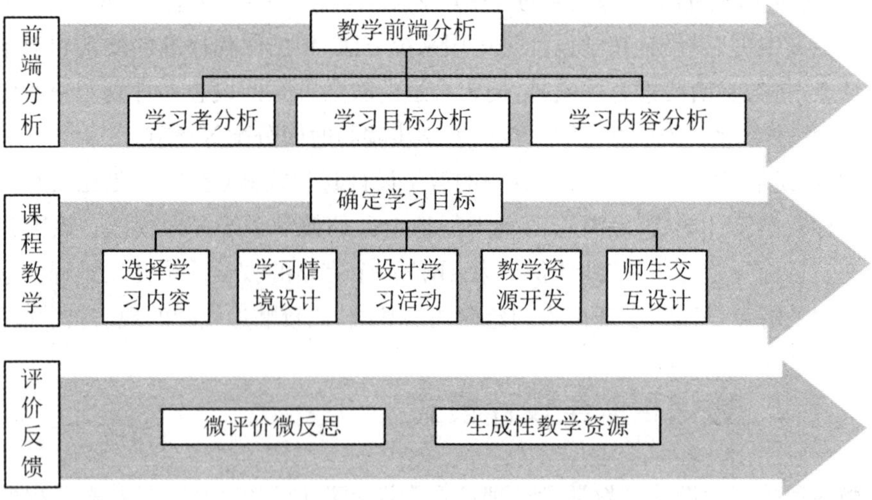

图 9.2　微课程教学设计模式

9.1.3　微课程的开发流程

微课的开发流程包括课程选题的确定、教学设计、课程资源建设、课件制作、课程拍摄、视频后期制作等。

1. 课程选题的确定

微课的设计，教学内容的选择是第一步，也是最关键的一步。它反映了微课要集中表现或传递给学习对象什么样的内容。微课程的选题主要是教学重点或教学难点，一般以一个知识点的教学为宜，也可以选择拓展知识点，作为常规教学的有益补充。

微课选择的内容，要根据微课时长短、知识粒度小的特点，可以把教学内容进行分割，分割为多个教学过程，构成多个微课。

微课因为其视频属性，选择的教学内容应适合用视频媒体展示，可以加入丰富的媒体如图片、声音、视频、动画等形式来进行教学。

2. 微课教学设计

微课虽小，但教学设计还是要认真进行。微课的教学设计包括确定教学目标、教学思路、教学重难点，设计教学过程，开发教学资源。

在进行教学设计前，需要对学习对象进行分析，对于不同学科、不同教学对象，所采取的教学策略也应完全不同。在对教学进行前端分析后，应选择合适的教学模式、教学方法，开发各种恰当的教学资源来开展教学。适合微课的教学模式一般有基于问题的教学模式、基于案例的教学模式、基于情境的教学模式、基于协作的教学模式。

由于微课教学时间短，因此在设计微课时要注意选择切入课题的方法以及途径，力求新颖、迅速而且要与题目关联紧密，以便把更多的时间分配给内容的讲授。在进行教学过程讲授时线索要清晰，语言要简练，结论要明确。在教学设计中，要突出亮点，力求创新。

3. 课程资源建设

教学资源包括各类资源：各种媒体素材，如文本素材、图形图像素材、音频素材、视频素材和动画素材；相关的试题和试卷库；相应课件及案例。各种资源应合理应用，以便更好地实现微课的教学目标。另外，在教学过程中，要及时整理生成性资源，并对之加以合理运用，使师生在教学过程中创造知识、获得发展。

4. 微课课件制作

微课课件的制作包括课件内容设计、版面设计、框架搭建、内容输入、形式转换、美化和动画制作。一般微课课件由封面、正文页、尾页组成。封面主要显示课程的名称、知识点和作者。正文页是课件的主体内容,可以是教学课件或视频,可以有教师画面也可以没有,如果有教师画面,一般放在右下角或左下角,不能挡住课件的主要内容。尾页呈现感谢语或作者简介等内容。

微课的课件可以选用 PPT 进行制作,PPT 制作入门比较简单,普及率比较高,当然也还有一些其他微课制作方法,如录屏式、可汗学院式等。在课件制作中,要注意提升课件的美感,合理安排信息量,要有良好的人机交互性。

5. 课程拍摄

微课程的拍摄一般有两种方法,一种是使用摄影器材进行拍摄,还有一种是使用相关的软件或硬件进行录屏。

拍摄就是使用摄像器材对教学过程进行录制,这种方法需要特定的地点和特别的灯光设备。一般由摄像师使用摄像机进行拍摄,这种拍摄方法可以随时调整摄像机的机位,采用中景、近景和特写等画面。现在还有一些拍摄是使用录播教室进行自动拍摄,这种方法对硬件的要求非常高,多数可以自动拍摄,效率较高,但是不能精准地抓拍近景和特别镜头。

这种拍摄一般会拍摄教师形象,因此对教师的要求是:仪表端庄,衣着整洁得体,教态自然,举止得当。拍摄时需注意,录制背景最好是白色或是浅色,不要出现格子或条纹图案。音量高低合适,拍摄的影像清晰,摄像角度最好是正面。

录屏就是使用相关的录屏软件对教学过程进行录制。这种方法对硬件要求不高,软件也比较好获取,可以使用的相关软件也比较多。录制时教师只需要将精心准备的课件在屏幕上演示出来,选择好录制的视、音频格式,软件就会全程录制教师的屏幕操作和讲解,整个过程操作简单,方便易行。对教师的要求主要就是准备好教学内容,熟悉软件操作。

6. 视频后期制作

拍摄好教学过程的视频后需按照微课的要求进行后期制作。后期制作主要包括片头、片尾、提示性画面或音频的插入。片头主要显示标题、作者、使用对象、所属学科、配套教材、对应的单元等信息,片尾主要显示制作单位、人员、感谢语、日期等。提示性画面或音频的插入目的是提高学生的关注度。

微课程在时间上不能太长,一般以 5～10 分钟为宜。视频画面要清晰、连贯,教师的声音要清晰可辨，杂音、噪声不能明显，如果声音太小或太大，可以适当调整。视频成品可以根据要求进行设置，视频压缩采用常用流媒体格式(.mp4/.flv/.mpg)，成品大小最好不超过 100 MB。

使用电脑或移动设备进行微课学习的学习者，由于受外界环境的干扰和学习时的随意心理，往往参与度不是很高。所以微课在后期加工时，可以加入督导环节，借用鲜明的提示性画面或警示性音频素材，提高学生的注意力，同时也可强调学习的重要内容。

视频后期制作可以使用视频编辑软件进行制作，完成视频的拼接及裁剪，如 Premiere、爱剪辑、会声会影、喀秋莎等视频编辑软件。其中 Premiere 相对专业，软件自身容量也比较大，使用较复杂，其他软件操作相对便捷。视频剪辑技术复杂，对于微课开发人员来讲不需要掌握那么多复杂的技术，够用就可以，必须掌握的技术有导入素材、切割素材、淡入淡出、插入文字、渲染素材等。视频的格式设置可以利用格式转换软件实现视频的格式转换，如狸窝、格式工厂等。

9.2　微课开发方法

微课的开发方法有智能手机拍摄法、实拍法、录屏软件录制法、可汗学院式录制法。

9.2.1　智能手机拍摄法

用智能手机拍摄微课需要准备好智能手机、白纸、笔、相关教学演示文案。具体流程是使用智能手机对教学过程进行录制，在录制时可以借助手机支架或在他人帮助下进行拍摄。

1. 固定手机支架

将手机放在支架上调整好位置，使手机对准需拍摄的对象，如 A4 纸、小白板、小黑板等(图 9.3)。

手机拍摄时的注意事项：

使用手机录制微课时尽量使用支架，避免用双手拿着手机以免拍摄时会产生晃动进而影响视频质量。

拍摄的对象可以用胶带进行固定，在摄像对象上可以画个定位框以辅助录制，以免画面溢出镜头。

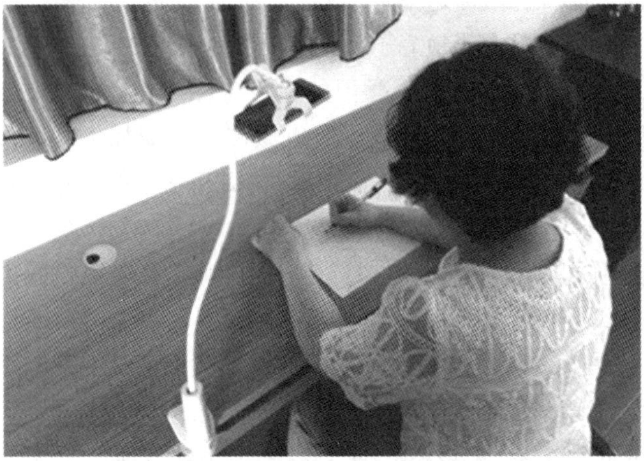

图 9.3 使用手机拍摄微课

教师在拍摄时要注意保持坐姿,头不能太低,以免遮住摄像头,手上不要有装饰物,如戒指、指甲油等,以免干扰学生的注意力。

2. 开始讲授课程内容,并使用手机录制微课

在录制时需选择光线较好的安静空间,如果光线不好需要用灯光或手机闪光灯进行补光。要注意脸部光线应均匀,可用两盏台灯,一左一右打灯。在手机拍摄时不能随意改变手机的焦距,尽量使用默认焦距拍摄。

如果是同声录制,手机或麦克风要事先调整好音量,避免录制完成后才发现音量过小。可以后期配音,也可以用录音笔单独录制声音,这样后期处理时会比较方便。

3. 视频后期处理

对拍摄好的视频要进行后期处理,需用视频处理软件加上片头、片尾、字幕、作者、版权等信息,可采用爱剪辑、会声会影、Premiere 等视频编辑软件(图 9.4)。

图 9.4 常用视频编辑软件

4. 微课作品的上传和发布

将录制编辑好的微课发布到相关的视频教学平台(图9.5)。

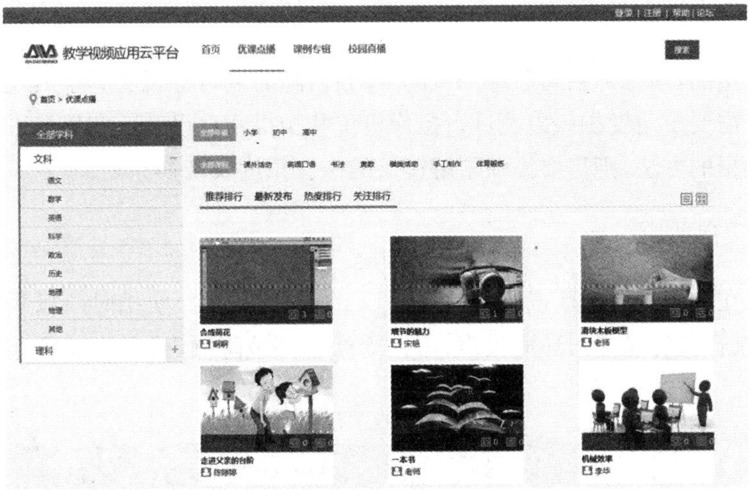

图9.5 视频教学平台

9.2.2 实拍法

实拍式微课开发对环境和硬件有一定的要求,需要准备好相机或摄像机、麦克风、黑板或白板、粉笔、其他教学演示工具。使用相机或摄像机对教学过程进行录制,可以在专门的录播教室或演播厅进行录制。录制后需要使用视频处理软件进行后期处理,加上片头文字,对视频进行编辑和美化。

1. 前期资料准备

教师要准备脚本、演示课件、相关教学资源等,要提前熟悉教学过程,明确要展示哪些知识点,如何突出重点、难点。

2. 教师准备

如果实拍微课中需要教师出镜,教师要注意自身仪态,衣着要整洁得体,教态应自然,举止需得当。教师应避免穿带有细条纹或细方格的衣服,服装款式要适宜。

教师的语言应生动活泼、富有感染力,既规范,又不乏生活化,要避免背诵式授课。教师在讲解时,应声情并茂,并辅以手势动作进行讲解。同时,语言要尽量精简,可以使用口语,但不能啰嗦。

在拍摄时,授课教师视教学需要可以走动,但应避免在讲台、黑板、投影器之间频繁、反复地走动。

3. 与拍摄者进行沟通

在拍摄前,摄像师会与教师确认脚本内容,随后进行分镜头脚本的设计、制作,确定是否需要多角度拍摄以及进行摄像机位和拍摄角度设计。如果是采用录播教室自动拍摄的方法,则需要提前了解镜头的位置角度及切换原则。

4. 拍摄视频

最好在专门的演播厅或录播教室(图 9.6)进行实拍。实拍时一般采用现场录音,现场录音很容易掺入环境噪声,需提前做好环境降噪,最大限度地保证采集的声音清晰。

图 9.6 录播教室

在拍摄时要多机位进行拍摄,可尽量多地拍摄一些镜头,尤其是学生镜头或课件镜头,这样在后期编辑时,可把一些不能用的画面用学生镜头或课件镜头进行替换。

在实拍式微课开发中,可以通过近景或特写镜头对教学过程中的一些细节进行展示,所以在细节的展示上要精准、正确,有时需要进行多次拍摄,以达到理想的效果。为了使镜头中的工具、物品拍摄效果良好,要尽量使用新的工具和物品。

5. 视频后期处理

对于拍摄好的视频要进行后期处理，需用视频处理软件加上片头、片尾、字幕、作者、版权等信息，可采用爱剪辑、会声会影、Premiere 等视频编辑软件进行编辑。

6. 微课作品的上传和发布

将录制编辑好的微课发布到相关的视频教学平台。

9.2.3　录屏软件录制法

使用录屏软件录制法录制微课需要准备好电脑、麦克风、录屏软件、PPT 软件。先使用 PPT 制作软件做好课件，再使用录屏软件进行讲解，录制软件可选用 Camtasia Studio。

1. 制作教学课件

根据微课的教学主题，进行教学内容和资源的组织准备，制作课程课件，可使用 PowerPoint、WPS 等制作课件。

2. 对教学过程进行录屏

使用录屏软件对教学进程进行录屏，如 Camtasia Studio（图 9.7）、Snagit 等。教师在电脑上同时打开录屏软件和教学课件，带好耳麦，调整好话筒的位置和音量，准备录课。

图 9.7　Camtasia Studio 软件

教师一边演示一边讲解，可以配合标记工具或其他多媒体软件或素材，尽量使教学过程生动有趣。

3. 视频后期处理

对于拍摄好的视频要进行后期处理，需用视频处理软件加上片头、片尾、字幕、作者、版权等信息，可采用如爱剪辑、会声会影、Premiere 等视频编辑软件。

4. 微课作品的上传和发布

将录制编辑好的微课发布到相关的视频教学平台。

9.2.4 可汗学院式录制法

可汗学院式录制法即翻拍式视频拍摄方法，采用录屏录制软件、手写板及画图工具进行微课录制，需要准备电脑、麦克风、录屏软件、手写板、画图工具，通过手写板和画图工具对教学过程进行讲解演示，并使用录屏软件录制。屏幕录像软件可选用 Camtasia Studio、Snagit 或 Cyberlink Youcam 等；画图工具可选用 Windows 自带的绘图工具。

1. 制作教学课件

根据微课的教学主题，进行教学内容和资源的组织准备，进行详细的教学设计，形成教案。

2. 安装录课设备

在电脑上安装手写板、麦克风等工具。

3. 通过录屏软件录制教学过程并配音

教师使用手写板和绘图工具对教学过程进行演示，并使用录屏软件对教学过程进行录制和配音，如 Camtasia Studio、Snagit 等。

4. 视频后期处理

对于拍摄好的视频要进行必要的编辑和美化。

5. 微课作品的上传和发布

将录制和编辑好的微课发布到相关的视频教学平台。

9.3　微课制作常用工具

9.3.1　白板工具 Smooth Draw

Smooth Draw 是一款自然绘画软件，它具备众多可调画笔（图 9.8），模拟纸张材质，线条平滑防走样，具备透明处理及多图层能力，支持压感绘图笔，可自由旋转画板，简单易用，方便上手。

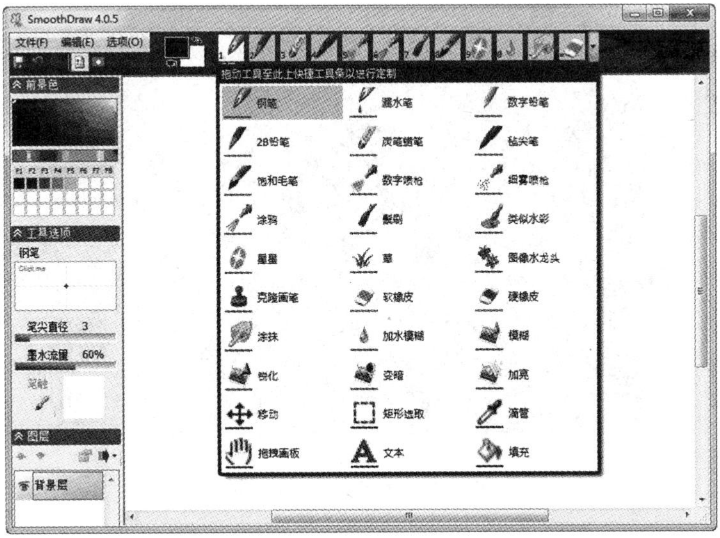

图 9.8　白板工具 Smooth Draw 的画笔

在 Smooth Draw 的快捷画笔工具里，有各种类型的笔刷可供选择，如钢笔、铅笔、喷枪等；此外，还有图章、橡皮、涂抹等辅助工具。单击某个工具按钮使其处于选中状态，同时控制面板也会出现相应变化。

图 9.8 左边的控制面板包括三个部分，即前景色、工具选项和图层面板（图 9.9）。通过手写笔点选前景色面板，可以变换笔头颜色。工具选项可以对笔尖的大小、墨水的流量进行设置。在图层面板中，可建多个图层进行绘制，一般情况下不在背景层上直接书写，建议新建另外一个图层。

制作可汗学院式微课，可以把背景层设为黑色，模拟在黑板上书写的感觉；另外，新建的图层上可以使用不同颜色，模仿彩色粉笔。一边讲解一边使用录屏软件录制，即可录制可汗学院式微课，注意在录制时，录屏区域要选择 Smooth Draw 的黑色绘图区(图 9.10)。

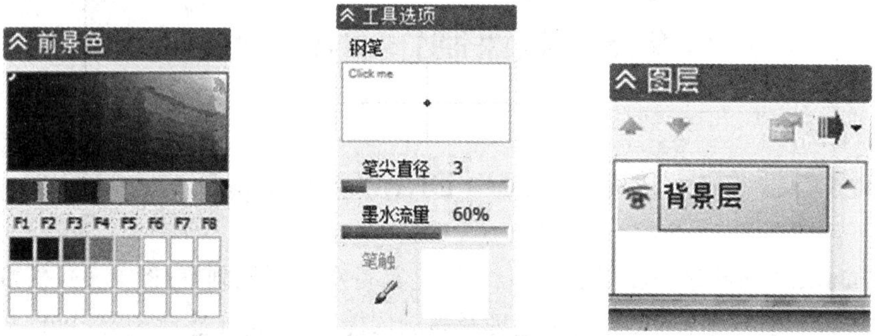

图 9.9 控制面板

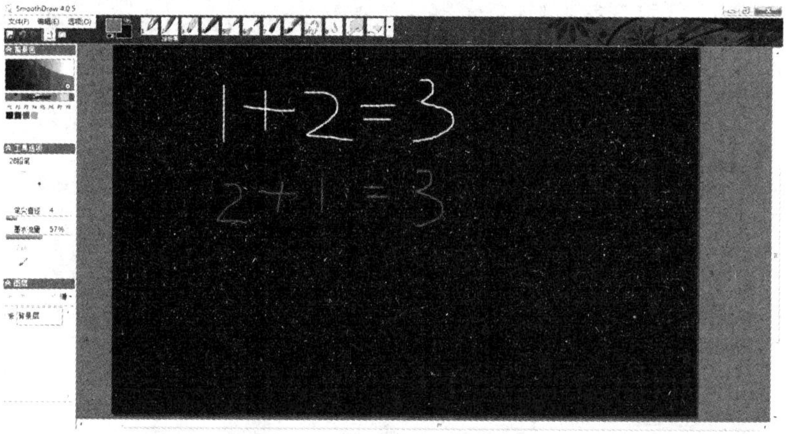

图 9.10 可汗学院式白板

9.3.2 录屏软件 Snagit

Snagit 是一款非常优秀的屏幕、文本和视频捕获、编辑与转换软件。它可以捕获 Windows 屏幕、电影、游戏画面、菜单、窗口、激活的窗口或用鼠标定义的区域。

Snagit 捕获的图像可保存为 BMP、PCX、TIF、GIF、PNG 或 JPEG 格式;捕获的视频可直接保存为 MP4 格式;文本只能在一定的区域进行捕捉。此外,Snagit 在保存屏幕捕获的图像之前,还可以用其自带的编辑器进行编辑。

Snagit 具有将显示在 Windows 桌面上的文本块直接转换为机器可读文本的独特能力,这一功能无需剪切和粘贴。

1. Snagit 的工作界面

打开 Snagit 软件后，桌面上会有一个小图标，当鼠标移上去时，会弹出快捷捕获按钮（图 9.11）。当点击中间的“打开经典捕获窗口”时，会打开经典捕获窗口（图 9.12）。

图 9.11　快捷捕获按钮

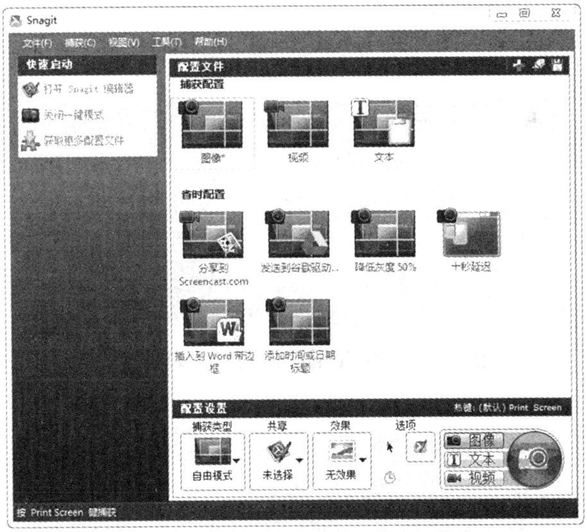

图 9.12　Snagit 经典捕获窗口

通过 Snagit 经典捕获窗口，可以看到 Snagit 可以捕获的几种文件类型：图像、视频和文本。

2. 捕获图像

先选择要捕获的文件类型“图像”，然后点击右下角的红色按钮，或者直接按键盘上的 Print Screen 键，就可以抓图了。当鼠标变成“＋”形，按住鼠标左键拖动，选择需要截取的范围，松开鼠标，便进入了 Snagit 编辑器(图 9.13)。

图 9.13　Snagit 编辑器

在 Snagit 编辑器里，可以对捕获的图像进行编辑，可以使用“绘制工具”对捕获的图片进行再编辑，如添加文字、图形。添加了文字后，可双击文字，并可以通过编辑器上的“文本”工具栏进行文字大小、格式、颜色的设置(图 9.14、图 9.15)。

图 9.14　在 Snagit 编辑器中添加文字

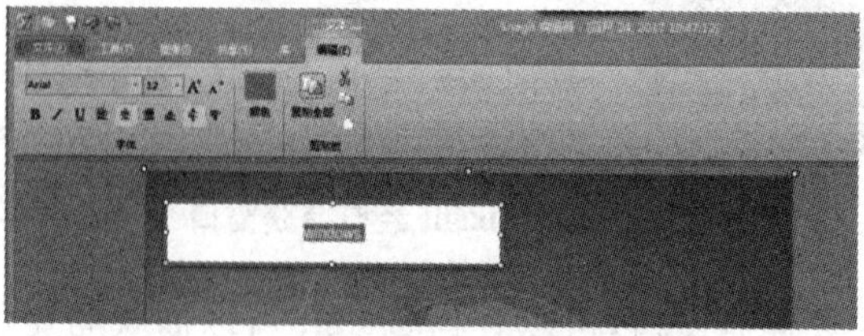

图 9.15　在 Snagit 编辑器中对文字格式进行设置

在 Snagit 编辑器中选择“图像”菜单栏，就可以对图像进行画布、图像样式设置，并能通过“修改”工具组进行添加水印、变焦放大、设置颜色效果等特殊操作(图 9.16)。

图 9.16　在 Snagit 编辑器中设置图像效果

3. 捕获滚动窗口图像

先选择要捕获的文件类型“图像”，然后点击“配置设置”里“捕获类型”中的“滚动”，点击右下角的红色按钮，就可以抓图了。当鼠标移动到有滚动条的窗口，在窗口下方中间会出黄色上下箭头图标，点击黄色图标，可以捕获垂直滚动区域，即进入了 Snagit 编辑器(图 9.17、图 9.18)。

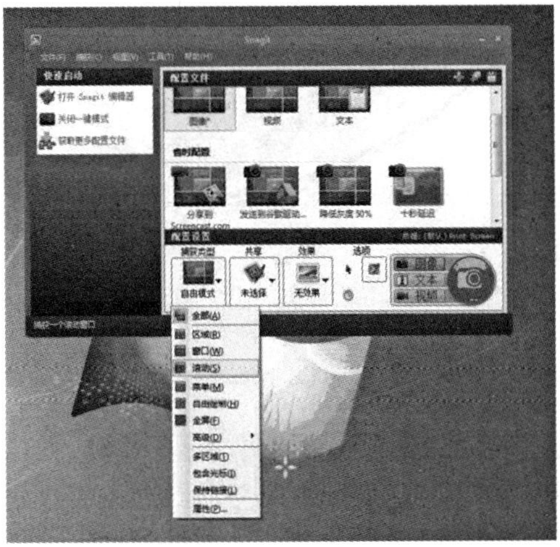

图 9.17　在 Snagit 编辑器中设置“滚动”模式

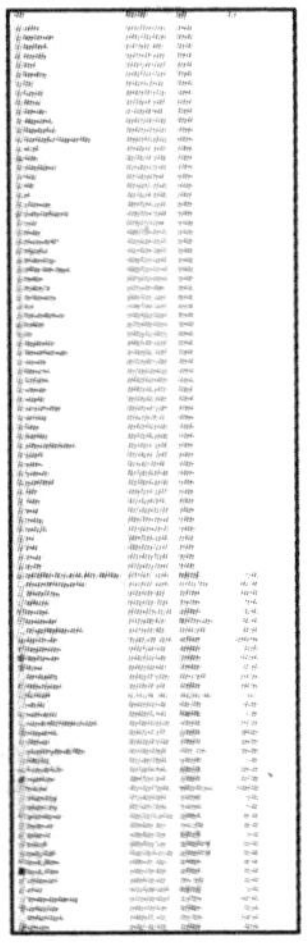

图 9.18　捕获的滚动窗口图像

4. 捕获视频文件

点击“配置文件”中“捕获配置”的“视频”，这时会切换到视频模式。点击出现的“录制”图标或直接按“Shift+F 9”键开始录制。如果需要配音，则需打开“麦克风”。

录制开始时有倒计时提示，录制完成可以点击完成图标或按 Shift+F 10 完成录制。录制完成默认会返回 Snagit 编辑器，点击“保存”来保存视频。选择保存位置，设置文件名，点击“保存”即可。

5. 捕获文字

打开 Snagit，点击“配置文件”中“捕获配置”的“文本”，点击红按钮进行区域选取。Snagit 会主动隐藏。Snagit 会智能选取当前窗口，点击需捕获的文字可以结束选取。可以看到文字进入了 Snagit 的编辑器，直接保存或进行编辑即可。当然 Snagit 的文字提取功能是有限的，不是所有文字都能提取，如图片上的文字是无法提取的。

9.3.3 录屏软件 Camtasia Studio

Camtasia Studio 是一套专业的屏幕录像和后期编辑软件（图 9.19），同时包含录像器、编辑器、菜单制作器、剧场、播放器等内置功能。

图 9.19 Camtasia Studio 软件

Camtasia Studio 是 TechSmith 旗下一款专门录制屏幕动作的工具，它能在任何颜色模式下轻松地记录屏幕动作，包括影像、音效、鼠标移动轨迹、解说声音等，另外，它还具有及时播放和编辑压缩的功能，可对视频片段进行剪接、添加转场效果。它输出的文件格式很多，包括 MP4、AVI、WMV、M4V、CAMV、MOV、RM、GIF 动画等多种常见格式，是制作视频演示的绝佳工具。TechSmith 还专门对编解码器(Codec)进行开发，研究开发了属于自己的一套压缩编码算法，叫作“TSCC”(TechSmith Screen Capture Codec)，专门用于对动态影像的编码。

在初次启动 Camtasia Studio 软件时，Camtasia Studio 软件会弹出欢迎使用的界面(图 9.20)，可以选择“录制屏幕”“录制配音”“录制 PowerPoint”“导入媒体”。

图 9.20　Camtasia Studio 软件“欢迎使用”界面

1. 录制屏幕

选择“录制屏幕”，电脑桌面上弹出一个录制窗口(图 9.21)，在“Select area”中选择“Full screen”为全屏录制，“Custom”中可以自定义录制的窗口大小，在录课时可根据录制视频的要求自行设置录制窗口，在“Recorded inputs”中可以设置摄像头和音频的打开或关闭。

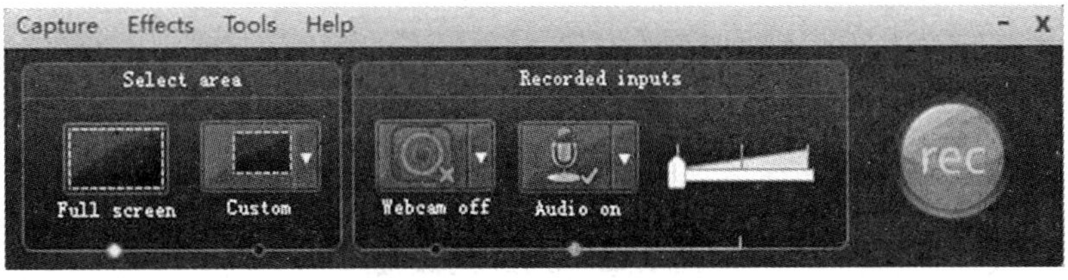

图 9.21　录制窗口

设置好后，点击右边的“rec”按钮开始录制视频，录制过程中按 F10 停止录制，按 F9 暂停。录制完成后可按 F10 停止，将会出现保存界面(图 9.22)。

图 9.22 视频录制保存界面

点击右下方的“Save and edit” 按钮保存视频，保存为 camrec 格式，camrec 格式为 Camtasia Studio 软件的格式，在后期进行编辑时，可生成其他视频格式。

点击“保存”之后会跳出视频尺寸设置界面(图 9.23)，要正确设置“Dimensions”参数，避免大小设置不当导致视频变形。

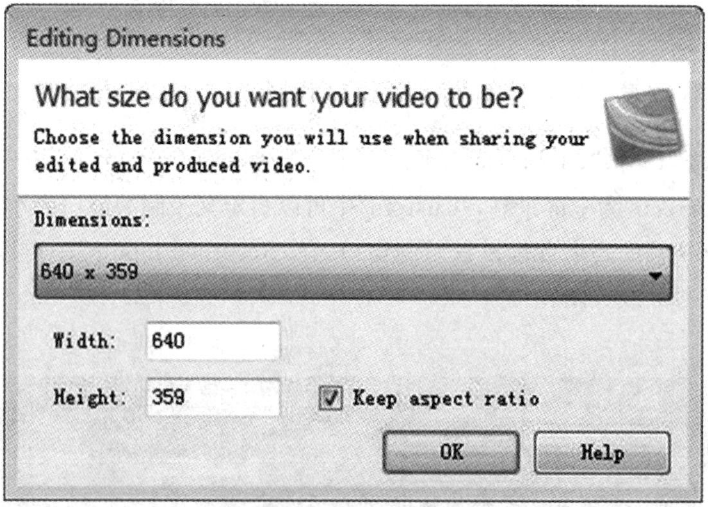

图 9.23 视频尺寸设置

视频录制好后，可以直接打开 Camtasia Studio 软件进行编辑（图 9.24），也可以事后再使用“导入媒体”导入视频文件进行编辑。

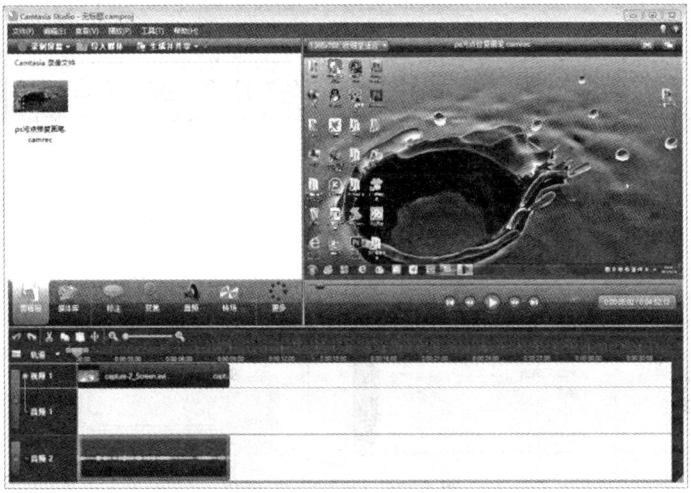

图 9.24　Camtasia Studio 软件视频编辑窗口

在 Camtasia Studio 软件中对录好的视频进行编辑（图 9.25），可以对视频文件进行剪辑、标注、变焦、转场等操作。

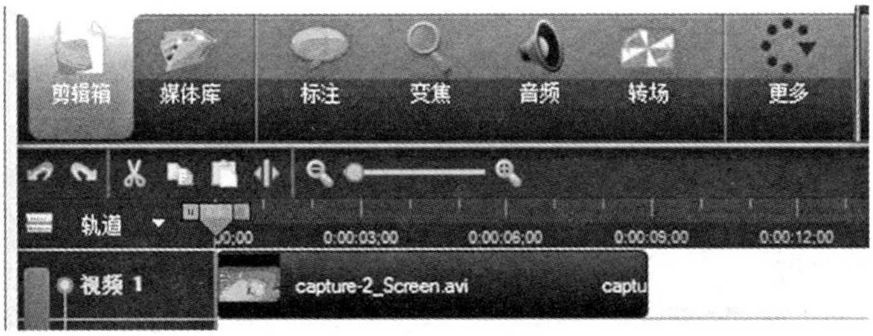

图 9.25　Camtasia Studio 软件视频编辑界面

编辑好之后点击左上方的“生成并共享”，然后选“自定义生成设置”。之后选择自己需要保存的格式（建议选 AVI 或 MP4 格式）。

2. 录制语音旁白

在 Camtasia Studio 软件欢迎界面，选择录制语音旁白（图 9.26），或者在“工具”菜单栏中选择“配音”录制语音旁白。

在录制语音旁白时，默认的录制轨道是音频 2，音频 1 是插入视频的背景音频，如果在音频 2 上已有音频，将会出现提示窗口：“您想覆盖音频 2 轨上的音频吗？”（图 9.27）选择“是”，音频将会被覆盖；选择“否”，将重新选择音轨 3。调节好音量，即可选择开始录制。

录制完成后，点击停止录制，会弹出“另存为”对话框，默认的声音文件类型为WAV格式，选择保存路径，输入文件名即可完成语音旁白文件的保存。

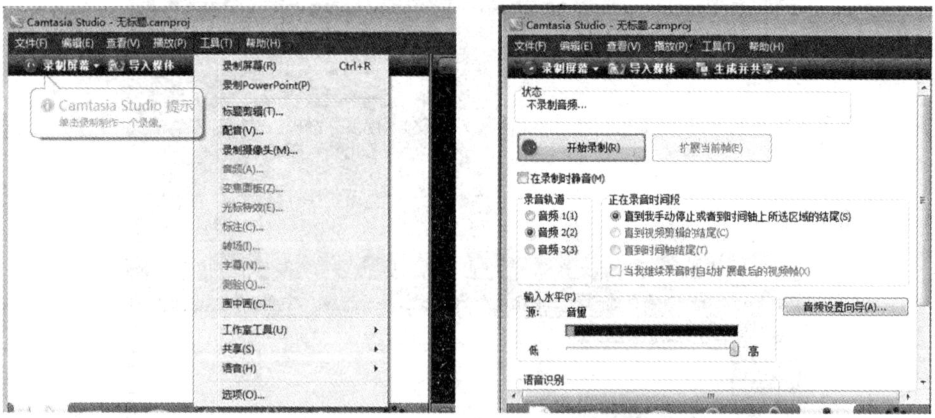

图 9.26 录制语音旁白

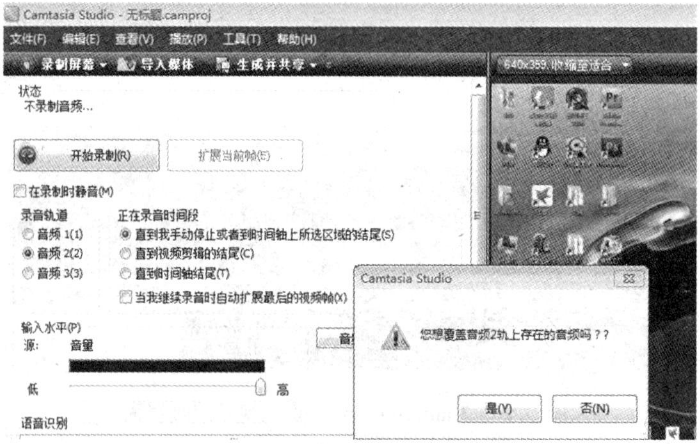

图 9.27 音频覆盖对话框

3. 编辑视频

选择导入媒体，将准备好的视频、音频、图片等内容全部导入软件后，即可进行视频编辑。

(1) 片头

一般视频都需要一个开场白，可简单地介绍一下这部视频的大概内容，在“工具”菜单中选择“标题剪辑”按钮，进入标题剪辑对话框，在此对话框中，用户即可编辑标题文字与背景图片(图 9.28)。

标题制作完成后,即可将其直接拖拽进下方的编辑轨道,然后将其他图片与视频拖拽到视频轨,将音频拖拽到音频轨道 2。

(2) 变焦

视频播放中,有时需要对视频进行变焦操作,来放大画面的某些部分。可点选择编辑条上的“变焦”,选择“添加关键帧”,屏幕上出现 8 个控制点,以选择显现画面的大小。可通过对视频上不同选段设置关键帧,来调节画面的焦距(图 9.29)。

图 9.28　“标题剪辑”对话框

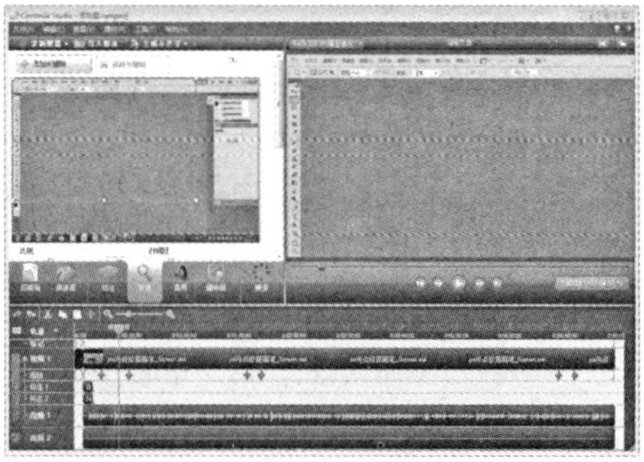

图 9.29　设置变焦效果

(3) 转场

Camtasia Studio 还提供了图片切换的过渡效果。单击“工具”菜单下的“转场”,在这里可以设置图片和视频之间的各种衔接过渡效果,选择其中的一个将其拖进下方的箭头中即可完成前后两者之间的过渡效果(图 9.30)。

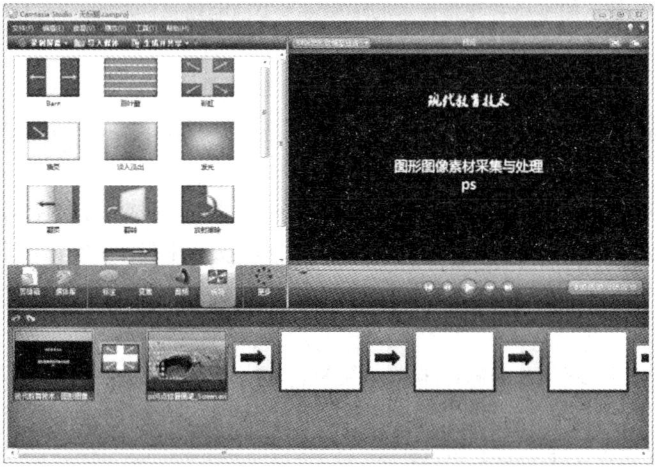

图 9.30　设置转场效果

参 考 文 献

[1] 中华人民共和国教育部. 中小学教师教育技术标准：初稿[Z]. 中华人民共和国教育部，2004.

[2] 中华人民共和国教育部. 教育部关于大力推进教师教育课程改革的意见[Z]. 中华人民共和国教育部，2011.

[3] 中华人民共和国教育部. 教师教育课程标准：试行[Z]. 中华人民共和国教育部，2011.

[4] SEELS, RICHEY. Instructional technology: the definition and do of the field [M]. Washington DC: Association for Educational Communications and Technology, 1994.

[5] 巴巴拉·西尔斯，丽塔·里齐. 教学技术：领域的定义和范畴[M]. 乌美娜，刘雍潜，等译. 北京：中央广播电视大学出版社，1999.

[6] 彭绍东. 解读教育技术领域的新界定[J]. 电化教育研究，2004(10)：34-37.

[7] 苗逢春. 中小学教师教育技术能力标准（试行）内容解读与实施建议[J]. 人民教育，2005(13)：2-5.

[8] 傅德荣. 多媒体技术及其教育应用[M]. 北京：高等教育出版社，2005.

[9] 张小真. 多媒体与网络课件：设计原理，制作技术[M]. 2 版. 重庆：西南师范大学出版社，2005.

[10] 何克抗. 关于《中小学教师教育技术能力标准》[J]. 电化教育研究，2007(3)：37-40，44.

[11] 杨开城. 从技术的本质看教育技术的本质[J]. 中国电化教育，2007(9)：1-4.

[12] 祝士明. 现代教育技术[M]. 北京：机械工业出版社，2008.

[13] 何克抗，李文光. 教育技术学[M]. 北京：北京师范大学出版社，2009.

[14] 詹泽慧，李晓华. 混合学习：定义、策略、现状与发展趋势[J]. 中国电化教育，2009(12)：1-5.

[15] 马艳霞. 国内外信息素养评价标准比较研究[J]. 图书馆学研究（应用版），2010(1)：85-92.

[16] 蔡跃. 微课程设计与制作教程[M]. 上海：华东师范大学出版社，2014.

[17] 祝智庭，闫寒冰.《中小学教师信息技术应用能力标准（试行）》解读[J]. 电化教育研究，2015(19)：5-10.

[18] 马九克. 微课视频制作与翻转课堂教学[M]. 上海：华东师范大学出版社，2016.

[19] 高媛，黄荣怀.《2017 新媒体联盟中国高等教育技术展望：地平线项目区域报告》解读与启示[J]. 电化教育研究，2017(4)：15-22.

[20] 中国教育科学研究院. 中国智慧教育发展报告(2022)：迈向智慧教育的中国教育数字化转型[M]. 北京：教育科学出版社，2023.